中公新書 2421

和田裕弘著

織田信長の家臣団

——派閥と人間関係

中央公論新社刊

はじめに

織田信長《おだのぶなが》の最晩年には、天下統一を目指して各地の戦国大名と戦う「方面軍《ほうめんぐん》」ともいうべき軍団が編成されていた。それぞれ万単位の軍勢を擁し、当時としては大軍団である。これらの軍団は一朝一夕にして出来上がったものではない。信長の手足となって各方面で敵軍を破り、敵将の旧臣を家臣化するなどして拡大していった。また、大敵に対しては信長から与《よ》力《りき》を付けられて軍団を補強していった。軍団は膨れ上がっていったが、中枢部は軍団長の一族や同郷出身者が占めていた。

信長の家臣については研究も進み、方面軍の編成なども明らかになりつつある。ただ、方面軍に属していた武将の名前は分かっても、その軍団長との関係にまで踏み込んでいるものは少ない。信長から見れば陪臣《ばいしん》（家臣の家臣）であり、残存する良質な史料の少なさもあって、陪臣の素性までは分かりにくいのもその理由の一つだろう。良質な史料を利用しても、ただ単に麾下《きか》の武将名を羅列するだけでは無味乾燥なものでしかない。ある武将が、なぜその軍団長に仕えていたのかが分かれば、その軍団の特徴が見えてくるのではないだろうか。

信長軍で最大の家臣団を擁していた佐久間信盛《さくまのぶもり》は、本願寺《ほんがんじ》攻めの怠慢などを責められて呆《あっ》気《け》なく追放されてしまったが、要因の一つは、七か国にもまたがる与力を信長から付与されていたにもかかわらず、有機的に家臣団を組織化することができなかったからだろう。与力に対して積極的に婚姻関係などを結んでおけば、追放に対する抑止力にもなったはずである。これが柴田勝家《しばたかついえ》の場合であれば、どうなっていただろうか。信盛と同一には論じられないが、勝家の軍団は同郷出身者を与力に持ち、また血縁（婚姻や養子縁組を含む）で結ばれた家臣も擁していた。さらに、もう一人の軍団長である滝川一益《たきがわかずます》とも縁戚《えんせき》関係を持ち、加えて信長の娘を嫡子の嫁に貰《もら》い受けて信長の一門衆に列していた。たとえ信長が娘を実家に戻してから勝家を追放しようとしても、与力を含めた信長家臣団の反発が予想され、信長といえどもそう容易には実行できなかったのではないかと想像される。

戦国時代は、地縁・血縁の紐帯《ちゅうたい》によって堅く結びついていた時代だったといわれる。現在でも地縁・血縁は重要な要素だが、当時は、現在とは比較にならないほど地縁・血縁関係は重視されていた。成り上がり者の戦国武将などは、自分と同じ出身地の者を家臣化していった。最も信用できるからである。血縁についてはそれ以上に重きをなした。敵対する戦国大名同士が和睦《わぼく》する時には、婚姻関係を結ぶことがあるが、婚姻が最も手っ取り早く効果があったからである。武田《たけだ》・今川《いまがわ》・北条《ほうじょう》のいわゆる三国同盟も、婚姻関係によって成り立っている部分が大きいのもその証左である。

本書では、前半は時系列で信長軍の拡大を追いかけ、後半では信長の支配領域の拡大とともに増強されていった方面軍の成長過程を、地縁・血縁関係を横軸に交えながら眺めていきたい。軍団を構成した有力武将と軍団長との地縁・血縁関係を確認していくことで、その軍団の強さの秘密を知ることができるかもしれない。

天正《てんしょう》七年（一五七九）と推定される十二月十二日付の羽柴秀吉《はしばひでよし》宛の滝川一益書状には、反逆した荒木村重《あらきむらしげ》の属城である伊丹《いたみ》城・尼崎《あまがさき》城・花熊《はなくま》城攻めの状況を知らせる一方、秀吉に軍事協力を依頼しており、最後には秀吉が攻囲中の三木《みき》城が落城寸前であることを賀する文言で締めくくられている。軍団長同士のやり取りとしては珍しい。一益と秀吉は、ともに一《いち》僕《ぼく》の身から出世した者同士、ライバル心もあっただろうが、友好関係を築いていたようである。後年、敵対するが、秀吉は一益の降伏を簡単に許し、その後の失態にもかかわらず、事前の約束は義理堅く守って捨扶持《すてぶち》を与えている。信長生前から親交が深かったからだろう。

本能寺《ほんのうじ》の変後、明智光秀《あけちみつひで》に味方した者は秀吉らによって厳罰に処されたが、光秀に味方して山崎《やまざき》の戦いにも参加した多賀貞能《たがさだよし》は何ゆえか咎《とが》めを受けなかった。近世初期に成立した随筆『老人雑話』には、味方の敗色を早々に見て取って戦場を離脱した判断が良かったため、かえって褒美を受けたという逸話が載っているが、そのままには信用できない。これは人脈という面から見ると理解しやすい。信長存命の時から秀吉とは仲の良かった堀秀政《ほりひでまさ》は、変後、急速に秀吉と親密になるが、秀政の実弟（多賀秀種《ひでたね》）が多賀貞能の養子となっており、その縁があったればこそ助命されたと思われる。

逆に仲の悪い家臣同士もいた。北近江《おうみ》の浅井《あざい》攻めで横山《よこやま》城に詰めていた大橋長将《おおはしながまさ》（長兵衛《ちょうべえ》）は、知行《ちぎょう》地を丸毛光兼《まるもみつかね》に横領されたことがあり、長将は秀吉に訴えて処理してもらっている（『大橋文書』ほか）。また、原政茂《はらまさしげ》は同じ美濃《みの》出身で「越前衆《えちぜんしゅう》」として柴田勝家の与力同士でもある、金森長近《かなもりながちか》と揉《も》めたことがあり、この時の仲直りには、羽柴秀吉、丹羽長秀《にわながひで》、矢部家定《やべいえさだ》、堀秀政、万見重元《まんみしげもと》、大津長昌《おおつながまさ》、菅屋長頼《すがやながより》といった錚々《そうそう》たる七人が肝煎《きもい》りして和解を図っている（『古案』ほか）。長近は政茂の叔父という史料もあるので、一族特有の諍《いさか》いだったのかもしれない。尾張《おわり》衆や美濃衆は、信長の権力が絶大になった時でも知行地のことなどで紛争があり、信長といえども先祖伝来の知行地については介入し難かった気配がある。尾濃以外でこうした不届きがあれば処断されただろうが、本国ともいうべき尾濃の家臣に対しては信長も多少は遠慮していたようである。

家臣団統制に重要な役割を果たした地縁・血縁関係を中心に各軍団を見ていくことで、その実態に少しでも踏み込めればと思っている。もちろん、最も重要と思われる、信長と軍団長との関係も併せて見ていきたいと考えている。

目次

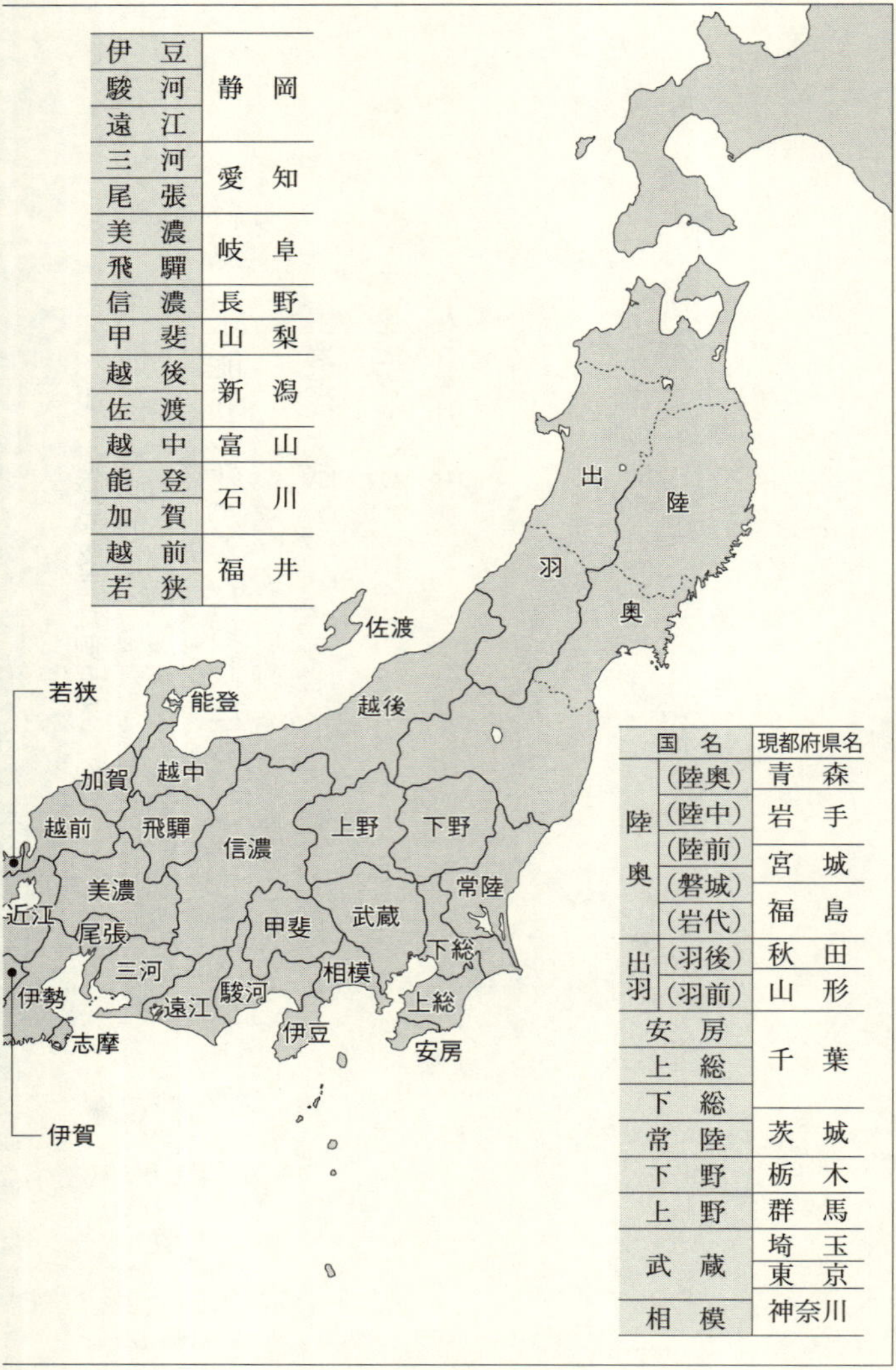

伊豆	静岡
駿河	
遠江	
三河	愛知
尾張	
美濃	岐阜
飛騨	
信濃	長野
甲斐	山梨
越後	新潟
佐渡	
越中	富山
能登	石川
加賀	
越前	福井
若狭	

国名		現都府県名
陸奥	(陸奥)	青森
	(陸中)	岩手
	(陸前)	宮城
	(磐城)	福島
	(岩代)	
出羽	(羽後)	秋田
	(羽前)	山形
安房		千葉
上総		
下総		
常陸		茨城
下野		栃木
上野		群馬
武蔵		埼玉
		東京
相模		神奈川

筑　前	福　岡
筑　後	
豊　前	大　分
豊　後	
日　向	宮　崎
大　隅	鹿児島
薩　摩	
肥　後	熊　本
肥　前	佐　賀
壱　岐	長　崎
対　馬	

阿　波	徳　島
土　佐	高　知
伊　予	愛　媛
讃　岐	香　川
備　前	岡　山
美　作	
備　中	
備　後	広　島
安　芸	
周　防	山　口
長　門	
石　見	島　根
出　雲	
隠　岐	
伯　耆	鳥　取
因　幡	

近　江	滋　賀
山　城	京　都
丹　後	
丹　波	兵　庫
但　馬	
播　磨	
淡　路	
摂　津	大　阪
和　泉	
河　内	
大　和	奈　良
伊　賀	三　重
伊　勢	
志　摩	
紀　伊	和歌山

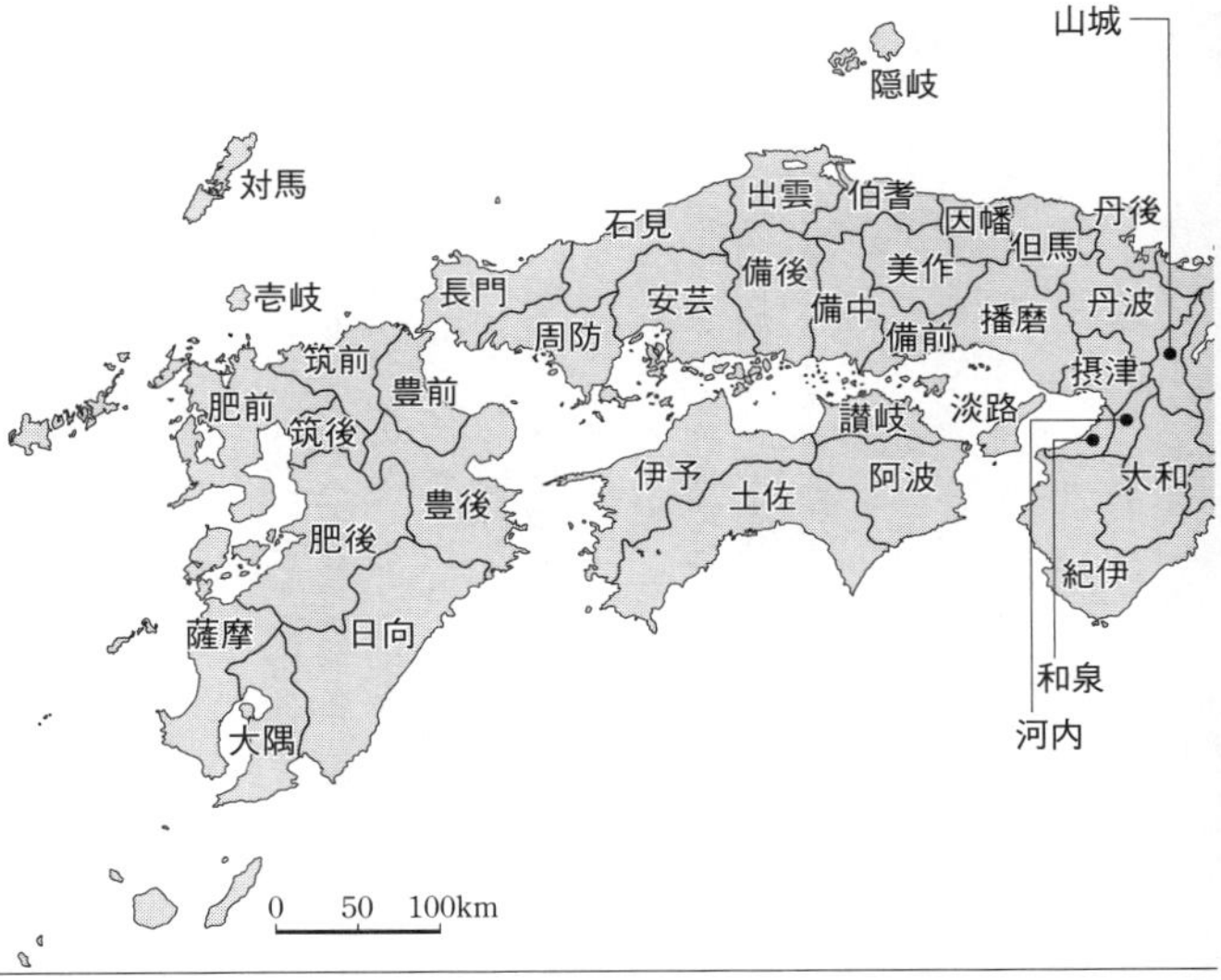

戦国期において、個人の実名（諱）は不詳であることが少なくない。たとえばキリシタン大名として著名な高山右近は、重友など複数の諱が伝わるが、そう名乗った事実を良質な史料から確認することは困難である。そのため本書では、より確実である右近という通称を優先的に用い、諱については参考程度に紹介するに留めた。

諱の訓読についても同様に不確定だが、読者の便宜を考慮し、著者の推測により読みがなを振ったものがある。

また、本文中に掲げた系図の作成にあたり、系譜（血縁関係）に諸説ある人物に関して、著者独自の判断で特定の説を採用した場合があることをお断りしておく。

織田信長の家臣団——派閥と人間関係

序章　信長以前の尾張国

1　尾張守護斯波氏

斯波氏の凋落

信長家臣団の成長を見る前に、信長が生まれた頃の尾張国をめぐる状況を概観しておこう。信長が生まれたのは天文《てんぶん》三年（一五三四）五月だが、すでに応仁《おうにん》の乱からでも七十年ほどを経過しており、守護斯波《しば》氏の施政は過去のものとなり、実権を握っていた守護代織田氏も大きく二家に分かれ、かつての力を失いつつあった。

尾張国の守護は室町幕府の名門斯波氏だったが、この頃には領国の越前国は朝倉《あさくら》氏に奪われ、遠江国《とおとうみのくに》は今川義元《よしもと》の父氏親《うじちか》に簒奪《さんだつ》されたままで、残る尾張一国にしがみついている状態だった。

斯波氏は、清和《せいわ》天皇の末葉、足利家氏《あしかがいえうじ》を祖とし、家名は陸奥国《むつのくに》斯波郡を領したことに由来する。足利一門として幕府内で重きをなし、応永《おうえい》の乱（一三九九年）で西国の雄の大内《おおうち》氏を討った功によって越前国・信濃国《しなののくに》の守護職に加え、尾張国守護職も獲得した。全盛期には信濃国、加賀国《かがのくに》、越前国、遠江国、尾張国の守護職も兼ね、最大八か国を領したともいう。

全盛期を築いた斯波義将《よしゆき》以来、当主が左兵衛佐《さひょうえのすけ》を襲名することが多かったことから、兵衛府の唐名に因《ちな》んで「武衛家《ぶえいけ》」と呼ばれた。三管領《さんかんれい》の筆頭として威勢を誇り、領国に赴くことなく、主に京都に居住していた。

初代尾張守護となった義重《よししげ》のあと、義廉《よしかど》、義敏《よしとし》、義良《よしすけ》、義寛《よしとお》、義達《よしみち》、義敦《よしあつ》（義達と同一人物説あり）らが養子縁組をしながら守護職を継承し、信長が幼少の頃は斯波義統《よしむね》が守護職にあった。

斯波家最後の当主となった義統の嫡子義銀《よしかね》は、信長に「謀反《むほん》」したことで追放され、守護としての斯波氏は滅んだ。ちなみに、義銀はのちに津川義近《つがわよしちか》（三松軒《さんしょうけん》）と名乗り、秀吉の家臣となった。その後、徳川家康《とくがわいえやす》に仕え、関ヶ原《せきがはら》の戦いが起こった慶長《けいちょう》五年（一六〇〇）八月十六日、六十一歳（数え年。以下同様）で没した。子孫は織田家とも縁戚を結び、肥後《ひご》藩細川《ほそかわ》家にも仕えた。

義銀の弟津川雄光《かつみつ》（玄蕃允《げんばのじょう》）は信長の次男信雄《のぶかつ》の家臣となったが、秀吉と信雄との対立のなかで、秀吉に通謀した嫌疑を掛けられて相婿《あいむこ》（姉妹の夫同士という関係）でもあった信雄に誘殺された。もう一人の弟の蜂屋謙入《はちやけんにゅう》は、天正十七年（一五八九）三月、兄の義銀とともに聚楽第《じゅらくてい》への落書事件に連座して捕らえられたが、死罪は免れ、その後放免されたようである。

斯波氏の直臣

斯波氏の直臣には、朝倉氏、甲斐《かい》氏、織田氏らがいたが、尾張では、守護代として当初は甲斐氏、のち織田氏が起用された。守護代の織田氏も京都にいることが多く、現地は又代《まただい》（守護の代理のそのまた代理）の織田氏に任せていた。信長の出た織田家は又代の傍流だと思われるが、結局は現地を把握した者が徐々に力をつけて下剋上《げこくじょう》していくことになる。

諸記録から斯波氏の直臣と推測される家臣を列挙すると、先に触れた、朝倉氏、甲斐氏、織田氏のほかには、津田《つだ》氏、鹿野《かの》氏、伊東《いとう》氏、石河《いしこ》氏、飯野《いいの》氏、白江《しらえ》氏、松原《まつばら》氏、長谷川《はせがわ》氏、太田《おおた》氏、平尾《ひらお》氏、富田《とみた》氏、長井《ながい》氏、中島《なかじま》氏、二宮《にのみや》氏、由宇《ゆう》氏、乙部《おとべ》氏、簗田《やなだ》氏、岡田《おかだ》氏、久《ひさ》松《まつ》氏、山内《やまうち》氏、狩野《かのう》氏、中条《ちゅうじょう》氏、蜂須賀《はちすか》氏、於保《おほ》氏、大谷《おおたに》氏らが確認できる。

信長は、守護や守護代に成り代わって尾張国を支配したことから、家臣には、当然ながらこの系譜を引く者が数多くいる。信長に詳しい人なら、名字を見ただけで信長の家臣となった名字があることに気づかれるだろう。

例えば、伊東氏には、信長の「鑓三本《やりさんぼん》」に入る武勇を示した伊東長久《ながひさ》がいる。長久の「長」は信長の偏諱《へんき》（家臣などに名前の一字を与えること）である。長谷川氏は信長の小姓《こしょう》長谷川橋介《きょうすけ》や、後年側近として活躍した長谷川秀一《ひでかず》、太田氏は『信長（公）記《しんちょうこうき》』（信長の一代記）の著者でもある太田牛一《うしかず》、中島氏は犬山《いぬやま》城の織田信清《のぶきよ》の家老だった中島豊後守《ぶんごのかみ》、簗田氏はのち別喜《べっき》氏を賜姓《しせい》された簗田広正《ひろまさ》（左衛門太郎《さえもんたろう》）、岡田氏は「最初鑓《はなやり》四度」の武名を謳《うた》われた岡田重善《しげよし》、山内氏はのち土佐《とさ》一国の主となった山内一豊《かずとよ》、蜂須賀氏は阿波《あわ》・徳島《とくしま》藩の藩祖蜂須賀正勝《まさかつ》（小六《ころく》）らがその系譜を引いていると思われる。

また、在地荘官や有力国人衆《こくじんしゅう》（国人は土着の領主）も斯波氏の家臣となっている。他方、奉公衆として将軍に直属していた諸氏も多い。例えば、那古屋《なごや》の今川氏、松葉《まつば》郷の土岐《とき》氏、熱田《あつた》に所領を持つ大宮司《だいぐうじ》の千秋《せんしゅう》氏らである。鎌倉時代から尾張在国の御家人の佐久間氏もこうした系統であろう。

また、斯波氏の末葉を名乗る家系も存する。堀（奥田《おくだ》）氏、牧《まき》氏、千福《せんぷく》氏、柴田氏、吉田《よしだ》氏らの諸氏である。牧氏は信長の姉妹が嫁いだ牧長清《ながきよ》、柴田氏は信長家臣団の重鎮柴田勝家、吉田氏は安土山《あづちやま》城の石奉行を務めた吉田平内《へいない》らが思い浮かぶが、はっきりした系譜は不明である。当然ながら、これら斯波氏の一族や直臣も大半が信長の家臣団に吸収されていった。

越前
飛驒
信濃
美濃
苗木
加治田
稲葉山
(岐阜)
猿啄
鵜沼
岩村
墨俣
犬山
岩倉
小牧山
清須
那古屋
勝幡
武節
末森
津島
古渡
熱田
小木江
鳴海
長島
桶狭間
桑名
三河
大高
長篠
峰
高岡
尾張
安城
遠江
関
神戸
亀山
三方ヶ原
松ヶ島
大河内
志摩
伊勢

2　両織田家

織田氏の祖

織田氏は、系図類によると平重盛《たいらのしげもり》（清盛長男《きよもり》）の次男資盛《すけもり》の遺児親真《ちかざね》を祖とする。もちろん信の限りではなく、創作と考えた方がよさそうである。伝承では、親真は近江国《おうみのくに》津田郷に匿《かくま》われていたが、越前の織田剣《おたつるぎ》神社の神官が貰い受け、養子として育てたという。

織田家の祖としてほぼ確実なものでは、明徳《めいとく》四年（一三九三）六月十七日、藤原信昌《ふじわらのぶまさ》・将《まさ》広《ひろ》父子が越前町織田の織田剣神社に置文《おきぶみ》（将来にわたって守るべき事柄を定めた文書）を残しているのが最古である。将広の「将」は斯波義将の偏諱と思われ、その地位が窺《うかが》える。流布している織田系図は、織田氏を平氏としているが、信長も含め信長以前の織田氏は藤原氏を称していたので、織田氏の先祖と考える蓋然《がいぜん》性は高い。信昌の「信」や将広の「広」も尾張織田氏によく見られる通字《とおりじ》（実名に代々伝えて用いる文字）なので、織田氏の遠祖というのは信じてもよさそうである。

織田剣神社は信長の「氏神」であり、越前織田荘が名字の地であることは良質な史料からも確認できる（『剣神社文書』）。天正三年（一五七五）の越前一向一揆《いっこういっき》討伐後に下した信長の印判状写《いんぱんじょううつし》には、「先祖別して子細これあり」と記しており、柴田勝家も「殿様（信長）御氏神」として特別待遇を与えていることからも窺える。

いずれにしても、斯波氏が尾張の守護を兼ねた時、織田氏も一族を挙げて尾張に移り、曲折はあったものの、尾張の守護代に任じられた。信長が生まれた頃には、すでに織田家は二家に分かれ、正嫡と推測されている織田伊勢守《いせのかみ》家が岩倉《いわくら》城を拠点に尾張上《かみ》四郡を支配し、傍流の織田大和守《やまとのかみ》家は清須《きよす》城に守護斯波氏を擁して下《しも》四郡を統括していた。

従来、上四郡は丹羽《にわ》・葉栗《はぐり》・中島《なかしま》・春日井《かすがい》、下四郡は海東《かいとう》・海西《かいさい》・愛知《あいち》・知多《ちた》と推測されていたが、実際の統治はこのように単純に分割されていたわけではなく、知多郡には大和守家の支配は及んでいなかったようであり、海東郡も分郡《ぶんぐん》守護といわれる。また、当時の尾張（三河《みかわ》の場合もある）には高橋《たかはし》郡も存在したので複雑である。両守護代の織田家のほかにも織田氏は尾張国中に蟠踞《ばんきょ》し、清須には、三奉行の因幡守《いなばのかみ》家・藤左《とうざ》衛門《えもん》家・弾正忠《だんじょうのちゅう》家、さらには守護を弑逆《しいぎゃく》した、系譜不明の織田三位《さんみ》や楽田《がくでん》城主の織田筑後守《ちくごのかみ》らもいた。

尾張国の支配体制

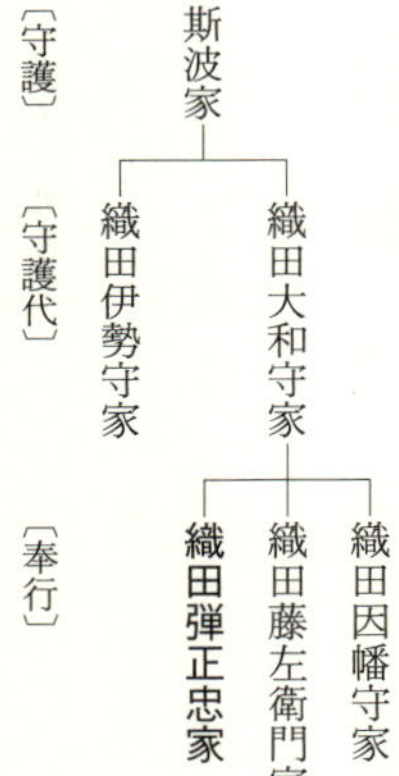

織田大和守家

信長が生まれた頃の尾張国内の情勢を確認できる良質な史料に『言継卿記《ときつぐきょうき》』がある。後年、信長とも親しく交流した公家《くげ》の山科《やましな》言継が記した日記である。信長が生まれる前年の天文二年（一五三三）、言継は歌鞠《かきく》（和歌と蹴鞠《けまり》）伝授のために尾張に下向する飛鳥井雅綱《あすかいまさつな》に同行し、その時の様子を同記に詳しく記している。

当時の守護代（いわゆる下四郡の守護代）は大和守達勝《みちかつ》である。達勝の家臣には、達勝の弟織田広孝《ひろたか》のほか、一族には織田達順《みちより》、同伊賀守《いがのかみ》、同信吉《のぶよし》、同兵部丞《ひょうぶのじょう》、同丹波守《たんばのかみ》、その子の竹満丸《たけみつまる》、織田勘解由左衛門尉《かげゆざえもんのじょう》、同光清《みつきよ》、同与一右衛門、同三位らが確認できる。主だった家臣では、毛利《もうり》十郎、同彦九郎、坂井摂津守《さかいせっつのかみ》、同大膳、同甚助、同弥助、矢野寛倫《やのとおとも》、赤林《あかばやし》対馬守《つしまのかみ》らが登場する。このうち坂井氏は又代であり、坂井一族はかなりの勢力を蓄えていた様子である。

太田牛一の『信長記』首巻《しゅかん》によると、大和守家には織田因幡守、織田藤左衛門、織田弾正忠の三人の奉行がいたと記されている。一次史料に見える奉行では、豊島隼人佐《としまはやとのすけ》、鎌田《かまた》隼人佐、林《はやし》九郎左衛門尉、林丹後守《たんごのかみ》らが確認できる（『性海寺《しょうかいじ》文書』）。

織田伊勢守家

もう一方の守護代家である岩倉織田家には、山内氏、前野《まえの》氏、高田《たかだ》氏の三家老がいたという。山内氏は、のち土佐一国の主となった山内一豊の家系といわれる。一豊父の盛豊《もりとよ》は天文十八年（一五四九）三月に尾張国籠守黒田天神《こもりくろだてんじん》に鰐口《わにぐち》（仏具の一種で、円形の大きな鈴）を寄進していることが確認できる。

前野氏は、羽柴（豊臣）秀吉に仕えて重用された前野長康《ながやす》らの前野一族だろう。高田氏は、高田広知《ひろとも》や同左京進《さきょうのしん》（『妙興寺文書《みょうこうじ》』）らが知られるほか、のち信雄に仕えた高田伝助もいるが、信長時代には勢威を失ったようである。

このほか、堀尾吉晴《ほりおよしはる》の一族と思われる、堀尾忠助《ただすけ》も岩倉織田家に仕えていた。武芸に秀でた下方《しもかた》氏も当初は岩倉織田氏に仕えていたという。下方氏には信秀《のぶひで》の家臣として小豆坂《あずきざか》の戦いで勇名を馳《は》せた下方貞清《さだきよ》らがいる。また、犬山織田家から転仕《てんし》した剛の者として知られた前田左馬允《まえださまのじょう》は、犬山織田家から岩倉織田家に転仕し、軍奉行を務めた。

守護代家の一族である傍流もいたはずだが、はっきりしない。小瀬甫庵《おぜほあん》の『信長記』の脱漏を補ったとされる『新撰《しんせん》信長記』には、傍流と思われる織田七郎右衛門、同源左衛門らが登場し、岩倉織田家の軍大将を務めていたという。

3　織田弾正忠家

信長の先祖

織田氏が多すぎて混乱するので、信長の出た織田家を便宜上、代々名乗った弾正忠に因んで、「弾正忠家」と呼ぶことにする。

弾正忠家の系譜も実はよく分かっていない。醍醐寺座主《だいごじざす》の満済《まんさい》（足利義満《よしみつ》・義持《よしもち》・義教《よしのり》の信任を得た）の日記『満済准后《じゅごう》日記』正長《しょうちょう》元年（一四二八）八月六日条に守護斯波義将の帰国云々《うんぬん》の記事があり、その中で「織田弾正」という者が在京していることが記されている。「弾正」の名称のつながりで信長の遠祖に当てる説もあるが、弾正忠家は、せいぜい信長の曽祖父《そうそふ》くらいまでしか判明していない。

各種ある織田系図では、信長の系譜は、父が信秀、祖父は信貞《のぶさだ》（信定）となっている。ここまでは確実だが、曽祖父を敏定《としさだ》、その父を備後守敏信《びんごのかみとしのぶ》としているのはそのままには信用できない。信秀は後年備後守を名乗っており、共通性から備後守敏信を遠祖に当てたのだろうが疑問視されている。敏定、敏信ともに実在の人物だが、敏定は守護を奉戴《ほうたい》し、岩倉織田氏と干戈《かんか》を交えたこともあるが、敏信とは活躍年代が近く、父子関係ではないと推測されている。いずれにしても信長の家系ではなく、清須織田家の系譜を信長に結びつけたものである。織田家の傍流に過ぎなかった「弾正忠家」も曽祖父の代から中島郡内に力を持ち、祖父信貞の代に富貴を誇る港町津島《つしま》に進攻して徐々に領有化した。そして父信秀に至って津島衆を支配下に置き、守護代を凌駕《りょうが》する力を蓄え、尾張の旗頭《はたがしら》的な地位まで登り詰めた。

しかし、祖父信貞についてもその事歴はほとんど伝わっていない。一次史料で確認できるのは、永正《えいしょう》十三年（一五一六）十二月一日、妙興寺の寺領などを連署で安堵《あんど》したこと、大《たい》永《えい》二年（一五二二）七月に上洛《じょうらく》したこと、同四年五月三日、津島社禰宜《ねぎ》九郎大夫の跡職《あとしき》（家督と財産）を河村慶満《かわむらけいまん》に安堵したことくらいしか分かっていない。享禄《きょうろく》二年（一五二九）七月十七日、松平清康《まつだいらきよやす》（徳川家康の祖父）と春日井郡品野《しなの》で戦ったというが、確実な記録には見えない。

大永二年七月の上洛はあまり知られていない。信貞は尾張出身の連歌師《れんがし》宗碩《そうせき》と同道して上洛し、大和国にも立ち寄り、長谷寺《はせでら》に一万疋《びき》（銭百貫文）を寄進している（『経尋記《きょうじんき》』『佐野《さの》のわたり』）。前年に将軍に補《ふ》せられた足利義晴《よしはる》の将軍職就任を祝賀する使者として上洛したのだろう。後年、信長も永禄《えいろく》二年（一五五九）に初めて上洛しているが、この時も将軍義輝《よしてる》の還京祝いが目的の一つだった。

話を元に戻すと、信貞の津島進攻は、大永年中（一五二一－二八）とされる。抗争の末、大永四年には信貞の娘を津島衆の大橋氏に嫁すことで和睦し、次第に領有化していった。信貞の津島領有化の時期については、前述したように大永二年に上洛していることから大永以前という見方もある。

少なくとも大永六年には領主として認識されていたことが、連歌師の柴屋軒宗長《さいおくけんそうちょう》が残した『宗長手記』に記されている。宗長は、大永六年三月、津島に立ち寄り、正覚院《しょうがくいん》（真言宗、清泰寺《せいたいじ》）を旅宿にし、「領主織田霜台《そうたい》息三郎、礼とて来臨。折紙《おりがみ》などあり」と記している。「霜台」とは弾正台の中国風の呼び方であり、この場合は織田弾正忠、すなわち信貞のことである。信貞は津島の領主としてすでに認識されていたことになる。この頃には領主化して支配も安定していたのだろう。息の三郎というのが、父信秀のことである。ここでいう「折紙」とは、進呈した品物を列挙した目録のことであり、正覚院まで挨拶《あいさつ》に訪問し、礼物を贈ったという意味である。その後、連歌を興行した様子も記されており、信貞は文化人としての側面も持っていた。

ちなみに、信貞の初名は信俊であり、信貞が制定した軍法というものも伝わっている（『武家聞伝記《ぶけぶんでんき》』）が、信の限りではない。没年もはっきりしないが、『好古類纂《こうこるいさん》』（史伝や系図などを含めた百科全書、明治時代に刊行）は天文七年（一五三八）十一月二日没としている。

津島の四家七党

弾正忠家躍進の背景となっていたのは、先に触れた津島の領有化である。津島は、津島牛《ご》頭《ず》天王社《てんのうしゃ》の門前町、天王川《てんのうがわ》を通じた港町として栄えていた。四家七党《しけしちとう》と呼ばれた津島衆がおり、豊かな経済力を背景に勢力を誇っていた。のちの江戸幕府で大老職にまで登り詰めた堀《ほっ》田正俊《たまさとし》も津島衆の系譜である。桶狭間《おけはざま》の戦いで義元に鑓を付けた服部小平太一忠《はっとりこへいたかずただ》（服部小藤《ことう》太《た》説もある）、美濃攻めで長井衛安《もりやす》を討ち取った服部康信《やすのぶ》、同じく日比野清実《ひびのきよざね》を討ち取った恒川《つねかわ》（恒河）長政《ながまさ》、神戸甚助《かんべじんすけ》を討ち取った河村将昌《まさあき》らはいずれも津島衆である。信長時代も初期には津島衆が中心として活躍した。

四家とは、大橋・岡本《おかもと》・山川《やまかわ》・恒川の四姓をいい、七党とは堀田・平野《ひらの》・服部・鈴木《すずき》・真《ま》野《の》・光賀《みつが》・河村の七姓をいう（『日本惣社津島牛頭天王』ほか）。その系譜は、後醍醐《ごだいご》天皇の孫尹良《ゆきよし》親王を奉じて吉野《よしの》から転戦したが親王が信濃で討死したため、遺児の良王《りょうおう》の供をして津島に移り住んだ者の子孫という。

こうした状況で大橋氏は織田家とも姻戚関係を結び、信長の姉「くら」（倉、蔵）は大橋重長《しげなが》に嫁した。「くら」は、小島信房《こじまのぶふさ》の養女として嫁したとの説もある。信房は、信秀の岳父（信長の母方の祖父）との説もあり、養女とするには世代が合わないが、「くら」は信秀の娘ではなく信貞の娘、もしくは信貞の娘も大橋家に嫁していた可能性がある。弾正忠家と津島衆が和睦したのが通説のように大永四年（一五二四）なら、信秀は十四歳ほどであり、この時嫁した娘は信貞の娘である可能性が高いだろう（ただし、以下の記述では信秀の娘として進める）。

信長の母は小島信房の娘（土田《どた》氏説もあり）と思われ、その姉妹は川口宗吉《かわぐちむねよし》に嫁し、宗勝《むねかつ》を儲《もう》けている（大橋氏と川口氏も縁戚）。信長から見ると、宗勝は母方の従兄弟《いとこ》にあたる。この宗勝の妻は信長の側近福富秀勝《ふくずみひでかつ》の娘である。秀勝の妻は、朝倉義景《よしかげ》（祖父貞景《さだかげ》の母は織田氏）の叔父朝倉景紀《かげただ》の娘という。関係が複雑なので、略系図を参照して欲しい。

滝川一益、のち福島正則《ふくしままさのり》に仕えた大橋重賢《しげかた》（茂右衛門）も津島の大橋氏である。重賢は正則没落後、同じ津島衆の平野長泰《ながやす》（賤ヶ岳《しずがたけ》七本鑓の一人）を通じて松江《まつえ》藩松平家に仕え、家老にまで出世した。信長の初期の有力武将森可成《もりよしなり》（一般には森蘭丸《らんまる》の名で知られる森乱法師《らんほうし》成利《なりとし》の父）の母も大橋氏という。大橋氏は津島衆の中でも有力者であり、「四家の長」ともいわれる。

大橋氏は、弾正忠家にとっては津島掌握に向けて重要な役割を果たしたと思われ、姻戚関係も含めて重視すべき家系である。ちなみに重長の叔父は大河内政局《おおこうちまさちか》といい、家康が尾張に人質となっていた時、兄重一《しげかず》（重長の父）の命で家康の面倒を見たという。その縁で、のち家康に仕え、小牧《こまき》・長久手《ながくて》の戦いにも供奉《ぐぶ》したが、討死した。

岡本氏には熱田神宮の神官家出身の岡本良勝《よしかつ》がいる。妻は熱田大宮司の娘で、信孝《のぶたか》（信長三男）の母方の叔父にあたるとされる。信孝は岡本家で生まれ、良勝がその出生を清須城に届け出たとされる。届出が遅れたため、本来次男であった信孝が三男の扱いを受けたともいわれる。岡本氏は、もともと織田一族だったが、春日井郡岡本に住して岡本を名乗ったともいう（『土佐諸家系図』ほか）。

織田氏の姻戚関係

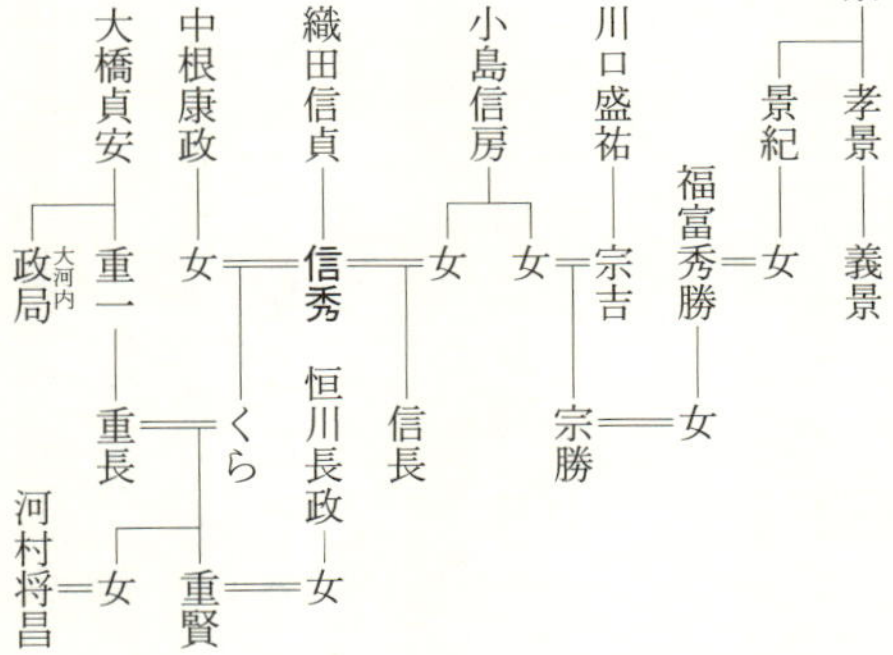

山川氏には海西郡の地頭山川伝左衛門、恒川氏には恒川長政や恒川右馬允がいる。後年、京都所司代となった村井《むらい》貞勝《さだかつ》の奉行を務めた恒川氏もいる。恒川長政の娘は大橋与右衛門重賢《しげかた》（茂右衛門重賢とは別人）に嫁している。重賢は重長の次男であり、母は信長の姉くらである。津島衆のつながりに織田家も濃厚に重なっていることが窺われる（『津島十一党家伝記及牛頭天皇社記』ほか）。

信長は、永禄二年（一五五九）四月、四家七党に対し先祖の系譜を差し出すように命じ、各家は坂井政尚《まさひさ》を通じて提出したという。尾張の地誌類に記述されているが、真偽のほどは分からない。永禄二年といえば、この年二月に初めての上洛を果たしており、これと関係するのかもしれないが、その目的ははっきりしない。ただ、津島衆としてまとまった軍団を構成していたと思われ、地縁・血縁関係で結ばれた旧知の者ばかりであり、戦場で卑怯《ひきょう》・未練の振る舞いがあれば故郷に戻れないため、戦闘力としても大いに期待できただろう。

4　信秀の雄飛

「取り分け器用の仁」

現在では、織田信秀といえば織豊《しょくほう》期に詳しい人なら信長の父という答えが返ってくるかもしれないが、当時は逆で、信長というのは信秀の不肖の嫡子という程度の認識だった。若くして信貞の後を継いだ信秀は、守護代家や伯父とも干戈を交えながら尾張一国を代表する武将に成長した大物である。信長はその子息に過ぎないという感覚だったと思われる。『信長記』にも、信秀について「取り分け器用の仁《じん》にて、諸家中の能者《よきもの》、御知音《ごちいん》なされ、御手に付けられ」と高く評価されている。

信秀は、没年から推測すると永正八年（一五一一）生まれである。山科言継一行を迎えた天文二年（一五三三）には、まだ二十三歳の若武者だったことになる。父信貞のことは『言継卿記』には記載されておらず、すでにこの頃には家督を相続していたと思われる。信秀はこれ以前に、守護代織田遠勝や伯父の織田藤左衛門とも干戈を交えており、「弾正忠家」当主として独自の地歩を築き始めていた。

天文二年十二月二十六日には妙興寺に判物を下すなど徐々に守護代家から自立し、同七年頃には今川氏豊《うじとよ》（今川義元の弟とも斯波一族ともいわれる）の那古屋城を奪取し、尾張東部へ領土を拡大していった。氏豊に仕えていた家臣のうち、駿河《するが》から来ていた家臣は別として、尾張出身の家臣は直臣化していったと思われる。

『言継卿記』に見る信秀の家臣

信秀の家臣団を確認するのに有効なのが、『言継卿記』の天文二年（一五三三）の記事である。信秀に近い人物を拾うと、織田定信《さだのぶ》、同光清、その子息の達種《みちたね》、織田頼秀《よりひで》、同与二郎（信秀弟）、同兵部丞、同広孝らがいる。また、織田一族ではないが、伴《ばんの》九郎兵衛、滝川勝景《かつかげ》（彦九郎）、矢野寛倫・勝倫《かつとも》父子、雑賀《さいが》右京進、斎藤勝秀《さいとうかつひで》、小瀬秀実《ひでざね》、林秀貞《ひでさだ》らも信秀の家臣であることが確認できる。

伴九郎兵衛は、後年信長の家臣として大抜擢《だいばってき》された塙《ばんの》九郎左衛門尉直政《なおまさ》（原田《はらだ》直政）の父親、もしくは一族だろう。滝川勝景は、信長の馬廻《うままわり》の滝川彦右衛門の一族と思われる。滝川一益とも関係があるかもしれない。矢野寛倫は斯波氏の直臣だが、信秀の与力と記されている。寛倫の「寛」は守護斯波義寛の、子息の勝倫の「勝」は守護代織田達勝のそれぞれ偏諱と思われ、その地位の高さが窺える。雑賀右京進は、のち信雄の家老的な役割をした雑賀松庵《しょうあん》の一族、斎藤勝秀は尾張の斎藤氏であり、勝秀の「勝」は、織田達勝の偏諱と思われる。小瀬秀実は、『甫庵信長記』の著者小瀬甫庵の祖父であり、秀実の秀は信秀の偏諱だろう。林秀貞は信長の筆頭家老となる。

『言継卿記』には、織田達勝の家臣も登場するが、信秀が主導して一行を下向させただけに、信秀に比して達勝の影は薄い。同記を見ると、信秀は信長の生まれる前年には守護代に匹敵する勢威を持っていたことが確認できる。

祖父信貞の事績は不明なことが多いが、父信秀の場合は、発給文書もそれなりの数が残っており、朝廷への献金や伊勢神宮の遷宮《せんぐう》にも助力するなどしたことから尾張国外にも記録が残っている。信秀の発給文書などから家臣と思われる者を拾うと、前述した林秀貞のほか、平手政秀《ひらてまさひで》、青山秀勝《あおやまひでかつ》、河村秀影《ひでかげ》、祖父江秀重《そぶえひでしげ》、山田綱定《やまだつなさだ》らが確認できる。また、毛利小三郎、加藤延隆《かとうのぶたか》、浅井安親《やすちか》らも家臣と思われる。

『信長記』首巻の記事から推測すると、内藤勝介《ないとうしょうすけ》、柴田勝家、佐久間大学《だいがく》（盛重《もりしげ》）、佐久間次右衛門、長谷川宗兵衛らも有力な家臣だった。

『信長聞書《のぶながききがき》』（『信長記』首巻部分の一異本）によると、信秀は兄弟や一族も多く、斯波氏の直臣や守護代の家臣も信秀の家臣になっていった、と記されている。信秀は隣国の三河や美濃に出兵したが、尾張一国の軍事動員権はないため、守護代家の了解を得た「憑《たの》み勢」を従えて合戦に臨んだ。諸家中の者も当初は与力として従軍しただろうが、度重なるうちに直臣のようになっていった。信秀は守護代の軛《くびき》から脱しつつも、下剋上することなく、主家とは不即不離の関係を結びながら勢力拡大を進め、信秀の個人的な力量とも相俟《あいま》って守護代家を凌駕するまでに成長していった。

小豆坂の戦い

信秀は、那古屋城を橋頭堡《きょうとうほ》に尾張東部へも領地を拡大し、さらに西三河へも侵攻した結果、三河を属国としつつあった今川氏と相見《あいまみ》えることになる。いわゆる小豆坂の戦いである。小豆坂の戦いは、二度あったといわれる。

天文十七年（一五四八）三月十九日説については、一次史料もあり確実だが、これに先立つ第一次合戦ははっきりしない。『信長記』首巻に記された説だが、首巻は年次を欠き、八月上旬としか記していない。天文十一年と推測されているが、他に良質な史料がないため、疑問視する向きもある。八月と三月とでは季節も異なり、別の合戦だった可能性が高い。また、第一次合戦を記した首巻の交名《きょうみょう》（人名を列挙した文書）には信秀の弟織田信康《のぶやす》が記されているが、信康は天文十三年の稲葉山《いなばやま》攻めで討死しており、天文十一年の戦いに参陣したと推測され、小豆坂の戦いはやはり二度あったのだろう。

小豆坂の戦いに参陣した交名を見ると、信秀の家臣団構成が推測できる。兄弟衆と直臣衆に加え、守護代家からの与力から構成されている。信秀の兄弟衆には信康、信光《のぶみつ》、信実《のぶざね》がいる。もう一人の舎弟信次《のぶつぐ》は小豆坂の戦いには参戦しなかったようである。

直臣には織田信房《のぶふさ》（造酒丞《さけのじょう》）、内藤勝介、赤川《あかがわ》彦右衛門、神戸市左衛門、永田《ながた》次郎右衛門、岡田重善のほか、尾張東部出身の佐々《さっさ》隼人正《はやとのかみ》、同孫介《まごすけ》、中野《なかの》又兵衛、下方貞清、山口教継《やまぐちのりつぐ》らも従軍した。また、清須衆の那古屋《なごや》弥五郎も参陣している。第一次小豆坂の戦いは織田軍が勝利し、信秀の地位を高めた。

両面作戦の頓挫

弾正忠家は津島港を押さえたことで経済力をつけ、信秀の代になってからは伊勢神宮の式年遷宮費用、皇居の修理費用の献上など内外にその名を轟《とどろ》かせる活動を展開し、尾張国の旗頭的な地位にまで登り詰めたが、信秀の「天下」もそう長くは続かなかった。

隣国美濃の守護家と守護代家をめぐる争いに巻き込まれ、結果的にはこれを契機に凋落《ちょうらく》の道を歩むことになる。当時の美濃は、守護代の斎藤道三《どうさん》が守護の土岐頼武《よりたけ》を追放して、弟の土岐頼芸《よりのり》を守護に立てて美濃国を一つにまとめ上げようとしていたが、頼武は縁戚の越前朝倉氏と尾張の織田信秀を頼って美濃守護に返り咲こうとしていた。

信秀は、朝倉氏と協力して天文十三年（一五四四）九月、斎藤道三の居城稲葉山城に進軍した。岩倉織田家の一族も含めた与力衆を率いて稲葉山城下に放火して気勢を上げたが、退陣に移った時、道三軍に急襲されて大敗した。弟の信康、三奉行の一人織田藤左衛門、信長の家老といわれる青山秀勝、熱田神宮の宮司千秋季光《すえみつ》、有力武将の毛利藤九郎らが討死した。美濃攻めでの大敗は国内での威信も失墜させ、これまで信秀の実力に押さえつけられていた守護代の清須方も好機到来とばかり叛旗《はんき》を翻した。

三河方面についても、今川義元が北条氏との和睦で西に向けて余裕ができたことで反攻を開始し、結局、第二次小豆坂の戦いで信秀勢は今川勢と戦って敗北した。三河攻めの橋頭堡である安城《あんじょう》城も陥落した。今川・松平、斎藤との両面作戦を強いられ、尾張国内でも守護代家の叛乱など、信秀をめぐる四囲の情勢は悪化の一途をたどりつつあった。

信秀も両面作戦の非を悟り、斎藤道三との和睦を模索。道三も国内に不安を抱えていた折でもあり、信秀との和睦に応じ、娘の「帰蝶《きちょう》」（濃姫《のうひめ》）を信長に嫁すことなどの条件で和睦した。

今川対策についても、朝廷や将軍を頼って和睦を進めた。晩年の信秀は表に出ることなく、家督を信長に譲って消えていった感がある。没年も天文十八年から同二十一年まで諸説あるのも、晩年の信秀の動向がはっきりしないことと関係しよう。長患いしていたのか、喪を秘した可能性もある。没年月は同二十一年三月説が有力である。家督は信長がいったんは継いだようだが、本城ともいうべき末森《すえもり》城（信秀は勝幡《しょうばた》城、那古屋城、古渡《ふるわたり》城、末森城と居城を移した）を継承した次弟の信勝《のぶかつ》（勘十郎）を推す派閥があり、信勝の誘殺まで家督争いが続いた。

I 信長軍の成長

第一章　家督継承

1　四人の付家老

林秀貞

『信長記』首巻によると、父信秀から那古屋城を譲られた信長には四人の家老が付けられた。筆頭家老が林新五郎秀貞、次席が平手中務丞《なかつかさのじょう》政秀、三番家老が青山余三左衛門尉《よそうざえもんのじょう》秀勝、末席が内藤勝介である。勘定方《かんじょうかた》（台所賄《だいどころまかない》）は平手政秀が兼務した。

林新五郎というのは、軍記物や系図類などには林通勝《みちかつ》と記載されることもあるが、良質な史料には、諱《いみな》（実名）は「秀貞」とあり、通勝は誤伝である。『信長記』の諸伝本から推測すると、最初は備前守《びぜんのかみ》、のちには佐渡守《さどのかみ》と名乗ったようである。知多郡の出身ともいわれる（『尾張出生武士』）が、はっきりしない。父親は系図類には新左衛門とあるが、『言継卿記』天文二年（一五三三）七月二十七日条に、父親は八郎左衛門と記載されている。また、林九郎勝隆《かつたか》の養子になったとの説もある。尾張国の地誌『尾張志』によると、秀貞は天文二十二年十月十二日に討死した亡父「宏綱《ひろつな》」のために同二十四年、名古屋に養蓮寺《ようれんじ》（浄土宗）を建立したという。八郎左衛門と宏綱は同一人物かもしれない。

秀貞の生年はこれまではっきりしておらず、信長よりかなり年配という印象しかなかったが、秀貞の弟を描いた「林美作守像《みまさかのかみ》」の賛に秀貞の没年齢が記されており、生年が判明する。秀貞は天正八年（一五八〇）八月、二十年以上前の謀反を蒸し返されて追放の憂き目に遭い、追放後は南部但馬《なんぶたじま》と称したが、同年十月十五日、失意のうちに六十八歳で没した。逆算すると永正十年（一五一三）生まれとなり、信長の父信秀と同年輩である。

秀貞の生涯をざっと眺めてみよう。信秀の時代には、同盟関係を結んだ水野《みずの》氏との取次も務めていた（『士林証文《しりんしょうもん》』）が、信秀没後は、信長の筆頭家老でありながら信長の廃嫡を企て、弟の信勝を柴田勝家とともに擁立し、信長に敵対した。信長軍との稲生原《いのうはら》の戦いでは、秀貞の弟美作守と勝家が信勝軍を率いて戦ったが、信長の烈火のごとき怒りに触れ、完敗した。敗戦後、許されて元の通りに仕えた。

信長の上洛戦にも供奉したと思われ、京畿《けいき》で政務に携わった。将軍足利義昭《よしあき》との対立では、和睦の起請文《きしょうもん》に名を連ね、上杉《うえすぎ》氏との交渉や公家衆の取次なども務めた。信長の嫡男信忠《のぶただ》に家督が譲られてからは信忠付になったようである。天正六年正月の安土での茶会には有力家臣のみが招待されたが、秀貞も相伴《しょうばん》した。天正七年には安土山城の天主《てんしゅ》の見学を筆頭吏僚の村井貞勝とともに許されている。筆頭家老としての地位を保っているかに見えたが、翌八年八月、突然追放された。

秀貞は、系図類などによると、熱田加藤《かとう》家や津島の大橋氏とも縁戚となっている。稲生原の戦いで敗北したあと、秀貞は縁戚の大橋氏を頼って赦免されたという（『河野氏系図』）。津島四家の筆頭格である大橋重長は、先に触れたように信長の姉婿でもあり、その娘（信長の姪《めい》）は秀貞の後継林新三郎（新次郎とも）の妻である。秀貞は熱田の豪商加藤家とも縁戚を結んでいたほか、妹は森可成の妻である。可成は信長の寵童《ちょうどう》として著名な乱法師成利の父である。可成は、初期の有力家臣であり、討死していなければ、方面軍司令官にもなれたほど信頼されていた。

与力には前田利家《としいえ》の一族と思われる荒子《あらこ》城の前田与十郎、米野《こめの》城の中川《なかがわ》弥兵衛、大脇《おおわき》城の土方将監《ひじかたしょうげん》がおり、侮れない勢力を誇っていた。信長の付家老《つけがろう》といっても家督を相続した頃の信長と匹敵、いやそれ以上の力を持っていたともいえる実力者だった。

林氏略系図

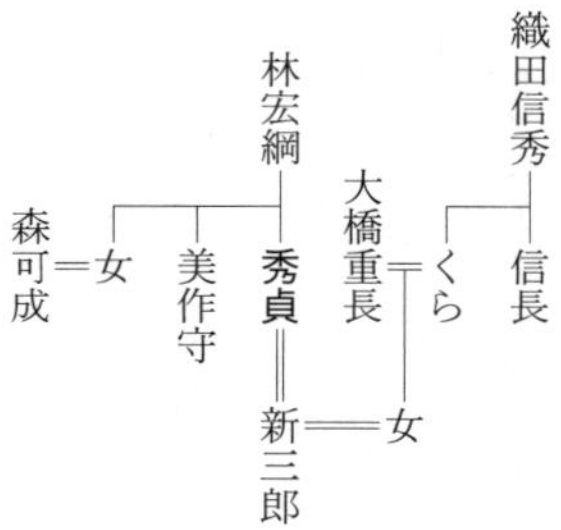

平手政秀

次席家老の平手中務丞政秀は、信長の奇矯《ききょう》な振る舞いを諫《いさ》めて自害した人物としてよく知られている。信秀よりも二十歳ほど年長である。祖父信貞の時代から仕えていたであろう。信長の初陣の差配も政秀が担当した。政秀については、当時の人物評も残っているので紹介しよう。

信秀は朝廷に禁裏《きんり》修理の費用を献上したが、その名代として政秀は天文十二年(一五四三)五月十一日に上洛した。その帰途、同月十七日、大坂《おおさか》本願寺に立ち寄り、宗主《しゅうしゅ》の証如《しょうにょ》(顕如《けんにょ》の父)と面会した。本願寺にとって政秀は「悪勢の者」と歓迎できる相手ではなかったが、無碍《むげ》にもできないので宴席を持った。政秀は上戸《じょうご》だったらしく、「一段大酒」と記録されている(『天文御日記』)。

翌年、朝廷も遅ればせながら信秀に禁裏修理の礼として勅使を派遣した。勅使といっても、たまたま東国に赴く連歌師の宗牧《そうぼく》に女房奉書《にょうぼうほうしょ》を託して使者に仕立て上げただけである。宗牧は伊勢の桑名《くわな》から川舟で津島に到着し、翌日には那古屋(名古屋)に下着した。政秀が迎えに来て、折からの寒さを気遣い、手を温めさせ、暖かい飲み物を飲ませ、さらに湯風呂・石風呂も用意して懇《ねんご》ろにもてなした。宗牧は「生得の数寄《すき》の様なれば、さまで礼にも及ばず」と生来の世話好きをこのように評している。政秀に改まっての礼はしなかったが、「なまじっかなところにでも世話になっていたら、発病するほどの気候だった」と振り返っている。政秀の人柄が伝わってくる。

宗牧が訪問した時は折悪《あ》しく、信秀が斎藤道三との戦いに大敗した直後だったが、そこは大度量の信秀、女房奉書、『古今集《こきんしゅう》』を贈られ、「今回、敗戦にもかかわらず命拾いしたのは、このためだった。家の面目であり、これに勝るものはない。斎藤道三を打ち破れば、重ねて禁裏修理の命を下して欲しい」と内々に伝えて欲しい」と答え、これを聞いた宗牧は、「武勇の心際《こころぎわ》が見えたる申されよう」と高く評価した。また、今回使者となったことは、高齢といい、また敗戦の将を訪問するのは気が重かったが、信秀の見事な対応によって「老後の満足なり」と安堵した様子を記している（『東国紀行』）。

政秀の妻「仙《せん》」（「僊子」）は、信長の鉄砲の師匠橋本一巴《はしもといっぱ》の姉である。仙の縁者には、信長の乳母《めのと》養徳院《ようとくいん》（池田恒興《いけだつねおき》の母）がいる。また、信長の側室をのちに正室に貰い受けた埴原《はいばら》常安《つねやす》は男子に恵まれず、政秀の子を養子としている。信長との深いつながりが窺える。

政秀は天文二十二年閏《うるう》正月十三日、信長を諫めて自害した（後述）。政秀の嫡孫と思われる汎秀《ひろひで》（甚左衛門）は、平手家が家老職の家柄であることを誇りにしていたが、三方ヶ原《みかたがはら》の戦い（武田信玄《しんげん》と徳川家康・織田信長の合戦）の時、十九歳（二十歳とも）ながら援軍の大将として派遣されたものの、家康が自分を差し置いて他の者から挨拶されたことが気に食わず、翌日、佐久間信盛や家康らが止めるのも聞かず、「家康から軽んじられている自分は葉武者《はむしゃ》（雑兵《ぞうひょう》）にしかず」として、先駆けして討死してしまった。信長から拝領した駿馬《しゅんめ》に乗って信玄の本陣に突撃したともいう。汎秀の討死を聞いた信長は、以《もっ》ての外と不機嫌になり、「甚左衛門を返せ」と子供じみた駄々をこねたという逸話が残っているほどである。後年、信盛を追放したが、その折檻状《せっかんじょう》には「平手を捨て殺し」にした罪も連ねられており、平手家に対する強い思いがあったことが窺える。

青山秀勝

『信長記』首巻には、三番家老として青山与三右衛門と記されているが、自身の書状では余三左衛門尉と記しており、余三左衛門尉が正しいと思われる。諱は秀勝である。天文十三年（一五四四）の稲葉山城攻めの時に討死しており、信長の元服時にはいない。子息では家老が務まる年齢ではないので、秀勝を後継した者（舎弟など）が余三左衛門尉を襲名した可能性もあるが、牛一の単なる記憶違いかもしれない。

秀勝の子孫は、阿波蜂須賀家や加賀前田家に仕えたが、伝わる系図は混乱しており、系譜ははっきりしない。稲葉山城攻めの年次を天文十六年としているので、没年齢を記していてもそのままには信じられない。三十八歳で討死ということを信じれば、永正四年（一五〇七）生まれとなり、信秀よりやや年長となる。年齢的には信用できそうである。子息は、小助秀昌《ひでまさ》（虎）、新七昌起《まさおき》、与三吉次《よしつぐ》らが系図に見える。秀昌は、『太閤記』に登場する助兵衛尉宗勝《むねかつ》と同一人物かもしれない。安土山城の瓦《かわら》奉行を担当した青山助一《すけかず》や初期の家臣の青山藤六《とうろく》は同族だろう。秀勝の後継者も家老としての役割は見出せない。

内藤勝介

末席の内藤勝介は、庄介とも書かれており、「かつすけ」ではなく、「しょうすけ」と読むのだろう。諱は泰正《やすまさ》とも伝わるが不詳である。『言継卿記』天文二年（一五三三）八月十三日条に信秀の使者として見える「内藤」は勝介のことと思われる。嫡男は小三郎、ほかに主計《かずえ》がいる。娘は祖父江長定《ながさだ》に嫁した。長定の子息秀治《ひではる》の妻は森可成の妹である。

勝介は桶狭間の戦い直後の六月、美濃攻めに参陣し、永禄十一年（一五六八）には足利義昭の迎えの使者として派遣され、さらに元亀《げんき》元年（一五七〇）の浅井攻めにも従軍している（『新撰信長記』『信長記補遺』ほか）。娘が祖父江長定の妻となった関係で、孫の孫三郎（主計の次男）は祖父江秀治の養子となり、秀盛《ひでもり》と名乗った。

なお、津島の大橋家のことなどを記した『津島十一党家伝記及牛頭天皇社記』には青山家

内藤氏略系図

祖父江長定
　├女
　└秀治＝秀盛

内藤勝介
　├小三郎
　└主計─秀盛

と内藤家との面白い逸話が記されている。

永禄六年、青山秀勝の嫡子虎と内藤勝介の嫡子小三郎の両人が、清須三奉行の一人織田因幡守の家臣 桜木《さくらぎ》隼人助を古渡の松原で襲撃し、青山家の家臣が弓で桜木隼人助を射殺した。双方に加勢がおり、青山・内藤勢の八十八人と桜木方の三十人が争い、双方で四十二人の死者があったという。小競り合い規模の喧嘩《けんか》である。二人揃《そろ》って家康を頼って退去したと伝わる。詳細は省くが、もともとは男色が原因だったという。男色の揉《も》め事というのは戦国時代にはよくある逸話である。内藤氏は尾張には有力な同族はいなかったようであり、三河で繁栄したといわれるので、三河へ退去したのは同族がいたからだろう。真偽のほどは不明だが、この不祥事がもとで内藤勝介の活躍の場が少なくなったのかもしれない。

四家老といっても、筆頭家老の林秀貞は信長を見限って柴田勝家と組んで信勝を主君に据える陰謀を巡らし、家宰的な平手政秀は、信長から睨《にら》まれた長男五郎右衛門を庇《かば》って自害、三番家老の青山秀勝は信長の元服前に討死、末席の内藤勝介は家老としての役割を見出せない。信長が家督を相続した頃には、有力な後ろ盾として家老は役立っていない。

家老に推戴《すいたい》されて当主の座に就けば、家老に頭が上がらないが、信長は実力で当主の座をもぎ取ったことで家中での地位を相対的に高める結果となった。他の戦国大名が家老衆に頭が上がらないなか、信長は戦国時代では稀有《けう》ともいえる「絶対的な権力」を織田家中で握っていくことになる。

2　同母弟との家督争い

信長の兄弟

信長には、庶兄の信広《のぶひろ》を含め十一人の兄弟、十四人の姉妹がいたという（諸説あり）。長兄の信広が天正二年（一五七四）の長島《ながしま》攻めで討死したのをはじめ、不慮の死や討死など、信長の天下統一戦まで生き残り、かつ有力な一門衆としての扱いを受けた兄弟は弟の信包《のぶかね》（信兼）くらいである。同じく弟である長益《ながます》（有楽斎《うらくさい》）や長利《ながとし》の分限はかなり小さかった。

姉妹には、一族の織田信清室、飯尾尚清《いいのおひさきよ》室、織田信直《のぶなお》室、織田信成《のぶなり》室、津田元嘉《もとよし》室のほか、牧長清室、浅井長政《ながまさ》室（お市《いち》）、稲葉貞通《いなばさだみち》室、佐治為興《さじためおき》室（細川信良《のぶよし》に再嫁）、苗木（遠山《とおやま》）直《なお》廉《かど》室、神保氏張《じんぼうじはる》室、丹羽氏勝《うじかつ》後室などがいる。この中で夫が有力な一門として期待されたのは、小谷《おだに》城主の浅井長政、美濃三人衆の一人稲葉一鉄《いってつ》の嫡男貞通くらいである。苗木直廉室の娘（信長の姪）は信長の養女として武田勝頼《かつより》に嫁し、嫡男信勝《のぶかつ》を儲けて武田氏との友好関係に貢献した。

信長の母親は土田氏といわれるが、はっきりしない。清須の土田氏とも美濃の土田氏ともいわれるが、先述したように、土田氏ではない可能性もある。

信長は、天文十五年（一五四六）十三歳で元服し、三郎信長と名乗った。三郎は父信秀も名乗っていたことから推測すると、異母兄には信広（三郎五郎）がいたが、信長が嫡男だったと思われる。同母弟には信勝がいる。後年、伊勢の長野《ながの》氏に養子入りした信包、尾張小木江《こきえ》城で一向一揆に攻め殺された信与《のぶとも》（彦七郎）も同母弟と推測されている。

幼年時代の信長については、伝説程度のことしか伝わっていない。元服した翌年には三河吉良《きら》に初陣し、初陣の差配は平手政秀が担当した。先に触れたように、信秀は東の今川と北の斎藤との二方面作戦で苦戦を強いられたことから、道三の娘（濃姫）を信長の正室とすることなどの条件で斎藤道三と和睦した。この和睦も平手政秀が取りまとめ、濃姫は天文十八年二月に輿入《こしい》れしたと伝わる。信長十六歳、濃姫は一つ年下の十五歳だった。この頃までは父信秀の庇護《ひご》下にあったが、信秀の動向が摑《つか》めなくなる翌年頃から自立に向けた動きが活発化してくる。

信長の最初の試練は、山口教継・教吉《のりよし》父子の今川への寝返りだろう。寝返りといっても、もともと山口氏は那古屋城の今川氏豊に仕えていたと思われ、信秀の那古屋城奪取以後、信秀に転仕しただけで、譜代といえる家臣ではない。むしろ今川方に親近感を持っていたかもしれず、信秀の勢いが凋落するなか、今川勢の尾張進出に連動して「弾正忠家」を見限っただけに過ぎないという見方もできる。

山口教継は、居城の鳴海《なるみ》城に子息の教吉を在城させ、新たに笠寺《かさでら》に要害を築いて今川勢を引き入れ、自らは中村《なかむら》に砦《とりで》を築いて籠城《ろうじょう》した。信長はすぐさま八百人の軍勢を率いて鳴海城攻撃に出陣し、迎撃する教吉も今川勢の援軍を合わせて千五百人を動員して赤塚《あかつか》で交戦した。互いに顔見知りがいるので容赦なく白兵戦で戦ったが、信長は人数に勝る教吉を打ち破ることができず、引き分けで帰陣した。所期の目的を達成できなかったという観点からすると、信長の敗退ともいえ、鳴海城の攻略は桶狭間の戦勝まで持ち越されることになる。

織田氏略系図

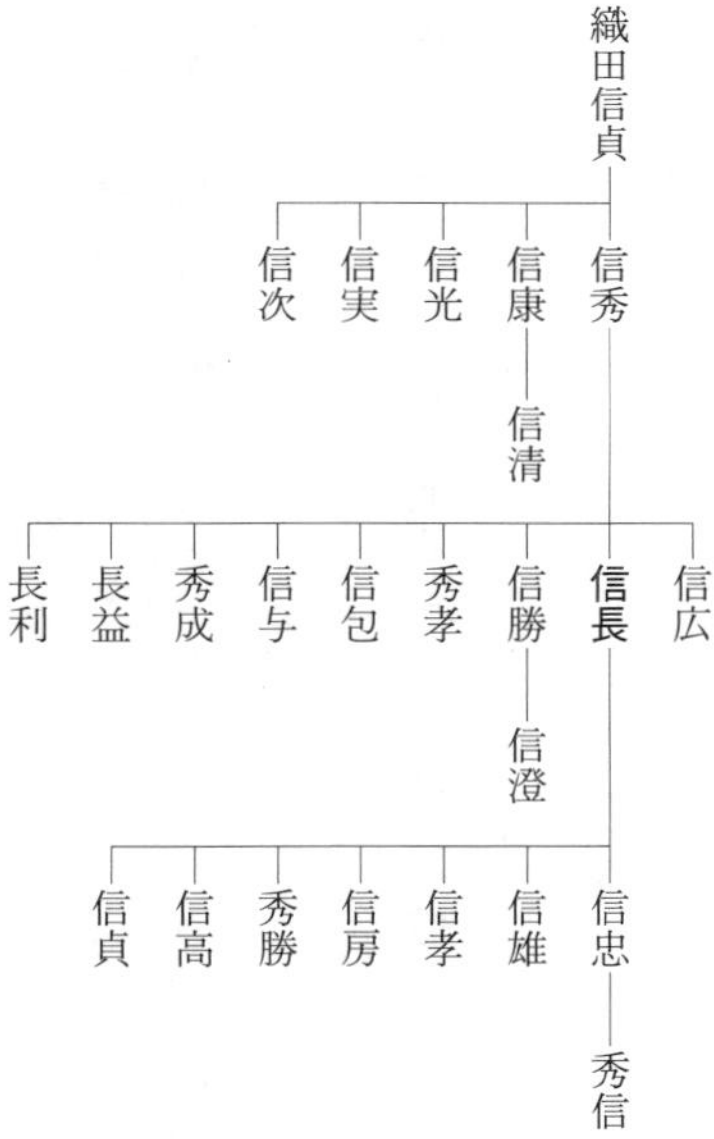

同母弟信勝

弟の信勝は系図類には信行《のぶゆき》と記されているが、信頼できる史料からは明らかにできない。誤伝の可能性が高い。『信長記』首巻には勘十郎として登場する。

母親（報春院《ほうしゅんいん》）が信勝を偏愛して信長を疎んじたという記述が散見されるが、もちろん根拠となるべき史料があるわけではない。信長の過激な性格を、そうした母親の愛情の少なさに帰結させる薄っぺらな推測に過ぎず、本当のところは分からない。信長を疎んじていたとすれば、偏愛していた信勝が信長に誘殺されたことで信長を恨んだ可能性が高い。しかし、信勝誘殺後は信長と居を共にしていたと思われ、嫌っていたとは思えない。安土山城でも信長と生活を共にしていた。もし恨んでいたのなら信長に付き従わずとも、尾張の清須辺りに住むことも十分可能だったと思われる。

信勝は信長の仮病に騙《だま》されて誘殺されたが、この時、信勝に信長を見舞うように勧めたのは、寝返った柴田勝家と、ほかならぬ報春院だった。推測を逞《たくま》しくすれば、暗黙の了解があったのかもしれない。いずれにしても、単純に信長の母親が信長を嫌ったということはいえないのではないだろうか。

話が横道に逸《そ》れたが、勘十郎の諱は、信頼できる史料から推測すると、最初は信勝、そして達成、さらに信成へと改名している。達成の「達」は、守護代織田達勝の偏諱とされることがあるが、達勝の「達」は守護斯波義達からの偏諱であり、達勝からの偏諱ではなく、斯波義達に由来するものだろう。義達は少し前の世代の守護なので違和感がある。達成と名乗った時期は、当時の守護斯波義統の横死後である。その頃には達勝自身の存在も確認できない。この古びた「達」をつけたのは、すでに有名無実化していた守護代家を襲う意図があったのだろうか。

ただ、斯波義達以降の守護は、義敦（前述のように義達と同一人物説あり）、義統と続くが、正統ではないという記録もあり、義達以降に「達」を名乗った「正統」な守護がいたのかもしれない。いずれにしても、信勝も当初は信長に従っていたが、徐々に独立の気配を強め、林秀貞や柴田勝家の後押しで、弾正忠家の家督を狙《ねら》うようになった。家老衆に煽《おだ》てあげられ、奇矯な振る舞いの兄では心許《こころもと》ないと思ったのかもしれない。その底流にはもちろん、野心があったと思われる。信勝の謀反は、信長の人生最大の危機だったが、結果的には、強固な家臣団体制を作り出すことになり、飛躍への地盤固めとなった。

信勝の家老衆

信長に四人の家老が付けられたことは前述したが、『信長記』などによると、「銭施行《ぜにせぎょう》」

（一般的には葬儀と解釈されているが、葬儀ではない）の席で、信勝には柴田権六《ごんろく》、佐久間大学、同次右衛門、長谷川宗兵衛、山田弥右衛門が扈従《こじゅう》したと記されている。

柴田権六は修理亮《しゅりのすけ》勝家、佐久間大学はのちに信長の家臣となって活躍する盛重、同次右衛門はよく分からないが、右衛門尉信盛とは別人と推測されている。長谷川宗兵衛は、丹波守（可竹《かちく》）と同一人物のようである。『長谷川系図　幷《ならびに》旧記』などによると、官途名は丹波守、のち信忠付になったという。信長の馬廻や奉行を務めた嘉竹《かちく》（可竹）と同一人物ということになる。信長の側近として重用された長谷川秀一の父である。山田弥右衛門は、信秀の晩年と思われる九月十日付の浅井安親への信秀の礼状の使者として派遣されている（『熱田浅井家文書』）ので、信秀の側近だったのだろう。諱は綱定とも伝わる。のち信長に勘当されて丹羽長秀に仕え、母方の野木《のぎ》氏を名乗り、野木庄兵衛と称した。子息の高定《たかさだ》は長秀の娘を妻としている。以上のように、信勝には信長の家老に劣らない分限の者が付けられた。

信秀の家督は、一応は信長が相続したと思われるが、すんなりとはいかなかった。既述のように、信秀は勝幡城から那古屋城、古渡城、さらに末森城と居城を移したが、最終的な本城となった末森城は、柴田勝家や佐久間次右衛門らの大身衆《たいしんしゅう》を付けて信勝が引き継ぐこととなった。本来なら嫡男の信長が引き継ぐべきところであり、このあたりの動きを見ると、信長の家督についても不安定だったことが窺える。この時点で弾正忠家は信長と信勝とに分割相続されたともいえるだろう。

信秀の病死から約一年後の天文二十二年（一五五三）閏正月十三日、傅役《もりやく》の平手政秀が自害した（前述）。通説では、信長の行状を改めさせるための諫死《かんし》といわれているが、そのままには信じられない。直接的な原因は、政秀の長男五郎右衛門の駿馬を信長が所望したが、五郎右衛門はこれをにべもなく撥《は》ね付けたことで信長が逆恨みし、「主従不和」となったことだろう。傲岸不遜《ごうがんふそん》の信長を相手にしても、きっぱり拒絶した五郎右衛門も相当の頑固者である。

平手家の危機でもあり、政秀の人柄から推測すると、わがままな主君と強情な息子の間に立って苦慮し、主従不和を自らの自害で解決しようとしたのかもしれない。傅役の自害を機に信長の行状が改まったとは思えないが、信長も反省するところがあっただろう。この年、信長は政秀の菩提《ぼだい》を弔うため政秀寺《せいしゅうじ》を建立したと伝わる。平手家は取り潰《つぶ》されることなく、政秀の娘は信長の弟長益に嫁すなど織田家との関係を深めた。

3　弾正忠家をまとめる

道三との対面

こうした折、岳父の斎藤道三から尾張富田《とみた》の聖徳寺《しょうとくじ》で会見したいという要請があった。戦国大名が直接対面するのは稀有のことであり、面談を求めた道三も、これを受諾した信長も普通の物差では測れない器量の持ち主だった。

対面当日、先に到着していた道三が信長の行列を見ようと民家から覗《のぞ》き見したというのは、いかにも茶目っ気たっぷりである。信長にも一脈通じるものを感じる。この対面では互いに相手を認め合ったと思われる。『信長記』首巻には信長の独り舞台のような記述しかないが、道三が一方的にしてやられたということはなかっただろう。この会見で互いの人物を確認し、その上で攻守同盟を締結したと思われる。のちの村木《むらき》砦攻めの時には、筆頭家老の林秀貞が出陣拒否するなか、信長は道三に援軍を要請し、道三は千人規模の援軍を派遣して信長の窮地を救った。

道三との会見において信長は、供衆七、八百人を引率した。当時の信長は合戦に臨む時には、常に七、八百人を率いていたことからすると、これがいわゆる手勢であろう。尾張国内の合戦では、この手勢で圧倒的な強さを発揮することになる。傅役の平手政秀が自害し、信長の地位も不安定さを増していたが、隣国美濃の斎藤道三との同盟を強化したことで、反信長陣営に「信長の背後には道三がいる」ことを印象づけた。道三との会見は信長にとって陰に陽に大きな助けとなった。

この頃の尾張国で大きな力を持った勢力は、信長の弾正忠家のほか、主家筋である岩倉織田家・清須織田家、それに犬山城を拠点にした犬山織田家の四大勢力である。信秀の時代は、弾正忠家が一等抽《ぬき》んでる実力を持っていたが、信秀没後は、他の織田家の巻き返しも進みつつあった。

清須入城

天文二十二年（一五五三）七月十二日、守護斯波義統が守護代の織田信友《のぶとも》（彦五郎）らに殺害された。ことの起こりは、前年八月十五日、清須織田家が信秀の病死を好機と捉《とら》え、弾正忠家に対して攻勢に打って出たことにある。清須織田家は松葉《まつば》城の織田伊賀守や深田《ふかだ》城の織田右衛門尉を味方に誘い、弾正忠家に敵対行動に出たが、信長は叔父の信光と共同して翌十六日、海津《かいづ》（萱津）口《ぐち》で清須方を打ち破った。その勢いで信長勢は松葉城、深田城を誘降し、清須城の孤立化に成功していた。

この閉塞《へいそく》感のなか清須方は、守護斯波氏が信長に内通していることを察知し、義統の嫡男義銀が近習衆と川狩《かわがり》（川で魚を捕ること）に出掛けている隙《すき》を衝《つ》いて義統を急襲して殺害した。下剋上である。帰る城を失った義銀は信長を頼り、信長は義銀を守護（国主）として遇し、那古屋城で庇護した。清須織田家を守護弑逆の大罪人とし、守護の遺児を保護した自らに大義名分があることを印象づけた。義統の葬儀を信長が営んだという記録もある。後年、信長の葬儀を秀吉が行い、信長の後継者としてアピールした手法は、この時の信長に学んだものかもしれない。

信長は、義統が横死して六日目の七月十八日に清須城攻めを敢行し、守護弑逆の首謀者である織田三位や河尻《かわじり》左馬丞ら主だった武将を討ち取り、清須城を孤立化させることに成功した。清須方の坂井大膳は、この危機を打開するために信長の叔父信光と密《ひそ》かに接触し、信光に対して信友と並んで両守護代に据えるという好餌《こうじ》をもって誘いかけた。信光は陰で信長と通じながら、大膳の策謀に乗ったふりをして清須城の南櫓《みなみやぐら》に入った。翌日、大膳は信光に挨拶に赴いたところ、不穏な空気を察して駿河の今川氏を頼って逐電した。美濃国へ逃亡したことを窺わせる史料もあるので、今川氏の凋落とともに、信長に敵対する斎藤氏を頼ったのかもしれない。一人取り残されるかたちになった守護代の信友は、逃走するところを討ち取られた。

信長は清須城に入城し、信光には事前に約束した通り那古屋城を譲った。ところが、この年の十一月二十六日、信光は不慮の死を遂げた。信長の最大のライバルになる可能性のある信光が横死したことで、信長の陰謀があったという見方もある。『信長記』首巻には、「上総《かずさの》介《すけ》（信長）殿御果報の故なり」と記されている。暗に信長の策謀があったという読み方もできる。

しかし、どうであろう。信長は猜疑心《さいぎしん》が強く、身内も容赦なく処断したような印象で語られることが多いが、敵対していない身内には手を出していない。信光が信長に敵対行動をとったという証拠はどこにもない。もちろん否定はできないが、まだまだ今川の攻勢もあって前途多難な時期でもあり、味方は一人でも欲しかったはずである。内輪揉めの時期ではなかった。

史料として評判の悪い小瀬甫庵の『甫庵信長記』は、信光の近習坂井孫八郎が信光の妻と密通し、二人で共謀して信光を弑逆したという説を載せている。逃亡した孫八郎のことにも触れており、独自の情報をもとに記述したと思われ、それなりの信憑《しんぴょう》性はありそうである。

稲生原の戦い

清須城攻めでは、末森城の信勝方も協力していたが、恩賞に不満があったものか、信長の台所入《だいどころいり》（直轄地）の知行《ちぎょう》地を横領し、あからさまに敵対行動に出てきた。林佐渡守（秀貞）・美作守兄弟の策謀という。秀貞は、信勝家老の柴田勝家と共謀し、信長を廃嫡して信勝を後継者に据えようという陰謀を巡らした。

弘治《こうじ》二年（一五五六）八月、両陣営は稲生原で干戈を交えることになる。信勝軍は、柴田勝家が約一千人、林美作守が約七百人を率い、信勝の家老から信長方に転じていた佐久間盛重が籠《こ》もる名塚《なづか》砦へ攻撃を開始した。信長は後詰《ごづめ》（救援のための予備軍）として七百人足らずの兵力を率いて出陣した。津島衆を中心とした編成だっただろう。各個撃破を狙ってまず柴田勝家の軍勢に向かって戦闘を開始し、佐々成政《なりまさ》の義兄弟の山田治部左衛門《じぶざえもん》（治部右衛門とも）は勝家に討ち取られたが、勝家も負傷して後方に引き下がった。

劣勢の信長軍は佐々孫助ら屈強の者どもが討たれて信長本陣へ敗走し、本陣には織田勝左衛門尉、同信房のほかは、鑓持ちの中間衆《ちゅうげんしゅう》四十人ほどしかいなかった。信長はこの体《てい》たらくを見て怒声を発し、もともとは身内（弾正忠家の家臣）である敵方もその形相に恐れをなした。味方の軍勢も織田信房と森可成が相打ちに討ち取った「土田《つちだ》の大原《おおはら》」という武将の首を取り合っていたが、信長の怒声を聞いて我に返り、首は打ち捨てて敵勢に打ちかかった。信長の叱咤《しった》に励まされ、敵軍を押し返した。

すでに勝家のいない軍勢でもあり、柴田勢は総崩れとなり、残る林美作守勢に兵力を集中

した

して打ちかかった。美作守は黒田《くろだ》半平と切り結び、半平は左手を打ち落とされて劣勢だったが、信長自らが駆けつけ、織田勝左衛門尉の小者《こもの》（雑用係）、口中杉若《ぐちゅうすぎわか》が信長を助け、美作守を突き伏せて頸《くび》を討ち取った。大将を失った美作守の軍勢も敗退し、信長軍の大勝利に帰した。

秀貞赦免の理由

信勝軍を完膚なきまでに打ち破った信長は、末森城を囲んで包囲した。末森城には実母が信勝とともに居所しており、実母が信勝のために詫《わ》びを入れたため、信長は降伏を受け入れ、その罪は問わなかった。首謀者の一人林秀貞も許した。

先に触れたように秀貞が赦免されたのは、那古屋城を出て剃髪《ていはつ》し、津島に赴いて信長の姉婿である大橋重長を頼り、重長からの口添えで宥免《ゆうめん》してもらったからである。秀貞の後継新三郎（新次郎とも）が重長の女婿《じょせい》（信長の姪婿）となっていた関係も大きかったと思われる。

もう一つの理由は、林兄弟が謀反を企てている噂《うわさ》を聞きつけた信長が、直接、那古屋城の林兄弟を訪れた時、美作守は好機到来とばかり信長を殺害しようとしたが、秀貞は「三代相恩の主君をここで手にかけるのは天道も恐ろしい」と信長を助命したことがあったが、その時の配慮に思いを致したからだろう。美作守に対しては相当怨《うら》んでいたと思われ、首実検の席上、美作守の首を足蹴《あしげ》にしたほどだった。

この頃、信勝だけでなく、庶兄の信広も信長に敵対行為をしたが、未遂に近いかたちだったこともあり、これも赦免した。若い頃の信長は、四囲の状況もあっただろうが、敵対した者も一度は赦免する度量を備えていた。

実弟との戦いに勝利し、全面降伏を取り付けたが、信勝の家臣団は信勝がそのまま継承した。しかし、信勝は再度謀反を企て、柴田勝家の密告を得た信長は、病と偽って信勝を清須城に呼び寄せ、家臣に命じて暗殺した。信勝の遺臣は勝家の行為を裏切りとして、のちのちまで怨んだという。信長は勝家をはじめとした信勝の遺臣を取り込み、ここに弾正忠家の一本化に成功した。

第二章　尾張統一

1　岩倉織田家を滅ぼす

浮野の戦い

清須織田家を大義名分のもとに滅亡させ、実弟信勝も処断して弾正忠家を一本にまとめた信長の残る敵は岩倉織田家である。岩倉織田家も系譜がはっきりしないが、清須織田家の本家筋、織田家の宗家と推測されている。

岩倉織田家も信秀没後は信長に敵対していたが、稲生原の戦いに勝利した信長は、岩倉攻めの余裕ができ、数回にわたって岩倉勢と干戈を交えた。最後は、弘治四年（一五五八。改元して永禄元年）七月十二日、浮野の戦いで岩倉織田家に勝利し、その余勢を駆って岩倉城を攻囲し、翌春には落城に追い込んだ。

『甫庵信長記』などによると、信長は二千人を率い、これに犬山城の織田信清が一千人で加勢し、計三千人の軍勢を揃えて浮野に出陣した。対する岩倉織田家も三千人を繰り出して激しい戦闘となった。なかなか勝負の行方は分からなかったが、森可成らの活躍で岩倉勢を岩倉城に敗走させることに成功し、岩倉城を攻囲して勝鬨《かちどき》を上げて帰陣した。しかし、岩倉勢が小勢の犬山勢を追走したため犬山勢は窮地に陥り、信長軍が引き返して今度は逆に両軍で岩倉勢を追撃し、大勝利を収めた。翌春、岩倉城を攻囲して陥落させ、岩倉織田家は降伏し、織田本宗家はここに滅亡した。

籠城兵は赦免したが、岩倉城は破却した。『信長記』の異本には、岩倉城攻略によって「尾州《びしゅう》一篇に仰せ付けられる」と記述されており、後世から見ると厳密な意味での尾張統一ではないが、ようやく信長は「尾張一国の主」となった。

岩倉落城の年次

ここまで岩倉城の落城を通説通りに永禄二年（一五五九）春として記述したが、これには多少の疑問が残る。すなわち、永禄二年二月に信長が上洛していることが『言継卿記』など良質な史料で確認できるので、通説通りなら岩倉城を攻囲している間に上洛したことになり、違和感を覚える。

この両面作戦を信長らしいと評する向きもあるが、どうであろう。敵城を攻囲しながら家臣団を率いて上洛していることが周知されれば、籠城軍が息を吹き返す可能性もあり、不用意この上ない。実際、隣国美濃の斎藤義龍《よしたつ》に上洛計画を探知され、刺客を差し向けられている。

岩倉落城の年次は、浮野の戦いの翌年という理解なので、この浮野の戦いの年次に問題があるのではないかと考えられる。そもそも浮野の戦いを弘治四年（一五五八）としているのは、『史料綜覧《そうらん》』（事件の概要を示し、その典拠史料名を列挙したもの）を見ると、『甫庵信長記』を典拠としているようである。最近刊行された『愛知県史』資料編でも浮野の戦いは永禄元年に入れているが、年次を確定できる史料は示されていない。

『甫庵信長記』は、江戸時代に版行されて流布した結果、その後の軍記物などに多大な影響を与えている。家譜や地誌などに無批判で採用されたことで、その影響はさらに広まった。浮野の戦いの年次を良質な史料で確定することは難しいが、『甫庵信長記』に影響されていない、比較的信用できそうな史料がある。

土佐国の史料類纂である『皆山集《かいざんしゅう》』が引く法蓮寺《ほうれんじ》（尾張）過去帳などには、山内一豊の父盛豊は、弘治三年七月に浮野の戦いで討死したことが明記されている。山内家がまとめた記録類（『南路志《なんろし》』『一豊公紀』など）にも弘治三年説を採る記録が収められている。残念ながら編者は永禄元年（弘治四年）説に固執し、弘治三年の記録を誤りと判断したようである。しかし、年次比定できる良質な史料が発見されていない現状では、弘治三年七月に浮野で岩倉織田家を破り、翌永禄元年春頃に岩倉城を攻略したと推測する方が可能性が高いだろう。

横道に逸れたが、話を岩倉織田家に戻すと、岩倉織田家の三家老、前野氏・山内氏・高田氏も信長に転仕したと思われるが、はっきりしない。

前野氏は、永禄四年の三河・梅《うめ》が坪《つぼ》城攻めで討死した前野長兵衛や、先に触れた前野長康がいる。山内氏は一豊の家系とすれば、一豊は信長に敵対した家系ということで信長に直仕することを避け、秀吉の家臣となったのかもしれない。高田氏は、前述のようにあまり重用された気配がない。信長は永禄元年九月十七日付で前野勝右衛門尉（長康）に知行を宛行《あてが》っているが、その文面に「高田中務丞分五日市庭弐拾貫文」（『大森洪太氏保管文書』）とあり、高田中務丞は浮野の戦いで没落した岩倉織田家の家臣と思われる。高田氏は信長のもとでは不遇だったのだろう。一豊と同様に秀吉に仕えた高田久三はこの系譜かもしれない。

2　桶狭間の戦い

山口父子の寝返り

岩倉織田家を滅ぼし、ほぼ尾張を統一した信長は、永禄二年（一五五九）に上洛して将軍義輝に拝謁し、尾張国の支配の正統性を確保した。しかし、東からの脅威は徐々に圧力を増しつつあった。駿河・遠江に加え、三河、さらに尾張にも侵攻を開始した今川氏である。翌三年五月の桶狭間の戦いについては、義元の目的から説き起こして分析する傾向があるが、ここでは、信長軍の迎撃態勢を通じて家臣団の構成を確認したい。

信長は、山口教継・教吉父子が今川方に内応したことで敵の橋頭堡となった鳴海城および大高《おおだか》城を包囲するための付城《つけじろ》（攻撃の拠点として敵城の近くに築いた城）を築いた。

鳴海城には、北から時計回りに丹下《たんげ》砦、善照寺《ぜんしょうじ》砦を構築し、大高城に対しては、鳴海城との連絡を遮断するかたちで鷲津山《わしづやま》砦、丸根山《まるねやま》砦を構築し、南側にも城砦《じょうさい》群を構築して完全包囲した。また、これらの鳴海城の付城と大高城の付城の間には中島《なかじま》砦を築いてつなぎの城の役割を持たせた。

丹下砦は古い屋敷を利用したもので、水野帯刀《たてわき》、山口海老丞《えびのじょう》、柘植玄蕃頭《つげげんばのかみ》、真木《まき》与十郎、同宗十郎、伴十左衛門尉および山崎衆を入れ置いた。彼らはこの周辺出身であり、地理にも明るい者たちである。

水野帯刀は、水野帯刀左衛門尉忠光《ただみつ》といい、知多郡常滑《とこなめ》村の水野監物忠綱《けんもつただつな》の次男で、忠光の代から信長に仕え、戸部《とべ》村に居を構えていた。

山口海老丞守孝《もりたか》は笠寺城主である。某年七月二十五日付で信長の家老である林秀貞と平手長政《ながまさ》から愛知郡の笠覆寺《りゅうふくじ》（笠寺観音）本尊開帳の相論《そうろん》について信長の帰陣まで延期するよう通達されているので、笠覆寺に権益を持っていたと思われる。永禄二年時点での居所は笠寺と表記されている（『南行雑録』）ので、笠寺出身だろう。娘は近江勢多《せた》の山岡景佐《やまおかかげすけ》に嫁した。景佐の次弟景猶《かげなお》（玉林斎《ぎょくりんさい》）が尾張の山崎《やまざき》城に滞在したこともあり、そうした縁からだろう。

柘植玄蕃頭はよく分からないが、織田一族で柘植氏を名乗っている者もいるので、織田一族だったのかもしれない（伊賀国出身説あり）。真木（牧）氏は斯波一族であり、愛知郡小《こ》林《ばやし》城主（春日井郡川村《かわむら》城主とも）である。信長の妹が嫁した牧長義《ながよし》（斯波義銀の従兄弟）らの一族だろう。伴十左衛門尉も丹下砦付近の国人だろう。

善照寺砦も「古跡」を砦に改築したもので、山崎城を拠点とした大身の佐久間信盛・信直《のぶなお》兄弟が守った。

大高城の付城である鷲津山砦には織田秀敏《ひでとし》、飯尾定宗《さだむね》・尚清父子を、丸根山砦には有力家臣である佐久間盛重《もりしげ》を配置した。

両城の間の中島砦には、中島郡奥《おく》村の梶川高秀《かじかわたかひで》を入れ置いた。高秀以下、兄弟衆の一秀《かずひで》、秀盛《ひでもり》らも籠城した。高秀は、永禄十一年の上洛戦に供奉し、池田《いけだ》城攻めで討死したが、『信長記』には「隠れなき勇士」と称《たた》えられている。また、子息の高盛《たかもり》も将軍足利義昭が籠城する槇島《まきしま》城攻めの時、宇治川《うじがわ》渡河で一番乗りを果たし、信長から馬を拝領するほどの武者であり、梶川氏は武勇を謳われた一族だった。

大高城の南側を攻囲する氷上《ひかみ》砦、正光寺《しょうこうじ》砦には大野《おおの》佐治氏や小河《おがわ》水野氏らを配置して完全な包囲態勢を築いた。

こうした状況で佐久間一族は、善照寺と丸根山砦の両砦を任されるほど信頼されていた。鷲津山砦の織田秀敏や飯尾父子は織田一族である。前記付城群には、地縁も考慮しながら最も信頼できる部将を配置した。この結果、手元に温存している有力武将は、織田信房、森可成、柴田勝家くらいとなった。

主従六人で出陣

今川義元の進軍を聞いて清須城から出陣した信長に扈従したのは、岩室長門守《いわむろながとのかみ》、長谷川橋介、佐脇藤八《さわきとうはち》、山口飛騨守《ひだのかみ》、加藤弥三郎《やさぶろう》の五人の小姓衆である。岩室長門守は近江出身とも伝わる。長谷川橋介は長谷川丹波守の一族、佐脇藤八は前田利家の弟、山口飛騨守はのちに右近《うこん》と称し、母衣衆《ほろしゅう》（後述）に選ばれた。加藤弥三郎は熱田の豪商加藤家の次男坊である。

信長は善照寺砦でいったん軍勢を勢揃いさせ、その後中島砦に移陣しようとした時、家老衆は、敵側から寡勢《かせい》であることが丸見えになるので諫止したが、『信長記』の伝本の一つには家老衆として「林、平手、池田、長谷川、花井《はない》、蜂屋」と具体的な名前が記されている。

林は筆頭家老の秀貞、平手は家老だった政秀の後継者（平手長政だろう）、池田は信長の乳《ち》兄弟《きょうだい》の池田恒興、長谷川は信勝の家老だった長谷川宗兵衛、蜂屋は美濃出身で早くから信長に仕えていた蜂屋頼隆《よりたか》、花井は大高城主だった花井備中守《びっちゅうのかみ》か、その一族だろう。ただ、家老という表現は微妙である。側近くにいた有力武将ということだろう。

また、緒戦では信長とは別行動をとっていた集団もいた。前田利家、毛利河内《かわち》、同十郎、木下雅楽助《うたのすけ》、中川金右衛門、佐久間弥太郎、森小介、安食定政《あじきさだまさ》、魚住《うおずみ》隼人正らの面々である。前田利家は、加賀百万石の礎《いしずえ》を築いた加賀前田家の藩祖である。この時は勘気を蒙《こうむ》って追放されていたが、勝手に参加して帰参を目指していた。毛利氏は父信秀の代からの有力な一族、木下雅楽助は中川重政《しげまさ》・津田左馬允（盛月《もりづき》）の弟である。彼ら三兄弟は、系図によると信長の叔父織田信次の孫という。中川金右衛門は米野城主の中川弥兵衛らの一族とも考えられるが、中川重政の通称が八郎右衛門であり、「金」と「八郎」は読み誤られることがあることから推測すると、金右衛門は八郎右衛門の誤記かもしれない。交名《きょうみょう》の並びから判断しても可能性はあろう。佐久間弥太郎は佐久間盛重の弟（子息ともいう）である。森小介は、音が通じる毛利氏の一族だろう。安食定政は春日井郡安食村出身だろう。魚住氏は春日井郡鹿田《しかた》村を居所にし、斯波氏、那古屋の今川氏から織田家に転じた。隼人正の妻は、清須の御用商人伊藤《いとう》宗十郎有一《ありかず》の姉妹である。有一の妻は柴田勝家の姪という（『黒田家臣御系譜草稿』）。彼らは信長軍とは別行動をとっており、土地勘があったものと思われ、抜け駆けの功名を狙っていた。

今川軍の人数ははっきりしたことは分からないが、四万五千人と公称していたようである。実際には二万五千人ほどとする見解が多いが、これとても推測に過ぎない。総勢二万人前後だったのだろう。これに対する信長勢は二、三千人である。総勢をもって義元本陣を急襲し、運よく義元を討ち取ることができた。

父信秀病死後、弾正忠家すら一本化できずに謀反が相次いでいたが、清須城攻め、稲生原の戦い、岩倉城攻めなどを経て、信長の力量が評価され、ほぼ尾張一国を統一していたことで家中から裏切り者を出すことなく、義元との正面決戦に臨むことができた。もし籠城策を採っていれば、あるいは裏切り者が出たかもしれないが、そうしたことも含めて信長自身の出陣となったのであろう。すでに二千人以上を動員する態勢を構築しており、桶狭間の戦勝によって弾正忠家における信長の地位は揺るぎないものとなった。

桶狭間の戦い以降の家臣団

最後に、桶狭間の戦い後の家臣団構成をざっと確認しよう。

家宰的な地位には、一度は裏切ったものの帰参が許された林秀貞がその任に当たっていただろう。平手政秀の後継と推測される長政も、当時は家老的な立場だったと思われる。

吏僚衆では、村井貞勝、島田秀満《しまだひでみつ》がいる。ともに出自は判然としないが、秀満の「秀」はおそらく信秀の偏諱と思われるので、信秀時代から仕えていたのだろう。貞勝の「貞」は、祖父信貞の偏諱とすれば、祖父の代からの家臣である。側近の小姓衆では、桶狭間の戦いの時に一騎駆けする信長に扈従した五人が代表だろう。

初期の家臣団構成

- 信長
  - 一門衆
  - 部将 ── 与力
  - 旗本（馬廻衆・小姓衆）
  - 吏僚（奉行衆・祐筆など）

有力部将では、柴田勝家、森可成、飯尾定宗、および佐久間信盛らの佐久間一族が中核だった。馬廻衆の中核は弾正忠家が地盤としていた中島郡の在地領主層や、祖父の代から支配下に組み込んだ津島衆が中心だっただろう。

一門衆については、有力なライバルだった叔父の信光が不慮の死を遂げ、その後継に力はなかった。残る叔父信次も信長の弟秀孝《ひでたか》（喜六郎）を家臣が誤殺したのを申し開きもせずに逐電するほどの小心者であり、小幡《おばた》城を守ってはいたが、臣下に成り下がっていた。叔父信実や大叔父（祖父の弟）といわれる秀敏も後見程度だっただろう。

兄弟衆では、強力なライバルだった信勝を誘殺し、庶兄の信広は、かつて三河攻略の橋頭堡だった安城城を守備していたが、今川軍に攻められて陥落時に人質になる失態を犯して後継者候補から脱落しており、かてて加えて信長に謀反を気取《けど》られて赦免されてからはそのまま臣従していた。信長の兄だったかもしれない秀俊《ひでとし》（安房守《あわのかみ》）も横死し、その他の兄弟はいまだ幼少である。叔母婿にもこれといった有力者はいない。乳兄弟の池田恒興は、優遇はされてはいたが、有力部将といえるほどではなかった。

稲生原で信勝軍に大勝したことで弾正忠家の一本化に成功し、しかも有力部将の林秀貞や柴田勝家を降《くだ》したことで信長に対抗できる家臣はいなくなった。一門衆も叔父信光と次弟信勝が死去したことで信長に取って代わろうという者は皆無に等しくなった。桶狭間の完勝でカリスマ性が増し、尾張国内では信長を頂点にした弾正忠家のピラミッドが完成しつつあった。

エリート集団「母衣衆」

この頃、信長は赤・黒の母衣衆約二十人を選んだ。史料によっては稲葉山城を攻略した永禄十年（一五六七）としているものがあるが、後述するメンバーの履歴から推測すると、永禄十年よりもかなり遡《さかのぼ》ると思われる。

当初信長は、衆に抽んでる対象者が二十人に満たないため選抜するのを断念しようとしたが、博学の老人が「万事全備することは稀《まれ》なることに候。その長ずるところ一、二侍《はべ》る人々をまず選み出され然《しか》るべく候わんや」と助言したので、黒母衣衆十人、赤母衣衆九人を選んだという。追加人員や欠員補充も記載されている渥美《あつみ》刑部丞《ぎょうぶのじょう》入道が書き出したという史料や『甫庵信長記』などを校合《きょうごう》してメンバーを記すと次のとおりである。

黒母衣衆は、河尻秀隆《ひでたか》、中川重政、佐々成政、津田左馬允、毛利良勝《よしかつ》、平手久左衛門、伊東武兵衛、水野忠光、松岡《まつおか》高光、生駒《いこま》勝介《しょうすけ》。のちに追加された衆には、蜂屋頼隆、野々村《ののむら》正成《まさなり》がいる。

赤母衣衆は、前田利家、浅井信広《のぶひろ》、織田薩摩守《さつまのかみ》（木下雅楽助）、伊東長久《ながひさ》、岩室長門守、山口飛騨守、佐脇藤八、毛利長秀《ながひで》（秀頼《ひでより》）、飯尾尚清、長谷川橋介の面々である。出奔した者や討死した者の補充のために追加された衆には、福富秀勝、塙直政、渥美刑部丞、金森長近、猪子《いのこ》一成《かずなり》（一時《かずとき》）、織田越前守、加藤弥三郎がいる。

一人ひとりの素性を紹介する余裕はないが、基本的には尾張出身の者たちである。また、兄弟でメンバーに入っている者もいる。中川重政、津田左馬允、織田薩摩守は三人兄弟で織田一族だが、信長との関係では従兄弟よりも遠い関係だっただろう。織田一族の中で信長の地位が突出したものとなったため織田を憚《はばか》り、織田一族の津田や中川、木下に改姓した。伊東武兵衛と長久、前田利家と佐脇藤八も兄弟である。浅井信広の妻は毛利長秀の妹、毛利長秀は河尻秀隆の甥《おい》、飯尾尚清の娘は長谷川橋介の甥といわれる秀一に嫁すなど母衣衆同士も縁戚となっている。

母衣衆は、信長の親衛隊として将来を約束されていたが、この中には信長から勘当された者や戦場で討死した者もいる。部隊長や国持ち大名に出世した者もいる。ただ、最も疑問の人物は、このメンバーを書き上げたと自ら記している渥美刑部丞入道である。『高木《たかぎ》文書』の奥書《おくがき》には「右渥美刑部丞入道曽干書之」と記され、入道号が「曽干」とされることもあるが、母衣衆を書き上げた別の写しには「右渥美刑部丞入道、是を書申候」（『信長公一代合戦覚書』）とあるので、曽干は誤写だと思われる。

ちなみに、刑部丞はこれ以外の史料には表れないので疑問の人物とされるものの、本能寺の変後、秀吉と信孝が対立した時、秀吉から信孝の奉行に宛て、秀吉は自らの功績を自讃《じさん》し、信孝の行動を批判する辛辣《しんらつ》な文面の書状が出されたが、これを書いたのは渥美刑部丞という史料がある（『引證《いんしょう》』）。もとより一次史料ではないが、祐筆《ゆうひつ》（書記役）を務めていたのだろう。刑部丞も若い頃は太田牛一のように武辺者だったのかもしれない。

第三章　美濃衆の家臣化

1　美濃攻め

義龍急死で好機到来

永禄十年（一五六七）八月（九月説もある）、信長は足掛け八年でようやく美濃・稲葉山城を攻略した。城下を正式に岐阜《ぎふ》と改め、「天下布武《ふぶ》」の印判を使用し始めた。十一月には本願寺宗主の顕如《けんにょ》が美濃・伊勢平定を賀し、朝廷も美濃平定に便乗し、御料所の回復と誠仁《さねひと》親王（正親町《おおぎまち》天皇の皇太子）の元服費用を用立てることを命じてきた。京畿でも信長に対する関心が高まってきたことの表れでもあった。

美濃攻略は決して平坦《へいたん》なものではなかっただけに、その後の信長の軍事的な成長の糧《かて》となった。父信秀の病死前後から尾張国内で同族間の戦いに明け暮れていたものの、所詮《しょせん》は小競り合い程度に過ぎなかったが、大国美濃を相手にしては、そうは簡単にことは運ばなかった。
確かに桶狭間で今川義元を討ち取る大功を挙げたが、あくまで東方からの脅威がひとまず去ったに過ぎなかった。それでも戦勝後すぐに松平元康《まつだいらもとやす》（徳川家康）と同盟を結んだことで東方への懸念は減少した。

桶狭間の戦いの翌永禄四年、信長にとってきわめて幸運なことに、斎藤道三との親子戦争に勝利して美濃国で地歩を固めていた斎藤義龍が急死した。戦国の梟雄《きょうゆう》、蝮《まむし》の道三とまで呼ばれた戦国屈指の軍略家、道三を打ち破り、信長の弟信勝や岩倉織田氏とも結び、信長挟撃作戦を主導していた義龍の急死は、信長にとっては将来への展望が開けるものだった。

義龍の後を継いだ龍興《たつおき》はわずか十四歳、宿老衆に支えられた支配体制だったが、その龍興を相手にしてさえ、六年以上を費やしているのだから、義龍が在世していれば、美濃攻略、ひいてはその後の信長の時代はもっと別なかたちになっていただろう。

義龍没後の斎藤氏は、幼主の龍興（一色《いっしき》氏を称し、義棟《よしむね》、義糺《よしただ》とも名乗る）を家老衆が支える体制を構築し、縁戚でもある長井道利《みちとし》（隼人正）を筆頭に、奉行人には氏家《うじいえ》（桑原《くわはら》）直元《なおもと》、成吉《なりよし》（竹腰《たけごし》）尚光《ひさみつ》、延永《のぶなが》（日根野《ひねの》）弘就《ひろなり》、伊賀《いが》（安東《あんどう》、安藤）守就《もりなり》の四人に加え、野村越中《のむらえっちゅうの》守《かみ》や武井夕庵《たけいせきあん》を加えた六人が主要なメンバーだった。美濃三人衆（氏家直元、安東守就、稲葉一鉄）の一人、稲葉一鉄は奉行人ではなかったが、分限では奉行衆に匹敵しており、不破《ふわ》氏も彼らに準じる存在だった。このほかには、鵜沼《うぬま》城の大沢氏、郡上《ぐじょう》郡の遠藤《えんどう》氏、恵那《えな》郡の苗木氏、加茂《かも》郡の市橋《いちはし》氏、土岐《とき》郡の多治見《たじみ》氏、池田郡の国枝《くにえだ》氏、市橋氏、多芸《たぎ》郡の丸毛氏、不破《ふわ》郡の竹中《たけなか》氏らの国人衆がいた。

森部の戦い

美濃攻めは、弘治二年(一五五六)四月、岳父の斎藤道三が義龍に敗北した長良川《ながらがわ》の戦い以来の宿願だったが、当時の信長は美濃攻めどころか尾張国内、しかも同族間の争いに手一杯の状態だった。それでも桶狭間の大勝を機に翌月から美濃攻めを開始し、軍記物類によると何度か侵攻しているが、はかばかしい成果はなかったようである。一説にはこの年だけで三度も出陣したというが、本格化したのは、やはり義龍の急死後だろう。

義龍の病は流行病だったようで、義龍の妻(一条《いちじょう》氏)や子供も同時期に死去している。こうした状況から見ると、義龍が罹病《りびょう》している情報を入手していたと思われ、死去の二日後の永禄四年(一五六一)五月十三日には早くも、木曽川《きそがわ》・飛騨川《ひだがわ》を渡河して西美濃へ侵攻した。斎藤勢は、幼少の龍興に代わり、長井衛安、日比野清実が両大将となって墨俣《すのまた》から森《もり》部口《べぐち》へ出撃してきた。攻城戦を覚悟していた信長は「天の与うる所」と好機到来を喜び、長良川を渡河しての会戦となった。旗本を構成する津島衆の活躍で信長軍は敵の両大将を討ち取る大勝となり、首数百七十余を討ち取った。長井衛安は津島衆の服部康信、日比野清実は同じく津島衆の恒川長政がそれぞれ討ち取った。また、津島衆の河村将昌は神戸将監を討ち取る武功を挙げた。

服部康信は、桶狭間で義元に鑓を付けた小藤太（異説あり）の父という。服部村の「地頭」である。正室は大橋氏だが、一説には米野城主の中川弥兵衛の娘ともいう。康信はこの時、長井衛安秘蔵の笛を分捕り、翌月には津島天王社御師の服部久左衛門に寄進している。康信は、のち信長の次男信雄に仕え、子孫は丹羽家に仕えた。恒川氏は津島四家七党の一家で、長政も海西郡早尾《はやお》村の「地頭」（『張州雑志』）である。子息の久左衛門は信忠に仕え、天正十年（一五八二）の高遠《たかとお》城攻めで「御感に預かる」活躍をした。のち柴田勝家に転仕し、勝家滅亡後は逼塞《ひっそく》したが、その後浅野幸長《あさのよしなが》（浅野長政の嫡男）に仕えた。蒲生氏郷《がもううじさと》、次いで尾張藩に仕えた子孫もいる。娘は津島衆の大橋氏に嫁しており、津島衆としてまとまりを見せている。河村将昌も、愛知郡岩塚《いわつか》村の地頭という。信秀に仕えた秀影の次男である。正室は大橋重長の娘。重長の妻は信長の姉「くら」であり、くらが産んだ娘なら信長の姪を妻としたことになる。

信長は、この後も機に乗じて美濃攻めを敢行し、池田恒興や佐々成政らの活躍もあったが、はかばかしい成果は得られなかった。

犬山城攻め

一方、美濃を攻略する前に、尾張国内の統一も課題になっていた。岩倉攻めでは共同歩調をとっていた犬山城の織田信清（犬山哲斎《てっさい》）が斎藤氏と結んで信長に反抗したからである。信清は、系図類によると天文十三年（一五四四）、稲葉山城攻めで討死した信康（信秀の次弟）の嫡男である。信長にとっては父方の従兄弟であり、正室は信長の姉妹「犬山殿」である。従兄弟で義兄弟という近い関係だったが、信長の勢力増大に伴って一門衆から臣下の扱いになってきたのを不満としたのかもしれない。信長は、信清が敵対したため居城を清須城から小牧山《こまきやま》城に移し、本格的に犬山城を攻囲した。

犬山城の対岸には鵜沼城、猿啄《さるばみ》城があり、さらに五里奥の山中に加治田《かじた》城が敵対していたが、加治田城の佐藤紀伊守忠能《さとうきいのかみただよし》・右近右衛門父子が丹羽長秀を通じて内応してきた。美濃国での内応者を物色していた折でもあり、信長も「ご執着（祝着）斜めならず喜び」、兵粮《ひょうろう》代として黄金五十枚を遣わし、籠城戦に備えさせた。佐藤忠能は、のちに嫡男の右近右衛門が斎藤氏との戦いで討死したため、斎藤一族で早くから信長に仕えていた斎藤利治《としはる》（斎藤道三の子という）を養子にし、娘を娶《めあわ》せている。

加治田城は、斎藤氏を裏切って信長に内応したため、斎藤方は放置しておけず、二十五町

（三キロメートル弱）隔てた堂洞《どうほら》に砦を構築した。加治田城から危急が知らされ、信長は堂洞砦の攻略に向かい、太田又助（牛一）の活躍もあって攻略に成功した。翌日信長は帰陣したが、関に本陣を置いていた長井道利、さらに稲葉山城から龍興自身も出陣して合戦となった。信長軍は劣勢だったが、追撃を振り切って無事帰陣することができた。

美濃勢との連携を断ち切られた犬山城は永禄八年（一五六五）二月頃落城し、信清は武田氏を頼って落ちていった。斎藤氏を経由して武田氏を頼ったという説もある。天正十年（一五八二）の武田征伐の時は御伽衆《おとぎしゅう》（主君の側近くにあって話し相手を務める役）として甲斐国にいたが、信長から赦免され、変後は秀吉に仕えた。

美濃攻めでは、とかく墨俣一夜城など木下（羽柴）秀吉の活躍が喧伝《けんでん》されることが多いが、『信長記』では、丹羽長秀の活躍が凄《すさ》まじい。加治田城の内応を取り次いだほか、犬山の家老である、黒田《くろだ》城主の和田定利《わださだとし》、於久地《おぐち》（小口）城主の中島豊後守の誘降にも成功している。犬山城の織田信清は、両家老の裏切りによって両腕をもがれたにも等しく、孤立無援となった犬山城は長秀が攻囲を続け、その間、信長は鵜沼城、猿啄城を攻略した。

犬山城を攻略し、美濃国にも徐々に侵攻していた信長は、永禄十年、ようやく美濃三人衆の内応を機に一気呵成《かせい》に稲葉山城を攻略した。

龍興は長良川から長島に逃れ、のち堺《さかい》、近江国（浅井氏）、越前国（朝倉氏）などを転々とし、反信長陣営に属して徹底抗戦した。家老の長井道利も同行していたが、元亀二年（一五七一）八月二十八日、摂津守護の一人和田惟政《これまさ》に味方して池田知正《ともまさ》と摂津白井河原《しらいかわら》で戦い、討死してしまった。後見人を失った龍興は、天正元年八月、朝倉軍とともに敗走するところを信長軍に追討され、織田家に転仕していた旧臣に討たれた。

2　美濃三人衆

氏家直元

美濃国の家臣では、美濃三人衆が最も著名であり、他の美濃の国人衆に比べて分限も大きかった。氏家、安東、稲葉の三氏である。信長に仕えてからの美濃三人衆は、譜代並に重用された。

三人衆の中で最も分限が大きかったのは氏家氏である。当主は常陸介《ひたちのすけ》直元、入道名卜全《ぼくぜん》である。桑原参河守（三河守）とも名乗ったが、卜全の名で知られる。宣教師の報告には美濃の三分の一を領しているとも記されているほどの大身だった。斎藤時代は奉行衆六人の一人として活躍した。本姓は桑原氏だが、義龍が一色氏（源氏の名門で、足利氏の一支族）を名乗り、家臣を一色氏の家臣の家柄である名字に改姓させた時、直元も氏家氏に改めた。桑原氏は氏家氏、のちに見る安東氏は伊賀氏、竹腰氏は成吉氏、日根野氏は延永氏、稲葉氏は新治《しんじ》氏という具合である。官途名も踏襲させ、直元は常陸介を称した。氏家氏以外は義龍没後、本姓に復したが、氏家氏は桑原に戻ることなく氏家の名字を使い続けたようである。

直元の父は行隆《ゆきたか》、母は長井（斎藤）利隆《としたか》の娘と伝わる。妹は青木直守《あおきなおもり》の妻となった。直守の従兄弟の重直《しげなお》は、義龍の家臣時代には、信長の上洛時に刺客として派遣された一人である。重直の妻は安東氏、重直の娘は野木次左衛門の妻となっている。野木次左衛門は稲葉氏であり、三人衆は強固ではないが、縁戚関係でもつながっていた。

直元の娘は、丸毛光兼の妻、もう一人の娘は三沢為基《みぞうためもと》の妻となっている。光兼は信長の馬廻であり、子息の兼利《かねとし》の妻は稲葉一鉄の娘という。姻戚関係が複雑に絡み合っていることが窺える。為基は系図類によると出雲《いずも》三沢氏であり、のち伊達《だて》家に仕えるが、卜全の娘が嫁した経緯は不明である。為基の弟三沢秀次《ひでつぐ》（溝尾庄兵衛尉《みぞおしょうべえのじょう》）は明智光秀《あけちみつひで》に仕えている。

永禄七年（一五六四）、竹中重治《しげはる》（半兵衛《はんべえ》）が岳父の安東守就と共謀して国主の斎藤龍興にクーデターを起こしたが、この時、直元も荷担したという。のちに触れるが、一族や家臣も含めて美濃三人衆として縁戚関係を結んでおり、主家に対しても隠然たる勢力を誇っていた。

信長の稲葉山城攻略の糸口となったのも三人衆の内通を得たからである。

元亀元年（一五七〇）と推定されている十一月朔日《さくじつ》付の直元宛の信長書状では、信長の軍勢に直元の軍も参陣するとの報を得たことに対して感謝の意を述べており、信長が窮地にあったとはいえ、「いよいよ各々《おのおの》入魂《じっこん》頼み入り候」と低姿勢で頼むほどだった。しかし、元亀二年五月、長島一向一揆攻めの帰陣時、殿軍《しんがり》の柴田勝家が負傷し、これに代わって直元が殿軍を務めたが、家臣ともども討死してしまった。

直元討死後は嫡男の左京亮直通《なおみち》（直重《なおしげ》）が後を継ぎ、引き続き美濃三人衆として重きをなした。天正元年（一五七三）八月、小谷城の浅井氏を救援に来ていた朝倉軍を追撃した時、旧主の斎藤龍興を討った。討ち取ったのはのちに触れる与力の宮《みや》川《かわ》但馬守である。

氏家氏略系図

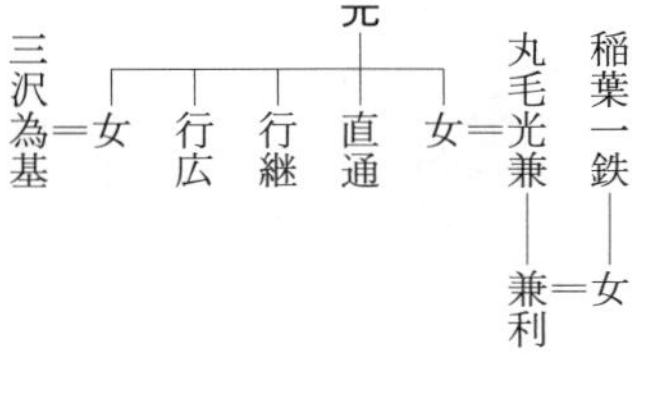

父直元の時代同様に柴田勝家との軍事行動が多いが、天正三年の越前一向一揆討伐戦では若狭《わかさ》の武藤舜秀《むとうきよひで》と組んで活躍している。また、信長の次男信雄の指揮下に入ったことや、天正七年の荒木攻めでは単独行動もしている。この時には麾下の西脇《にしわき》久左衛門が武功を立て、信長から朱印状《しゅいんじょう》を下され、主の直通も、「外聞が良かった」と褒賞する旨が伝えられている。

西脇久左衛門は、元亀二年の長島攻め、天正十年の信州高遠城攻めでも功名を挙げており、直通からも感状を下されている。とくに高遠城攻めでは、敵方の父子を討ち取る武功だったが、自らも負傷し、直通から医師を派遣され養生するように労《ねぎら》われている。他家にも聞こえる功名だったようで、のちの仕官活動にも切り札となる武功だった（『西脇文書』）。

次弟の源六志摩守行継《しまのかみゆきつぐ》（定元《さだもと》）は、直元討死後は長兄の直通と行動を共にしたと思われる。正室は勢多《せた》城主の山岡景隆《かげたか》の娘である。長岡《ながおか》（細川）忠興《ただおき》と親しく、後年、忠興から「氏家宗入老《そうにゅうろう》」と敬意を払われており、娘は忠興の次男興秋《おきあき》に嫁している。子孫は細川家に仕え、行継は三沢清長《きよなが》（為基の子）の甥を養子に迎えている。

三弟の内膳正行広《ないぜんのかみゆきひろ》については、信長時代の活躍は伝わらない。本能寺の変後は美濃を領した信長の三男信孝に属したが、秀吉に内通した。しかし、秀吉はあまり信用していなかったものか、堀尾吉晴に命じて行広が信孝に忠節を尽くすようなら討ち果たせとも指示されていた。信長の七男といわれる小洞信高《こぼらのぶたか》は、変後、行広が養育したと伝わる。信高の母は、信長の実質的な正室ともいわれる「お鍋《なべ》の方」（小椋《おぐら》鍋）である。行広は、のちに荻野道喜《おぎのどうき》と名乗って大坂夏の陣で豊臣秀頼《ひでより》に殉じた。正室は京極高吉《きょうごくたかよし》の娘、のち秀吉の側室となった龍子《たつこ》（松丸殿《まつのまるどの》）の姉妹である。高吉は、宣教師の記録にも「領国は失ったとはいえ、信長の庇護の下にあって今や偉大な殿であり、当城下（安土山城下）にあるもっとも立派な邸宅の一つを所有していた」と表現されており、名門として信長からも厚遇されていた。その息女を妻に迎えていることからも氏家氏の家格が窺える。なお、行広が次男、行継が三男という説もある。

氏家氏は、直臣、与力、一門衆を含めてかなりの分限を有しており、直元が討死しても美濃三人衆として家格を維持できたのは家の力だろう。

安東守就

安東（安藤）守就は、伊賀伊賀守とも称した。伊賀氏を称したのは、氏家氏の項でも触れたが、主君の斎藤義龍が一色氏を名乗り、一色家の家老の家柄である名字を有力家臣にも名乗らせたことによる。系図類によると、もともとは大野《おおの》郡を本拠にしていたが、守就の代に信長に仕えて本巣《もとす》郡北方《きたがた》城に移ったという。父は守利《もりとし》とも定重《さだしげ》ともある。母は岩手重久《いわでしげひさ》の娘ともいうが、系図によって異なり、はっきりしない。

居城は北方（河渡《ごうど》）城。日向守《ひゅうがのかみ》、道足《どうそく》、無用斎《むようさい》とも名乗った。『松平記』にも武辺者として記載されている。他の美濃三人衆と違い、内応する前に信長と面識があった。天文二十三年（一五五四）正月、信長は村木砦攻めの時に岳父の斎藤道三に援軍を要請し、その時、援軍の大将として派遣されたのが守就だった。

信長は、出陣前と帰陣後の二度、守就にお礼の挨拶に出向いている。守就は美濃に帰陣後、道三に対し、信長からのお礼言上の様子や、難風をものともせずに渡海して村木砦を猛攻したことなどをつぶさに報告したが、道三は「すさまじき男、隣にはいやなる人にて候よ」と呟《つぶや》いたという。守就も同様の感想を持っただろう。

元亀二年（一五七一）の長島攻めの時は、同僚の氏家直元が討死したが、守就も負傷した。相当の難戦だったのだろう。その後も三人衆としての活動が多かったが、天正八年（一五八〇）八月、かつて武田氏に内通したという咎で突然追放された。居城に逼塞していたが、通説では本能寺の変を好機と捉えて旧領回復を企て、稲葉氏に滅ぼされたという。

しかし、変後、稲葉氏は秀吉から譴責《けんせき》を受け、その罪状には、稲葉貞通が本能寺の変に際して信長父子を見捨てて本国に帰国したことや、安東一族を滅ぼしたことが挙げられている。安東氏から稲葉氏を攻めたのであれば秀吉に責められることはないと思われ、死人に口なしのたとえ通り、稲葉氏の方が好機として安東氏を攻め滅ぼしたのだろう。

守就の弟には、直重《なおしげ》、守宗《もりむね》（宗守《むねもり》）、琦蔵主《きぞうす》がいる。また、守就の墓所のある本巣郡龍峯《りゅうほう》寺《じ》を開創した湖叔《こしゅく》和尚も守就の弟と伝わる。直重は、安藤将監、宗斎とも名乗り、のち蒲生氏郷に仕えた。守宗は、元亀二年の長島攻めの時、氏家直元と一緒に討死した。琦蔵主は、守就とともに討死したとも菩提寺の僧侶になったとも伝わる。

妹には不破光治《みつはる》の妻（異説として光治の妻は織田河内守の娘ともいう）がいる。光治の嫡子直光《なおみつ》は柴田勝家に属し、次男の彦五郎が居城の西保《にしのほう》城主を引き継いだ。光治の娘は稲葉一鉄の末子方通《まさみち》の妻である。安東と稲葉は不破氏を介して縁戚関係を結んでいたことになる。

守就の長男は平左衛門尉定治《さだはる》と推測されている。系図類では、守龍や尚就と見えるが、不確かである。永禄九年（一五六六）と推測されている閏八月十八日付の連署状（『中島文書』）には伊賀平左衛門尉定治と署名している。

次男（三男説もある）の守之《もりゆき》（守元《もりもと》）は、山内一豊の姉婿という。弓の名手であり、鑓働きをして壮絶な討死を遂げた。子孫は土佐山内家に仕えた。また、右衛門佐が次男という記録もある。三男といわれる越後《えちご》は、高屋《たかや》四郎兵衛の養子となって高屋越後と名乗り、のち結城秀康《ゆうきひでやす》（徳川家康次男）に仕えた（『諸士先祖之記録』）。

女婿には山内一豊（一豊室には異説あり）、竹中重治、遠藤盛枝《もりえだ》（慶隆《よしたか》）がいる。盛枝は信長の初期の有力部将坂井政尚の与力である。

変り種は、松野一忠《まつのかずただ》（平助、平介）。陪臣ながら信長にまで知られた武辺者だった。岐阜城の大手先に屋敷を賜るほどで、朋輩《ほうばい》も

安東氏略系図

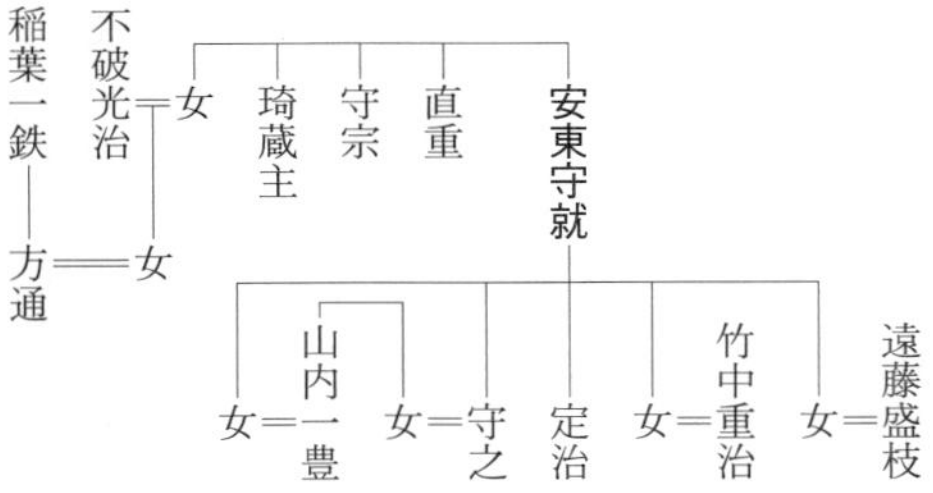

これを励みに奮闘したと伝わる。「武勇を心掛けるものは平介に劣らない武功を祈願した」ほどという。もともとは斎藤家の家臣だったが、安東守就の家臣に転じた。与力だったのかもしれない。家老の松田《まつだ》雁助《かりのすけ》の養子となり、松田氏を称した。守就が追放された時、信長はその武勇を聞き及んでいたため、直臣に取り立てて領地も下賜《かし》した。一忠は面目を施し、この時の感激が本能寺の変に際して追い腹を切るという当時でも珍しい行動に駆り立てた。

稲葉一鉄

美濃三人衆の最後の一人は稲葉伊予守《いよのかみ》良通。諱の良通は不確かで、一鉄の方が知られている。信長から「長」の偏諱を賜り、長通《ながみち》と改名したが意に沿わず、逼塞したともいうが、信用できない。織田家とは縁戚関係で結ばれている。信長に瓜《うり》十籠《かご》を贈り、その礼状を受け取ったこともあった。細川藤孝《ふじたか》や羽柴秀吉と加賀攻めで同陣したこともある。

稲葉氏は伊予国河野《こうの》氏の末裔《まつえい》といわれる。父の通則《みちのり》は大永五年（一五二五）八月、一鉄の兄五人（通勝《みちかつ》、通房《みちふさ》、通明《みちあきら》、豊通《とよみち》、通広《みちひろ》）とともに討死し、僧籍にあった六男（七男とも）の一鉄が還俗《げんぞく》して稲葉家を嗣《つ》いだ。母は池田郡本郷《ほんごう》城主の国枝《くにえだ》正助の娘。一鉄は土岐頼芸、次いで斎藤氏三代に仕えた。道三時代は三人衆として連署したこともあったが、義龍・龍興父子の時代には奉行衆から離れていたようである。信長に内通してからは美濃三人衆としての

稲葉氏略系図

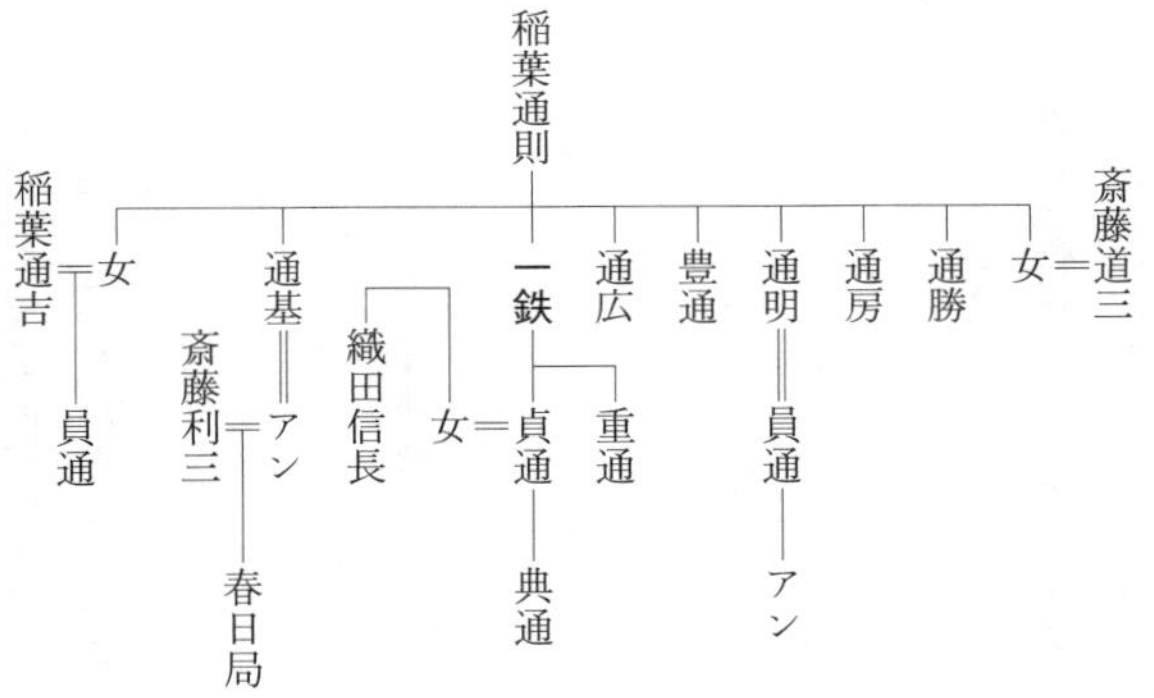

行動が多く、三人衆で信長軍団の一角を形成した。
　元亀元年（一五七〇）の姉川《あねがわ》の戦いでは、一族の稲葉刑部少輔、家臣の稲葉秀通《ひでみち》、古江弘忠《ふるえひろただ》、鬼豊瀬《おにとよせ》といわれた豊瀬与十郎が鑓働きの活躍をして面目を施した。その年の比叡山《ひえいざん》攻囲陣では比叡山に中立を求める使者として派遣されるほど信頼された。信長の軍事行動にはいつも従軍していたようである。長島の一向一揆攻めでは主君の信長に救援してもらったこともある。
　稲葉家の記録によると、天正二年（一五七四）、信長は麾下の将士や陪臣も含めて武勇で名を現した者百四十二人を選び、その中からさらに四十二人を選抜したが、一鉄はこの中に入っていたという。『松平記』にもよく似た記述があるので、全くの捏造《ねつぞう》ではないのかもしれない。翌年の長篠《ながしの》の戦いに臨んで一鉄の出で立ちを見た信長は「今の弁慶《べんけい》なり」と評したともいう。
　一鉄については、茶の湯の席上、機知で命拾いした話が有名だが、文武両道に優れていたようである。茶道や香道、医学的な知識では戦国武将としては随一だっただろう。馬術は小笠原長堅《おがさわらながかた》に学び、信長から名香蘭奢待《らんじゃたい》（正倉院収蔵の黄《おう》熟香《じゅくこう》）も拝領した。ただ、家臣団統制という面では、本能寺の変の起因を作った斎藤利三《としみつ》をめぐるトラブルをはじめ、家中での悶着《もんちゃく》も多かった。

一鉄の正室は三条西公条《さんじょうにしきんえだ》の娘。側室は、これまた京都出身の「桐雲宗鳳大姉《とううんそうほうだいし》」といわれる女性である。浅井長政の家臣から信長に転仕し、のち逐電した磯野員昌《いそのかずまさ》の娘も側室としたようだが、このことでのちに秀吉から難詰されている。一鉄は信長の母親を介して遠いながら縁戚になり、一鉄の嫡男貞通の後室は信長の妹である。信長の筆頭家老林秀貞も同族であるという。

前述したように一鉄の兄たちは父親とともに討死したが、野木家の養子となっていた末弟の稲葉通基《みちもと》は、兄通明の子息稲葉員通《かずみち》（実は一族の稲葉通吉《みちよし》の次男、通明・通基兄弟の姉妹の子供、つまり甥）の娘「アン」を養女とし、アンは斎藤利三の妻となり、春日局《かすがのつぼね》（徳川家光《いえみつ》乳母）らを産んだ。

姉妹については、稲葉通吉室、斎藤道三室、浦野秀高《うらのひでたか》室、岩手長誠《ながしげ》室、古田重尹《ふるたしげこれ》室（『臼《きゅう》陽《よう》氏族誌』『御家系典』『稲葉家譜』ほか）がいる。

一鉄の庶長子は重通《しげみち》。天文十一年（一五四二）生まれで、一鉄二十八歳の時の子供である。

系図には、病身のため軍事に励まず遊芸を嗜《たしな》んだので廃嫡されたとしているが、母（加納《かのう》兵次の娘）が側室だったため家を継げなかった。このため、弟で嫡子の貞通とは別家を立てた。信長時代の活躍はほとんど伝わらない。天正十年の武田征伐のあと、森長可《ながよし》の加勢として一鉄の嫡孫（重通の甥）の典通《のりみち》が飯山《いいやま》で陣を張っていたが、一揆軍に包囲されたため、重通らの稲葉一族が援軍に派遣されたことくらいである。正室は伊勢岩出《いわで》城主の牧村重利《まきむらしげとし》（政倫《まさとも》）の娘、あるいは『兼見卿記《かねみきょうき》』の記主、吉田兼和《かねかず》（兼見）の息女ともいう。

一鉄の嫡男貞通は、正室三条西氏を母に天文十五年二月二十五日に生まれた。重通の四歳年下である。永禄四年（一五六一）、十六歳で初陣を遂げたが、相手は信長の軍勢で、前田利家の寵臣を討ち取る功名を挙げた。信長に仕えてからは、朝倉氏・浅井氏との戦い、長島攻め、本願寺攻めなどに従軍した。雑賀攻めでは信長の嫡男信忠に付けられた。天正七年には一鉄が隠居し、貞通が正式に家督を継いだ。武田勝頼討伐戦では、体調を崩したため出陣せず、代理として嫡男の典通を出陣させた（前述）。本能寺の変の時は、信忠が籠もる二条《にじょう》城へ駆けつけたものの、結局は逃げ落ちた。その後、もと同僚の安東氏を討ち取ったことなどで秀吉から嫌疑を受け、八方陳述に努めてようやく許された。最初の妻は斎藤道三の息女で、信長とは相婿だった。濃姫の妹という。この女性は永禄十年八月八日、曽根《そね》城で没した。後室は、前述のように信長の姉妹である。

一鉄は、叢生《そうせい》する稲葉一族の旗頭であり、美濃の国人衆とも縁戚関係を結び、強固な地盤を確立し、美濃三人衆とは地縁・血縁を通じて結びつきを強くしていた。斎藤家が没落した時、一鉄に属する国人衆が多かったというのもその表れかもしれない。安東氏を攻め滅ぼしたが、毎月八日の月命日には法要を営んだという。

3　斎藤一族

斎藤利治

斎藤道三の子息は、通説では長男義龍のほか、孫四郎、喜平次の三人である。新五郎利治も子息とする説がある。道三は最期に臨んで末子を出家させたが、その末子が利治といわれる。ここでは利治を道三の子息として記述を進める。

孫四郎、喜平次の兄弟は、ともに義龍が父道三に謀反を企てた時に誘殺された。道三の弟(異説あり)長井道利は甥の義龍に荷担し、義龍の弟二人の誘殺に協力した。道利はおそらく道三室の弟で、義弟だったのだろう。義龍・龍興の二代に仕え、忠節を尽くしたが、元亀二年(一五七一)八月二十八日、摂津白井河原で和田惟政の救援に赴いたものの、池田方と戦い討死した(前述)。子息は井上道勝《いのうえみちかつ》と称し、秀吉の黄母衣衆《きほろしゅう》となった。その弟の定利《さだとし》

（秀興《ひでおき》）も秀吉・秀頼に仕え、大坂の陣で討死した。一説にはその後、稲葉家に仕えたともいう。

信長は、龍興の一族をほとんど取り立てなかったが、利治は正室「濃姫」の弟でもあり優遇した。利治はこの恩を忘れず、本能寺の変で信長に殉じた。

利治は、義龍没後、甥の龍興から離れ、信長に誼《よしみ》を通じたと思われる。信長の美濃侵攻にも協力し、加治田城の佐藤忠能に加勢して長井道利の関《せき》城を攻略し、翌年には信長から知行を宛行《あてが》われている。北畠《きたばたけ》攻め、姉川の戦いにも参陣し、長島攻めでは信忠に属して戦った。

天正六年（一五七八）には、上杉謙信《けんしん》の急死をきっかけに、一軍を率いて飛騨経由で越中に侵攻。十月四日には太田保《おおたほ》で上杉方の河田長親《かわだながちか》、椎名《しいな》小四郎を打ち破り、信長からは十月十二日付黒印状《こくいんじょう》で「粉骨の段、比類なし。感情浅からず候、誠に天下の覚え然るべく候」と絶讃された。毛利長秀を代将に、森長可、坂井越中守、佐藤秀方《ひでかた》を与力とした援軍が派遣され、この勢いを駆って上杉方の諸城を攻略し、周辺から人質を取り固めるなどさらなる働きを示したことで、信長から再度、十月二十八日付黒印状で「今度切々の動き、誠に心地よく、天下の覚え、方々もって感情浅からず候」と激賞された。

斎藤氏略系図

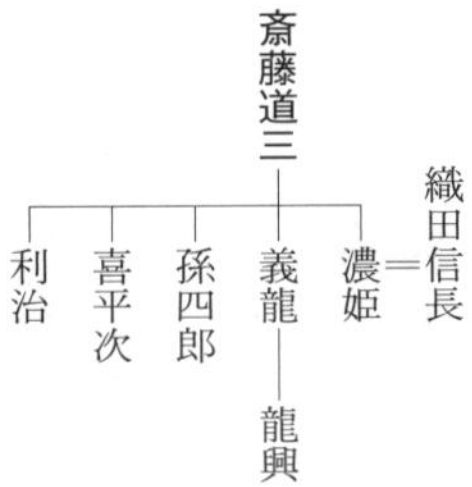

同黒印状ではさらに続けて、厳しい冬に向かうことを心配され、「早や寒天に及ぶの間、加勢の族《やから》と相談し、急速に帰陣然るべく候」と気遣われている。信長の厚遇ぶりが窺える。

斎藤利堯

本能寺の変後、岐阜城を占拠した斎藤玄蕃允利堯《としたか》も斎藤一族だが、その系譜はよく分からない。道三の子とも利治の伯父ともいわれ、混乱しているが、道三の一族のようであり、こうした系譜関係から岐阜城を守備したのだろう。天正三年（一五七五）正月十一日付で信長から美濃国福光郷《ふくみつ》を宛行われている（『南陽堂楠林氏文書《なんようどうくすばやしし》』）。変後、美濃の領主となった信孝に仕え、利治の加治田城を守備したが、秀吉との対立のなかで、信孝の家老的な地位にもかかわらず岳父の稲葉一鉄に勧められて信孝を裏切った。その後、利堯自身は誰にも仕えなかったが、子孫は森家に仕えた。

斎藤龍興の最期

斎藤家最後の当主となった龍興は、稲葉山城落城後、伊勢、堺、近江、越前など転々とし、この間、美濃入国を図ろうとしたこともあった。当初は、家老の長井道利と行動を共にし、永禄十二年（一五六九）早々の本国寺《ほんこくじ》（本圀寺）攻めにも参加した。また、本願寺とも結び、摂津・中島城に籠城したことや、徹底抗戦していた旧臣の日根野弘就とも連絡し、武田信玄の美濃侵攻に合わせて美濃国内に砦を構築して信長を苦しめたこともあった。

長井道利は先に触れたように元亀二年（一五七一）に白井河原で討死し、後見人を失った龍興は縁戚の朝倉義景を頼った。天正元年（一五七三）八月、小谷城の救援軍に参加していたが、敗色濃厚の朝倉軍は越前へ退却し、龍興も敗走中、刀根坂《とねざか》で討死した。旧臣の氏家氏の家臣に討たれ（前述）、斎藤氏は道三から数えて三代で滅んだ。

4　その他の美濃衆

奉行衆

美濃三人衆以外の有力国人では、義龍・龍興時代に六奉行として活躍した残りの日比野清実、長井甲斐守衛安、竹腰尚光（成吉摂津守）、日根野弘就、および野村越中守らが有力者である。また、美濃国のうち、三郡のことを記した『三郡随筆』には、義龍時代の役人として宇佐美《うさみ》左衛門尉、上田《うえだ》加賀右衛門、武井肥後守の三人を挙げている。

日比野清実と長井衛安は、前述したように、永禄四年（一五六一）の美濃侵攻時に討死した。竹腰尚光（重次《しげつぐ》とも）は、長良川の戦いで討死した道塵《どうじん》の子である。道塵の後継は、義龍の命で女婿の原谷《はらたに》甚右衛門が遺領を引き継ぎ、尚光はのち信長に転仕した。子の重成《しげなり》は、佐々成政に仕え、縁戚により重用されたという。娘は竹中家に嫁した。重治の祖母にあたる。日根野弘就は、龍興旧臣の中でも傑物の一人である。一種の名物男でもある。延永氏を称した時期もあった。義龍が道三に謀反を企てた時、義龍の弟二人を謀殺したのも弘就である。二人を息継ぐ暇もなく抜き打ちにしたのだから相当の使い手だったのだろう。一騎武者としての武術だけでなく、戦術にも秀でていた。しかし、特筆すべきは不撓《ふとう》不屈の精神だろう。龍興に対する忠誠心というより、信長に徹底抗戦する姿は異常なほどである。他の旧臣のように信長に転仕すればそれなりの待遇で迎えられたと思われるが、龍興の討死後まで信長の敵側として戦い続けた。

義龍・龍興父子に仕えて奉行職をこなしたが、龍興の没落後は今川氏に奔《はし》り、今川氏の没落後は浅井氏、さらに長島の一向一揆などに身を投じ、一族とともに信長に徹底抗戦した。信長に臣従したのはいつの頃か不明だが、天正二年（一五七四）の長島一向一揆が壊滅したのを機に、旧知の者を頼って信長に仕えるようになったのだろう。身分は馬廻である。

翌天正三年の越前一向一揆討伐戦には遠藤氏と協力して越前に侵攻したという。その後、天正六年の荒木攻めにも従軍し、安土に兄弟以下一族揃って屋敷まで拝領している。信長の厚遇ぶりが窺える。戦国時代には珍しく仲のいい兄弟で、その後の活躍も興味深く、天晴《あっぱれ》な武将の一人である。妻は金森長近の姉妹なので、長近を通じて信長に降ったのかもしれない。娘は柴田勝家の養子、柴田（佐久間）勝政《かつまさ》の妻となっている。

野村越中守は、道三と土岐頼芸との戦いの時から道三側に付き、引き続き義龍にも仕え、時には宗教問題について日根野弘就、宇佐美左衛門尉と連署して対処したこともあった。斎藤家没落後は信長に転仕したが、信長から将軍義昭に付けられ、永禄十二年正月早々の本国寺の戦いで活躍し、信長から褒賞された。これ以後であろうか、信長に召し返されたという。しかし、翌元亀元年（一五七〇）、三好《みよし》三人衆の籠もる野田《のだ》・福島《ふくしま》砦攻めの時、本願寺勢の挙兵によって討死してしまった。

美濃三人衆にも匹敵する重臣となったのが、諏訪《すわ》出身といわれる武井夕庵である。祐筆として斎藤家に仕え、副状《そえじょう》も発給している。信長に仕えてからも吏僚として活躍した。各種奉行職のほか、外交も担当し、ときには信長に諫言する教養人でもあった。

その他の斎藤旧臣

野木次左衛門（前述）は、斎藤家中の有力者だったが、信長の謀略で小牧《こまき》源太に惨殺され、その源太は石河《いしこ》兵助に殺された。源太と次左衛門が没してから斎藤家が弱体化して滅んだという史料もある。

美濃の有力氏族である市橋氏では、伝左衛門《でんざえもん》は龍興没落前に信長に転じ、金森氏も、長近は永禄二年（一五五九）以前に信長に転仕している。信長の側近として重用された塚本小大膳《つかもとこだいぜん》は尾張の地誌類には尾張出身とあるが、『土佐国群書類従《とさのくにぐんしょるいじゅう》』所収の深尾《ふかお》氏の系譜を見ると美濃出身のようで、父は塚本次郎兵衛成重《なりしげ》とある。天正十年（一五八二）の武田攻めで討死した。姉は深尾重政《しげまさ》に嫁し、重良《しげよし》を産んだ。重良は信忠の馬廻となり、のち山内一豊に仕えた。

武辺者で知られた平野与兵衛や伊東武兵衛も美濃出身だが、斎藤氏時代の動向は不明である。一騎武者であり、合戦の交名《きょうみょう》に名前が挙がるだけである。

郡上郡の遠藤氏は、宗家の盛枝（慶隆）は、安東守就の娘を妻に迎えており、安東氏の信長への服属に伴って信長に臣従したと思われる。遠藤氏は分家の胤俊《たねとし》との抗争もあったが、坂井政尚の与力として仕えた。胤俊は信長の家臣として浅井氏との戦いで討死したが、宗家、分家ともに武田信玄の攻勢が強まった元亀年間（一五七〇－七三）には信玄にも誼を通じ、二股《ふたまた》をかけた。信長には知られなかったといわれるが、露見して征伐を受けそうになり、降伏したという史料もある。

鷲見《すみ》氏は、大学助保光《やすみつ》が斎藤道三・義龍の親子戦争で義龍に味方し、引き続き龍興に仕えた。信長から某年某月十九日付で伊勢での戦功を褒賞されている鷲見藤三郎《とうざぶろう》は美濃の鷲見一族だろう。

遠山氏は、岩村城、苗木城、飯羽間《いいばさま》城などに拠《よ》り七遠山といわれ、東美濃に勢力を扶植していた。遠山左衛門尉景任《かげとう》（内匠助《たくみのすけ》）は信長の叔母婿といわれるが、その叔母とは実際には濃姫の叔母、信長にとっては義理の叔母ではないかと思われる。信長の叔母が嫁す時期、弾正忠家が遠山氏と縁辺となる理由よりも、地理関係からいっても斎藤氏が遠山氏と結ぶ可能性の方が高かっただろう。遠山系図は混乱しているので系譜の構築が困難だが、信長の妹が嫁したという苗木（遠山）直廉も、実は信長室（濃姫）の甥という説があるので、遠山氏は織田家よりも斎藤家との結びつきが強かったと思われる。景任は武田信玄とも結んでいたが、信長の四男お坊《ぼう》（源三郎勝長《かつなが》、のち信房《のぶふさ》）を養子に迎え、苗木直廉の娘は信長の養女として武田勝頼に嫁し、嫡男信勝を産んだ。

土岐一族の妻木《つまき》氏は明智氏とも縁戚であり、明智光秀の妻は妻木氏である。妻木藤右衛門《とうえもん》広忠《ひろただ》は、光秀の伯父とも岳父ともいう。妻は水野信元《のぶもと》の姪、光秀と運命を共にした。子の伝兵衛貞徳《さだのり》は信長に仕え馬廻役を務め、のち信忠付となって岩村城攻め、武田攻めに従軍したが、本能寺の変後は閑居したという。広忠の弟ともいう長兵衛頼知《よりとも》は変時、町屋に宿泊しており、変事を知って信忠の籠もる二条御新造に駆けつけて防戦したが、重傷を負って落命した。一族で敵味方に分かれて戦ったように記されているが、家譜類では光秀に与党したことを糊塗《こと》したのかもしれない。

不破光治は、美濃三人衆が信長に降ってもすぐに信長に参陣することはなかったが、永禄十一年七月には、越前にいる義昭の迎えの使者の一人として派遣されているので、ほどなく降ったのだろう。のち佐々成政、前田利家とともに「府中《ふちゅう》三人衆」と呼ばれ、勝家の与力となった。竹中氏は、半兵衛重治が安東守就の女婿という縁から、守就とともに信長に臣従したと思われる。

第四章　「天下人」へ向けて

1　上洛戦の編成

「希代の勝事」

永禄十一年（一五六八）九月、満を持して織田軍が上洛を開始した。思えば、四年越しの計画である。

最初の計画は永禄八年にまで遡る。この年五月、足利第十三代将軍義輝が白昼、三好・松《まつ》永《なが》勢に急襲され、暗殺された。末弟の鹿苑院《ろくおんいん》周暠《しゅうこう》は殺害されたが、興福寺《こうふくじ》一乗院《いちじょういん》に入寺していた覚慶《かくけい》（のちの足利義昭）は幽閉後に脱出し、上杉謙信らを頼った。尾張の信長にも幕府再興を要請し、信長もいったんは協力を約束したものの、隣国美濃の斎藤龍興の動きが気になり、上洛を見合わせた。その後、朝倉氏に寄寓《きぐう》していた義昭（還俗して義秋《よしあき》、さらに義昭と改名）は、義景が愛児を亡くして上洛する気配がないことを悟り、美濃を併呑《へいどん》した信長を再度頼った。

信長は好機到来と捉え、迎えの使者を越前まで派遣し、義昭を美濃に呼び寄せた。永禄十一年九月五日が出陣予定日だったが、二日後の七日に大軍を擁して上洛を開始した。

本国尾張と新征服地の美濃を基盤に、攻略途上の伊勢、および三河の徳川家康の援軍を合わせて総勢四万人余とも六万人ともいわれる大軍を動員した。

三河軍は松平信一《のぶかず》（家康の祖父松平清康の従兄弟）が率い、北伊勢衆は滝川一益が留守居していたため信長が直率したと思われる。上洛軍は敵対する南近江の六角《ろっかく》氏を蹴散《けち》らし、畿内で勢力を培っていた三好衆も追い落とし、義昭を将軍職に就けた。『多聞院日記《たもんいんにっき》』には「山城《やましろ》・摂津・河内・丹波・江州《ごうしゅう》、悉《ことごと》く以《も》って落居、昔もかくのごとく一時に将軍ご存分はこれなきことか、希代の勝事なり」と信長軍の圧倒的な軍事力を評価している。

上洛の途次、名門を誇った六角氏は逃亡し、その家臣団は信長軍に編成された。進藤《しんどう》、後藤《ごとう》、蒲生、永原《ながはら》、永田、青地《あおじ》、山岡らの各氏である。彼らは、その後近江国に配置した柴田勝家、佐久間信盛、中川重政、明智光秀らの与力として付属された。

畿内衆も麾下に加えた。義昭にとって兄の仇《かたき》であった松永久秀《ひさひで》の降伏を認め、大和国を切り取り次第にする権限を与えた。三好宗家を継承していた三好義継《よしつぐ》も信長に降伏し、河内半国守護として飯盛城《いいもり》に据え置き、残り半国は畠山高政《はたけやまたかまさ》を高屋《たかや》城主として遇した。摂津国は、和田惟政、伊丹忠親《いたみただちか》、池田勝正《かつまさ》の三人衆に任せた。ただし、この時点では松永久秀、三好義継、摂津三人衆は信長の家臣ではなく、名目上は義昭の臣下である。

義昭は十月十八日に念願の征夷大将軍《せいいたいしょうぐん》に補任《ぶにん》され、能を催して信長を労った。信長の功労に対し、義昭は「武勇天下第一」などと記した感状を与えたが、その宛所は「御父《おんちち》織田弾正忠（信長）殿」である。わずか三歳年上の信長に対して「御父」とは大げさだが、義昭の感激ぶりを表しているのだろう。

上洛時の有力家臣

上洛戦で主力を構成したのは、本国尾張の家臣では、佐久間信盛、木下（羽柴）秀吉、丹羽長秀、浅井信広の四人が六角氏の箕作《みつくり》城を猛攻した。また、柴田勝家、蜂屋頼隆、森可成、坂井政尚の軍団は石成友通《いわなりともみち》らの籠もる勝 龍 寺《しょうりゅうじ》城を攻略した。当時の織田軍団の主だった武将はこの八人に加え、北伊勢を守備していたと思われる滝川一益と中川重政を加えたところだろう。美濃衆では、美濃三人衆のほかは、美濃斎藤氏の後継に目されていた斎藤利治くらいだろう。その他の諸将は三人衆の与力や信長に直属したと思われる。

また、吏僚衆では、村井貞勝、島田秀満、新たに家臣となった武井夕庵、筆頭家老の林秀

北庄
勝山
鳥羽
府中
越前
木ノ芽峠
金ヶ崎
手筒山
敦賀
美濃
賤ヶ岳
小谷
山本山
姉川
長浜
丹後
若狭
鎌刃
大溝
佐和山
福知山
丹波
黒井
安土山
箕作
永原
長光寺
籾井
八上
坂本
二条
京
宇佐山
近江
勝龍寺
摂津
淀
山崎
槙島
関
高槻
池田
山城
茨木
有岡（伊丹）
尼崎
中島
飯盛
伊賀
多聞山
郡山
大坂
若江
信貴山
伊勢
高屋
堺
片岡
河内
大和
和泉
岸和田

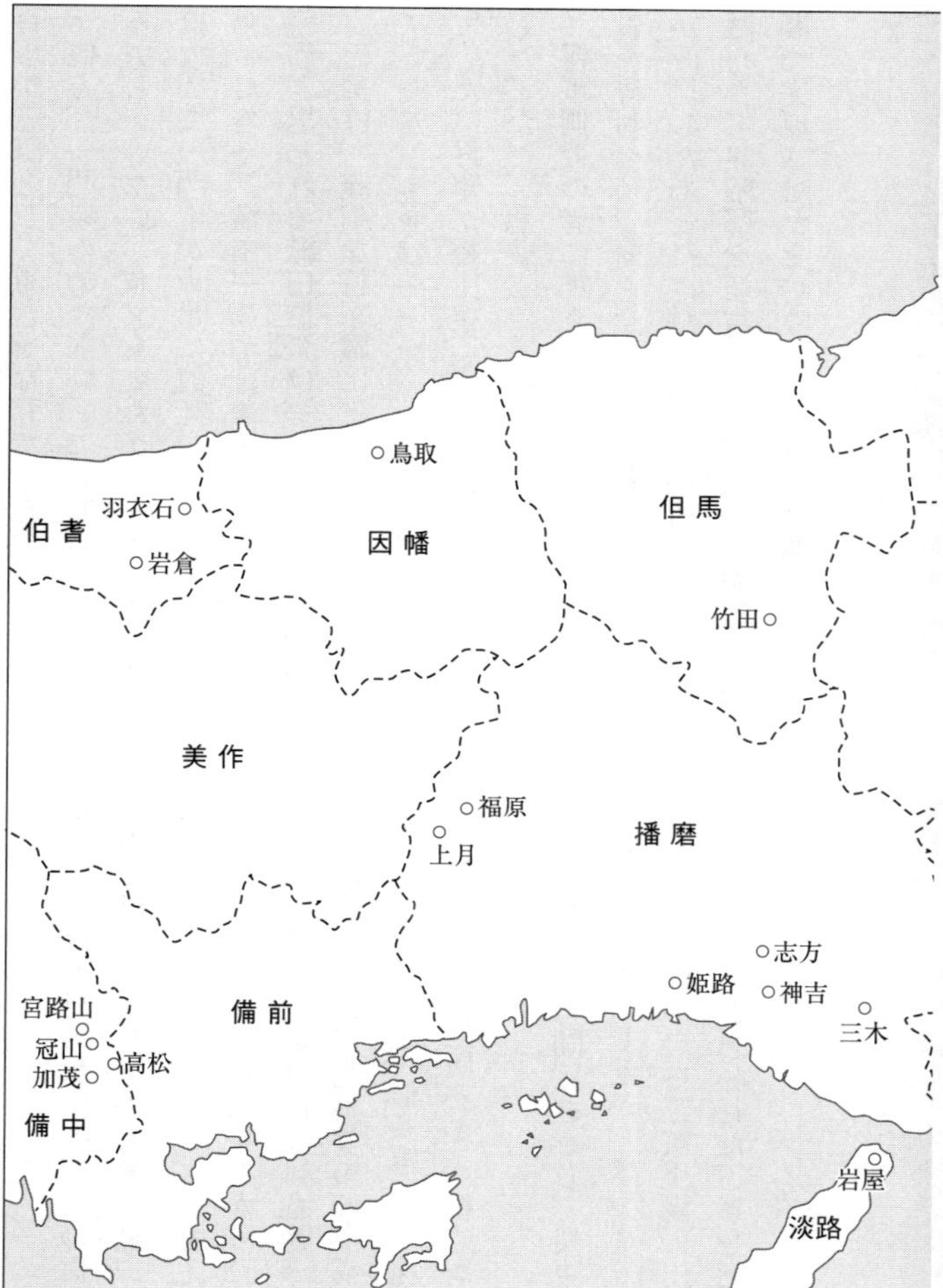
鳥取
但馬
羽衣石
伯耆
因幡
岩倉
竹田
美作
福原
上月
播磨
志方
姫路
神吉
宮路山
備前
三木
冠山
高松
加茂
備中
岩屋
淡路

貞らが老臣として重きをなしていた。

他方、一門衆の力は弱い。この時点で目立った一門衆といえば庶兄の信広と実弟の信包くらいしかいない。叔父もいたが、一軍を率いるほどの分限ではなかった。のちの長島一向一揆攻めで一門衆が大量に討死したことから推測すると、一門衆としてまとまって行動していたのだろう。織田一族では津田（織田）一安《かずやす》がいるが、一門の扱いは受けていなかった。本家筋と思われる織田信張《のぶはる》は一族だが、この時点では一軍を率いるほどの分限ではなかった。

信長は、義昭を将軍職に就けたのち、十月二十八日に岐阜に帰国し、北畠攻めの準備をしていたが、翌永禄十二年（一五六九）早々から大事が出来《しゅったい》した。前年、信長軍に一蹴《いっしゅう》されていた三好軍が捲土重来《けんどちょうらい》を期して京都に軍勢を進め、新将軍義昭の居所六条《ろくじょう》本国寺を包囲した。ただ、急襲といえるものではなく、三好軍の動きは鈍かった。

将軍側近の者に加え、信長の家臣なども籠城し、和平交渉などで時間稼ぎをし、援軍の到着を待ちつつ、何とか三好軍を撃退した。信長も岐阜から急遽《きゅうきょ》上洛したが、すでに三好軍が敗退したあとだった。義昭の御所造営の必要性を痛感した信長は、自ら工事現場に出向く熱心さで義昭邸を造営した。宣教師の記録では、二、三年はかかると思われた工事を七十日間で完成させたという。文字通り突貫工事であった。

北畠攻め

義昭が新御所へ移徙《いし》したのを見届けた信長は、岐阜に下向し、当初からの予定だった北畠攻めに専念した。八月二十日、大軍を率いて出陣した。北畠攻めは『信長記』に詳しく記載されており、軍事編成がよく分かる。主城である大河内《おかわち》城の東西南北に四軍団が編成され、馬廻衆が軍監として付けられた。ただ、『信長記』の記述では各軍の大将は分からない。また、伝本によって交名《きょうみょう》も異なる。

南方面を受け持ったのは、伊勢攻めに専念してきた滝川一益、弟の織田信包（長野信良《のぶよし》）、津田一安の三人を中心に、美濃三人衆の稲葉一鉄、乳兄弟の池田恒興、犬山城の織田信清の旧臣和田定利・中島豊後守、蒲生賢秀《かたひで》（蒲生氏郷の父）らの六角氏旧臣衆、および丹羽長秀である。

西方面は、佐久間信盛、羽柴秀吉、美濃三人衆の氏家卜全・安東守就、およびその与力衆などである。

北方面は、斎藤利治、坂井政尚、蜂屋頼隆らを中心に、妹婿の浅井長政の家臣衆も参陣していた。

東方面は、柴田勝家と森可成を中心に、佐々一族、不破一族などが詰めた。

軍監は、先に触れた母衣衆《ほろしゅう》を含め尾張衆が固め、信長の本陣は、馬廻衆、小姓衆、弓衆、鉄砲衆が警護した。

信長は、南方面担当の池田恒興、稲葉一鉄、丹羽長秀の三人に夜討ちを命じたが、雨で鉄砲が役に立たず、屈強の家臣が討死する敗北を喫した。その後、滝川一益も力攻めしたが、敗退した。こうした敗北で攻城戦は長期化し、和睦に持ち込まざるを得なくなった。次男の茶筅《ちゃせん》(のちの信雄)を北畠氏の養子にすることで和議が整い、伊勢国は一益と信包が管掌し、茶筅には津田一安が家老として付けられた。

2　元亀の争乱

義昭と衝突

北畠氏を事実上、降伏させた信長は、伊勢神宮に参宮したあと上洛して義昭に挨拶したが、義昭と衝突し、突如、岐阜に下向した。衝突の原因ははっきりしないが、状況から判断すると、三国司家《さんこくしけ》(国司として赴任し領国経営を行った、飛騨の姉小路《あねこうじ》家、伊勢の北畠家、土佐の一条家)の一家である名門北畠氏を討伐したことが想定できよう。正親町《おおぎまち》天皇も信長の突然の帰国を案じて慰留したが、信長は振り切って帰国した。双方で和解を模索し、翌永禄十三年(一五七〇)早々には、信長に政権を委任することなどを掲げた五か条の条書《じょうしょ》を義昭が承認することで和解が成立した。

信長はこの条書と同日付（正月二十三日付）で畿内近国の諸大名らに二月中旬を期して上洛して朝廷と幕府に礼参するように命じた触状《ふれじょう》を発した。

これを無視した（と思われる）越前の朝倉義景を討つため、四月二十日、徳川家康の援軍も得て総勢四万人を率いて出陣した。義昭を奉じて上洛して以降、順調に進んでいた征服戦が、この出陣をきっかけにして、足掛け四年にも及ぶ「元亀の争乱」の幕開きとなった。

朝倉方の手筒山《てづつやま》城、金ヶ崎《かながさき》城を一気呵成に落城させ、越前に乱入しようとした矢先に、妹「お市」を嫁がせて縁戚関係となっていた浅井氏が叛旗を翻し、朝倉氏と呼応して信長の退路を断った。浅井軍の鈍重な動きに助けられたものの、信長はほうほうの体《てい》で帰洛し、近江の各地に諸将を配置し、浅井勢や六角氏の逆襲に備えた。

志賀《しが》・宇佐山《うさやま》城に森可成、永原《ながはら》城に佐久間信盛、長光寺《ちょうこうじ》城に柴田勝家、安土《あづち》城（信長の築城した安土山城とは別。場所は特定されていないが、おそらく信長の築城した安土山城周辺だろう）に中川重政兄弟を籠め置き、岐阜に帰城した。最も信頼できる武将を配置した。

逆襲に転じた信長は、浅井方の堀秀村《ひでむら》、樋口直房《ひのくちなおふさ》が内応してきたのを機に出陣し、徳川家康の援軍も得て、六月二十八日、姉川で浅井・朝倉連合軍を打ち破った（姉川の戦い）。しかし、その後は本願寺の挙兵で苦戦を強いられ、元亀年間（一五七〇－七三）は、朝倉・浅井、本願寺、最終段階では武田信玄も敵に回す苦闘の連続だった。

信玄の病死という幸運もあり、叛旗を翻した将軍義昭を追放し、朝倉・浅井氏を滅亡させ、本願寺とも和睦するなど、信長をめぐる状況は徐々に好転していったが、払った犠牲も大きかった。弟二人が討死・自害したのをはじめ、股肱《ここう》の臣ともいうべき森可成と坂井政尚も元亀元年に朝倉・浅井軍と戦って討死した。

可成、政尚の討死

森可成、坂井政尚ともに美濃出身のようにいわれるが、尾張出身の勝家や信盛に匹敵する信頼を得ていた。また、一騎武者ではあるが、信長が「天下一の勇士」と認め、自筆でその旨を旗指物《はたさしもの》に記して下賜した道家《どうけ》兄弟（清十郎と助十郎）も可成とともに討死してしまった。

可成と政尚は、大河内城攻めでは別軍だったが、一緒に組んで仕事をすることも多く、姻戚関係も結んでいた。姻戚関係があったから同陣することが多かったのか、同陣する機会が多いために姻戚関係を結んだのか、その経緯は不明だが、おそらく後者だろう。

可成の娘は、政尚の嫡男久蔵《きゅうぞう》に嫁している。久蔵は、元亀元年（一五七〇）の姉川の戦いにおいて十六歳で討死していることから、逆算すると弘治元年（一五五五）生まれとなる。元亀元年をそう遡ることがない時期に可成の息女を迎えたのだろう。可成の娘は、信長の養女として久蔵に嫁した（『弓斎叢書《きゅうさいそうしょ》』）ともいうので、信長の下命だったと思われる。
　久蔵は、上洛戦では敵と鑓を合わせて討ち取る功名を挙げ、義昭からも感状を下された。元亀元年の手筒山城攻めでも活躍し、久蔵の目覚ましい活躍を嫉視《しっし》した可成の長男可隆《よしたか》は、久蔵以上の武功を挙げようと焦って討死してしまったほどである。しかし、その久蔵も姉川の戦いで討死し、後家となった可成の娘はその後、関共成《ともなり》（小十郎右衛門《こじゅうろうえもん》）に再嫁した。共成はその縁でのち森家の家臣となった。

　ちなみに、関共成は、浅井信広と領地争いをするなど仲が悪かったという。浅井信広は、森可成・坂井政尚とは別のグループに属していたと思われ、一緒に政務をこなしたことや同陣したこともなかったようである。仲の悪さも関係したかもしれない。

森氏略系図

坂井政尚――久蔵
　　　　　　＝
森可成――┬女
　　　　├可隆
　　　　├長可
　　　　├成利（乱）
　　　　└忠政

　政尚のあとは、長男の久蔵が政尚に先立って討死していたので、越中守（楽田城主）が坂井家を継いだ。越中守は政尚の弟とも次男とも伝わるが、政尚ほどの活躍の場を与えられず、信忠付となったようである。

　森可成の後継は、次男の長可（武蔵守《むさしのかみ》）が相続し、森家の家督として信長にも重用された。三人の弟、「乱《らん》」「力《りき》」「坊《ぼう》」は信長の小姓に取り立てられた。末弟の忠政《ただまさ》は、柴田勝家の娘を妻とした塙直政の養子となった。これは、可成と勝家が親しかった関係からだろう。

お気に入りの小姓衆も討死

元亀二年（一五七一）の長島攻めでは、美濃三人衆随一の氏家直元が討死し、殿軍の勝家も負傷した。直元のあとは嫡男の直通が家督を継ぎ、氏家家の長として重く用いられた。

元亀三年末には武田信玄と徳川家康が三方ヶ原で干戈を交えたが、信長も援軍を派遣した。派遣メンバーは史料によって異なるが、佐久間信盛、平手汎秀のほか、滝川一益や水野信元らも加勢したという。信盛は汎秀を見捨て、自らはもちろん、主だった家臣も討死させずに帰陣した。これが後年、追放される遠因の一つともなった。汎秀は若輩だったが、織田家の家老の自負があり、援軍の大将と自負していたものの、家康が先に信盛に礼したことを侮辱と受け取り、覚悟の討死を遂げた（前述）。

また、三方ヶ原の戦いでは、かつての信長のお気に入りの小姓衆も討死した。長谷川橋介、佐脇藤八、山口飛騨守、加藤弥三郎である。

佐脇藤八を除く三人は、彼らを讒言《ざんげん》した坂井道守《みちもり》を惨殺したため出奔し、徳川家康のもとに身を寄せていた。小姓衆といっても年齢的には信長よりもやや年少に過ぎないので、壮年に達していた。桶狭間の戦いでは信長の側近中の側近として五人が扈従したが、このうち四人が討死したことになる。帰参を願っての参陣だったと思われるが、信長に許されることなく、戦場に散った。もう一人の岩室長門守はこれに先だって討死しているので、桶狭間の戦いの頃、最も身近だった小姓衆全員が討死してしまったことになる。

義昭を追放

元亀四年（一五七三）三月、信長の和睦交渉にも応じず信長に造営してもらった二条城で叛旗を翻した義昭だったが、信長軍の上京焼き討ちに恐れをなし、あえなく降伏した。しかし、性懲りもなく、武田信玄の徳川領内への侵攻を知り、朝倉氏や浅井氏、さらに本願寺を恃《たの》み、今度は二条城を奉公衆の三淵藤英《みつぶちふじひで》（細川藤孝の実兄）に任せ、自らは槙島城に籠城した。信玄死去の情報を摑んだ信長は、後顧の憂いが軽減したと判断し、元亀四年七月、槙島城に籠城した義昭を大軍で包囲した。

信長軍は宇治川の川上と川下の二軍に分かれて渡河した。

川上の先陣は、稲葉一鉄、子の重通・貞通兄弟が務め、斎藤利治、氏家直通、安東守就、不破光治・直光父子、丸毛光兼・兼利父子、飯沼長継《いいぬまながつぐ》、市橋伝左衛門、種田正鄰《おいだまさちか》が続いた。美濃三人衆、斎藤家の後継の利治、三人衆の与力など美濃衆の軍団である。稲葉氏と斎藤利治は縁戚、不破氏と安東氏も縁戚であり、地縁・血縁で結ばれた軍団で構成されていた。宇治川渡河で一番乗りを果たした梶川高盛は稲葉氏の与力として参陣し、二番乗りの斎藤利三と那和正信《なわまさのぶ》も稲葉の家臣（陪臣）だったが、信長から褒賞される活躍をした。

一方の川下軍は、佐久間信盛、丹羽長秀、柴田勝家、羽柴秀吉、蜂屋頼隆、明智光秀、荒木村重、細川藤孝、蒲生賢秀・賦秀《ますひで》（氏郷）父子、永原重虎《しげとら》、進藤賢盛《かたもり》、後藤高治《たかはる》、永田景弘《かげひろ》、山岡景隆・景宗《かげむね》父子、景隆弟の景猶、多賀貞能、山崎秀家《やまざきひでいえ》、小川祐忠《おがわすけただ》、久徳宗重《きゅうとくむねしげ》、青地元珍《もとたか》、京極高次《たかつぐ》（小法師）、池田景雄《かげかつ》らが進軍した。尾張衆を中心に、義昭臣から信長に転仕した新参の光秀、村重、藤孝、さらに旧六角家臣らを含めた近江衆の軍団である。

大雑把に分類すれば、川上軍は美濃衆、川下軍は最も信頼できる尾張衆に新参の近江衆と義昭旧臣を混成した部隊といえる。尾張衆には新参衆の軍監的な役割を持たせたのかもしれない。

大軍の前に義昭は呆気なく降伏し、命だけは助けられた。妹婿の三好義継の居城若江城《わかえ》まで秀吉が護衛して送り届けた。道中、「貧乏公方」と嘲弄《ちょうろう》され、惨めな敗軍の将ぶりだったと伝わる。義昭の一子（義尋《ぎじん》）は、義昭の後継として利用するために信長の手元に留《とど》め置いた。下剋上には違いないが、「天下」に義昭の側に非があることを周知させたあとの追放である。その後も義昭と和睦の道を模索したが、義昭が信長の人質を要求したため破談となった。和睦はポーズだったのかもしれないが、譲歩に譲歩を重ねて交渉した感がある。

槇島城には管領家の細川昭元《あきもと》を入れ置いた。昭元は、信長の妹「お犬《いぬ》」を娶り、諱も義昭からの偏諱である「昭」を捨て、信長の偏諱「信」を貰って信良と改名し、信長の一門に列した。信良とお犬は、一男二女を儲け、後年、長女の「円光院《えんこういん》」は信長とも親交のあった秋《あき》田愛季《たちかすえ》の嫡子実季《さねすえ》に嫁し、陸奥・三春《みはる》藩初代の俊季《としすえ》を産んだ。

義昭追放後、信長は以前から嫌っていた「元亀」の元号の改元を要請し、七月二十八日、「天正」と改元された。越前の朝倉氏、ついで北近江の浅井氏を相次いで滅ぼし、名実ともに信長の時代が到来したことを鮮明にした。

3 旧幕臣衆の取り込み

細川藤孝

将軍義昭を放逐したが、幕臣衆については、義昭にあくまで扈従した者、京都に留まった者など、その進路は分かれた。同じ幕臣衆だった細川藤孝や明智光秀などに仕えた者もいる。また、信長に「高家《こうけ》」として仕えた者もいる。政所《まんどころ》執事の伊勢《いせ》氏のほか、上野《うえの》信恵《のぶよし》・同紀伊守豪為《ひでため》、松田頼隆《よりたか》、山口秀景《ひでかげ》らは信長に転仕した（『五十川清氏所蔵文書』ほか）。

義昭に同行した者では、飯河《いいかわ》氏、伊勢氏、一色氏、飯尾氏、上野氏、大館《おおだて》氏、真木島《まきしま》氏、

細川氏の親類関係

三淵藤英―秋豪
細川藤孝―忠興
　　　　　　＝―興秋
明智光秀―┬玉
　　　　　└女
　　　　　　＝
荒木村重―村次

松田氏らがいる。信長に敵対した戦国大名の一族で義昭とともに鞆《とも》の浦《うら》まで従った者もいる。近江佐々木《ささき》氏の六角義堯《よしたか》もその一人である。また、比較的知られた人物では、一色藤長《ふじなが》、上野秀政《ひでまさ》、真木島昭光《あきみつ》、柳沢元政《やなぎさわもとまさ》らも義昭に供奉した。

信長に転仕した幕臣で最大の人物は、義晴・義輝・義昭の三代に仕え、義昭の将軍職擁立にも尽力した細川藤孝（幽斎《ゆうさい》）である。

藤孝が義昭を見限って信長に忠節を尽くしたのは、義昭の将来を見限ったこともあるだろうが、義昭とは反りが合わなかった気配もある。

義昭が槙島城で籠城した時、二条城を守備した藤孝の実兄三淵藤英は、柴田勝家からの誘降を受け入れて信長に仕えたものの、翌天正二年（一五七四）、子の秋豪《あきひで》とともに坂本《さかもと》城で自害させられた。幽閉中の義昭の脱出時からともに仕えていた同輩の米田求政《こめだもとまさ》や松井康之《まついやすゆき》も藤孝に与力格で仕えた。藤孝は、信長に転仕してからは将軍家との因縁の深い細川の名字を捨て、信長から拝領した領地に因んで長岡氏（藤孝の本姓の可能性もある）を称し、死ぬまで細川に復姓することはなかった（以下の記述では細川で統一）。

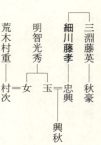

義昭と信長に両属していた明智光秀は、藤孝よりも早く信長に忠節を誓い、すでに元亀二年（一五七一）には、比叡山焼き討ちの功を評価されて近江坂本に築城し、志賀《しが》郡を賜っていた。最近発見された史料によると、信長の嫡男信忠と武田信玄の息女との縁組は、光秀も関わっていたようである（『土御門《つちみかど》文書』）。元亀三年と推定される閏正月十二日付の書状中に見えるもので、志賀郡を拝領した翌年でもあり、この頃にはすっかり信長の家臣のようになっていたのだろう。

佐竹出羽守《さたけでわのかみ》（宗実《むねざね》）・左近允《さこんのじょう》兄弟、山本秀勝《やまもとひでかつ》、渡辺昌《わたなべまさ》らの山城衆、猪飼野秀貞《いかいのひでさだ》、和田秀純《ひでずみ》、磯谷新介《いそがいしんすけ》らの近江衆も光秀に仕えた。猪飼野秀貞は明智の名字を許されている。

光秀は、幕臣衆の伊勢貞興《さだおき》、諏訪盛直《すわもりなお》、御牧景重《みまきかげしげ》・景則《かげのり》兄弟、松田太郎右衛門や、三上大蔵大夫《みかみおおくらだゆう》、古市修理進《ふるいちしゅりのしん》、蜷川《にながわ》弥三郎など伊勢氏被官も家臣団に加えている（『吉田文書』）。伊勢貞興は光秀の息女を娶っており、貞興の母は斎藤道三の娘なので、信長の義理の甥にあたる。

荒木村重

光秀や藤孝以上に重用されたのが、摂津の土豪出身の荒木村重である。摂津守護の池田勝正に仕えて頭角を現し、池田氏を名乗ることを許され、重臣の列にも加わっていた。

信長が将軍義昭と敵対した時には、主家の池田家は義昭側についていたが、村重は義昭を見限って信長に臣従した。信長は「ご機嫌斜めならず」喜び、郷義弘《ごうのよしひろ》の腰物を下賜してその忠節に報いた。

信長の下では摂津の支配を任され、譜代家臣以上に厚遇された。信長の命で嫡子村次《むらつぐ》の嫁に光秀の娘を貰い受けた。光秀の娘は細川藤孝の嫡子忠興にも嫁しているので、三家は明智家を中心に縁戚で結ばれることになる。村重は大坂本願寺攻めや播磨《はりま》攻めにも従軍したが、中国攻めの主将に秀吉が抜擢されると秀吉の与力的な立場に追いやられ、次第に信長と距離を置くようになり、毛利氏・本願寺に誼を通じ、信長に謀反した。

毛利氏・本願寺の援軍に加え、麾下の中川清秀《きよひで》、高山右近《うこん》（重友《しげとも》ほか複数の諱が伝わる）らも巻き込めば、十分信長に対抗できると見込んだのだろう。しかし、清秀、右近は呆気なく信長に寝返った。それでも、有岡《ありおか》城、尼崎城で籠城戦を展開し、信長軍を苦しめた。最後は、一族を犠牲にしつつ、自らは毛利氏を頼って落ちていった。秀吉時代には茶人として余生を送った。

朝倉氏の旧臣

4　朝倉・浅井旧臣の編成

信長は、将軍足利義昭を追放し、その勢いに乗って、朝倉氏、次いで浅井氏を一挙に滅亡に追い込んだ。元亀元年（一五七〇）の争乱から足掛け四年の苦闘だったが、義昭追放で時流は完全に信長に味方し、信玄が病没したとはいえ、これほど呆気なく両家を葬ることになろうとは、当の信長でさえ予想できなかっただろう。後世の我々からすると当然のように思うが、ひと月もかからずに両家を攻め滅ぼした。

朝倉氏は、この頃にはすでに末期症状を呈しており、内部崩壊がかなり進んでいた。というよりも、信長の寝返り工作が奏功し、裏切り者が跡を断たなかった。前年、いち早く寝返っていた前波吉継《まえばよしつぐ》を越前守護代に抜擢した。朝倉時代の経歴や身分よりも寝返り時期を優先させたといえよう。

吉継に次いで降った富田長繁《とだながしげ》には南条郡《なんじょう》を宛行《あてが》い、府中《ふちゅう》城主に起用した。土壇場で裏切った朝倉一族の朝倉景鏡《かげあきら》（義景の従兄弟）には大野郡（土橋《どばし》城主）、朝倉景健《かげたけ》（義景の甥で婿）には足羽郡《あすわ》（安居《あご》城主）、朝倉景信《かげのぶ》には丹生《にゅう》郡（三富《みとめ》城主）を任せ、魚住景固《かげかた》は今立《いまだて》郡の鳥羽《とば》城主に、溝江長逸は坂井《さかい》郡金津《かなづ》城主に取り立てた。

主だった朝倉旧臣は、信長に帰参してからは名字や名前を変えたものが多い。前波吉継は桂田長俊《かつらだながとし》、朝倉景鏡は土橋信鏡《どばしのぶあきら》、朝倉景健は居城の安居城に因み安居《あご》氏、朝倉景泰《かげやす》は織田氏を称した。景泰の場合は、信長の一門となったのではなく、織田氏発祥の地織田荘《おたのしょう》との関係からだろう。もともと義景と不和であった堀江景忠《ほりえかげただ》は斎藤宗忠《むねただ》と改名したという（『松月寺由緒伝説記』『諸士系譜』）。

朝倉旧臣の改名は、朝倉の名字や朝倉氏の通字である「景」の字を廃し、代わって信長の偏諱である「信」や「長」を与えることで朝倉色を排除する狙いだったのだろう。守護代を任せた前波吉継には「長」の偏諱だが、義景の従兄弟で重臣だった景鏡には「信」の偏諱を与えた。「信」の偏諱は前関白近衛前久《このえさきひさ》の嫡男信基《のぶもと》（信尹《のぶただ》、三藐院《さんみゃくいん》）らのほかは、徳川家康の嫡男信康《のぶやす》、土佐の長宗我部元親《もとちか》の嫡男信親《のぶちか》など戦国大名クラスにしか与えていない。景鏡の自尊心を傷つけないように配慮したのだろう。しかし、朝倉旧臣の体制は天正二年（一五七四）の一向一揆の叛乱で瓦解《がかい》し、主だった朝倉旧臣は没落、翌年の信長の親征まで混沌《こんとん》とした状態が続くことになる。

浅井氏の旧臣

浅井氏の旧臣は、滅亡以前に信長に降っていた磯野員昌、阿閉貞征《あつじさだゆき》、堀秀村、その家老の樋口直房らが大身だったが、彼らの末路は哀れである。結局は信長にうまく利用された感がある。大身の者は、当初は北近江の支配者に抜擢された秀吉の与力に付けられたが、秀吉の圧迫を受けて没落した。小身衆は、その後安土を拠点とした信長の直臣団に組み込まれた。

磯野員昌は、佐和山《さわやま》城主として対織田軍の最前線にあって果敢に抵抗した。姉川の戦いでは先陣として活躍し、その勇壮ぶりが高く評価された。しかし姉川での敗北によって佐和山城は孤立し、半年間にわたって織田軍を引き受けたが、元亀二年（一五七一）二月、兵粮が尽きて降伏した。員昌は、開城はしたものの籠城兵を小谷城に入れることを織田軍に認めさせるほどの勇将だった。信長に属してからは高島《たかしま》郡に入り、かなりの権益を有した。降将であるにもかかわらず、員昌に対する信長の高い評価が窺える。

天正三年（一五七五）の越前一向一揆討伐戦にも従軍した。員昌は信長と長政が友好関係にあった時、浅井方の援軍として北畠攻めにも参陣しており、信長とは親しく話したことがあったのかもしれない。員昌に限らず、信長は敵方であっても果敢に抵抗した者に対しては帰属すれば優遇する度量を持っていた。員昌は信長の甥信澄《のぶずみ》を養子にし、信澄は一時期、磯野氏を名乗ったこともあった。しかし、信長の一門に連なったにもかかわらず、天正六年二月三日、信長の命令に背いたため処罰を受け、突然逐電した。逐電の理由ははっきりしないが、信澄への強制的な家督譲渡があったのかもしれない。人質の母親は処刑され、員昌の行為は世人の嘲弄を受けたという。

阿閉貞征は、伊香《いか》郡山本山《やまもとやま》城主。信長に徹底抗戦していたが、浅井家滅亡の直前になって信長に帰参した。天正元年八月八日のことである。すでに義昭は京を逐《お》われ、朝倉・浅井両氏とともに危機感を募らせていた時期である。嫡男の貞大《さだひろ》とともに信長に降り、朝倉攻めに参陣した。

北近江の支配者となった秀吉の与力となったが、秀吉との軋轢《あつれき》もあったようである。安土山城の普請にも従事し、その後、他の近江衆同様に信長の直参となった。子の貞大は天正七年二月十四日、下野国の佐野宗綱《さのむねつな》から献上されたばかりの葦毛《あしげ》の名馬を下賜された。「貞大に似合う」という理由で馬具とともに下賜される厚遇を受けたのである。それにもにもかかわらず、本能寺の変後は父子ともに光秀に荷担した。秀吉の長浜《ながはま》城を占拠した「罪」もあり、秀吉に磔刑《たっけい》に処された。

坂田《さかた》郡鎌刃《かまは》城主の堀秀村は、幼少時に父親をなくし、堀家は家老の樋口直房が取り仕切っていた。元亀元年六月に信長に帰属したが、この時はまだ十四歳だった。万事は直房の采配だっただろう。堀氏が帰属したことで信長の出陣となり、姉川の戦いに至ることになる。敵方からの内応を機に、素早く出陣して最大限の戦果を上げるというのは信長の常套《じょうとう》戦術である。姉川の戦いでは、当時の常識に従い、寝返った堀家が先陣を果たした。

当初は秀吉の与力的な立場だったが、秀村は浅井氏の旧臣（久徳左近兵衛尉など）を麾下にしており、秀吉にすれば目の上のこぶ的な存在だった。浅井氏滅亡後も秀吉の与力として坂田郡内で力を蓄えていたが、家老の樋口直房が天正二年八月、突然木ノ芽峠《きのめとうげ》城から出奔したことで秀村も改易《かいえき》となった。処断されなかったのは、年少でもあり、直房の傀儡《かいらい》と判断されたのだろう。直房の出奔の要因は不明だが、妻が六角氏の家臣土田《つちだ》次郎左衛門の娘で、浅井長政の家臣島秀親《しまひでちか》とは相婿でもあり、浅井氏や六角氏の影響が影を落としていたのかもしれない。

第五章　方面軍編成に向けて

1　将軍追放後の体制

国別の状況

将軍追放後の畿内近国の状況を国別に見てみよう。

山城国では、三好三人衆の一人である淀《よど》城の石成友通は、当初は敵対していたが、松永久秀の斡旋《あっせん》もあって義昭・信長に臣従した。しかし、義昭が挙兵した時、義昭方として淀城に籠城したが、味方の裏切りによって討死した。京都では、義昭追放後は尾張時代からの老臣ともいえる村井貞勝が「京都所司代」に抜擢されている。

大和国は、松永久秀に切り取り次第の特権を与えたが、義昭と信長が敵対するようになると、久秀は義昭に近づき、久秀を不倶戴天の敵としている筒井《つつい》順慶《じゅんけい》は必然的に信長に誼を通じてきた。結局、久秀は信長に降伏し、居城多聞山《たもんやま》城を信長に差し出して助命され、信貴《しぎ》山《さん》城に引き籠もった。久秀に代わって順慶が台頭し、順慶は信長に母親を人質に出して恭順の意を示し、のち信長の縁戚ともなった。さらに後年には信長の三男信孝を養子にする話も持ち上がった。

摂津国は、伊丹忠親、池田勝正、和田惟政の「三守護」体制を敷いたが、惟政の討死、勝正の失脚など混沌とした状態が続き、義昭と信長の反目のなかで信長に忠節を誓った荒木村重に摂津一国の「一職《いっしき》」支配を任せた。村重は天正二年(一五七四)十一月には、伊丹城に拠《よ》る摂津三守護の生き残りの伊丹忠親を攻め滅ぼした。摂津国は村重の謀反まで村重が支配する体制だった。他方、大坂本願寺は二度の和睦を含め足掛け十一年にわたって信長に敵対し、信長を苦しめた。

河内国は、半国守護である三好宗家の義継が若江城に追放された義昭を受け入れ、反信長の陰謀を巡らせた廉《かど》で自害に追い込まれた。三家老の多羅尾綱知《たらおつなとも》、野間長前《のまながさき》、池田教正《のりまさ》に裏切られたが、最期は三好宗家の当主として見事に自害して果てた。若江城には彼ら若江三人衆(河内三人衆とも)が入城し、本丸には綱知、二の丸には長前、三の丸には教正が居住した。三人衆の格付けもこの順である。綱知の嫡男の妻は長前の娘、教正の妻は長前の妹というように三人とも縁戚で結ばれていた(『若江三人衆由緒書上』)。高屋城には畠山秋高《あきたか》が入っていたが、家老の遊佐信教《ゆさのぶのり》に高屋城で殺害された。これを聞いた信長は「是非なく候、無念これにすぐべからず候」（『古案』）とその死を悼んだ。秋高の兄とも父ともいわれる高政は、信長の妹を妻としていたが、遊佐信教の暗殺を計画したものの露見したため紀伊国へ逃亡した。高屋城には信長に敵対を続けた三好家の長老康長《やすなが》が入ったが、のち信長に降伏した。

和泉国《いずみのくに》は、当初敵対行動に出た堺衆も、三好三人衆に荷担した罪を恫喝《どうかつ》され、恭順した。在地領主の真鍋《まなべ》氏、寺田《てらだ》氏、沼間《ぬま》氏、松浦《まつら》氏らも水軍力を期待され、信長の家臣になっていく。

近江国は、南近江は六角氏を逐い、先に記したように、信盛、勝家、重政らを分封配置し、六角旧臣を与力に編成した。北近江は縁戚の浅井氏が支配していたが、敵対後は苦戦の末、天正元年に滅ぼし、浅井旧領には秀吉を抜擢した。

家臣への賜姓・任官

天正元年（一五七三）という年は、将軍足利義昭を追放し、朝倉・浅井両氏を滅亡させ、新しい時代の幕開きを予感させるものだった。翌二年には何度も苦杯を嘗《な》めさせられた長島の一向一揆を殲滅《せんめつ》し、翌三年には不倶戴天の敵となった武田氏を長篠の戦いで打ち破った。その後上洛した信長は参内《さんだい》して天杯《てんぱい》を賜るなど朝廷に接近し、官位昇進の打診ではいったんは固辞したが、十一月には昇殿し、権大納言《ごんだいなごん》兼右大将《うだいしょう》に任ぜられた。家督と岐阜城を信忠に譲り、翌四年から安土山に築城を開始し、天下統一へ向けての動きを加速することになる。信長は、若い頃には上総介（上総守）を名乗っていたが、正式な任官ではなく僭称《せんしょう》といわれる。『信長記』にも「自官に任ぜられ候也《なり》」と記されている。天文十八年（一五四九）、十六歳の時から上総介を自称し、その後、三介《さんすけ》、尾張守、弾正忠を名乗った。永禄九年（一五六六）から三年ほどは尾張守を称し、その後天正三年九月までは弾正忠を名乗っている。義昭を奉じて上洛した時、褒賞として義昭から副将軍職を打診されたが辞退した。さらに、斯波家の家督相続も勧められたが、斯波氏を名乗ったことはない。

天正三年五月、長篠の戦いで武田勝頼を打ち破ったあと、前述のように朝廷から官位の打診があったが固辞し、代わりに家臣への賜姓・任官を奏請した。『信長記』は伝本によって記述に精粗があるが、総合すると、松井友閑《ゆうかん》は宮内卿法印《くないきょうほういん》、武井夕庵は二位法印、明智光秀は惟任《これとう》（維任）日向守、簗田広正は別喜右近大夫《うこんのだいぶ》、丹羽長秀は惟住《これずみ》氏、塙直政は原田備中守にそれぞれ賜姓・任官された。

『信長記』には記載がないが、羽柴秀吉は筑前守《ちくぜんのかみ》、滝川一益は伊予守に任官したようである。秀吉は筑前守を自称しているので確認できるが、一益の伊予守は、自ら名乗った徴証がないものの、他の一次史料では伊予守と記されている。自称せずに他称されているのが特徴である。

この時の賜姓・任官には政治的な意味が含まれていたといわれる。秀吉・光秀・直政の官途、光秀・長秀・簗田の賜姓は来《きた》るべき西国攻めに向けての布石と見られている。ただ、惟任、惟住、別喜は九州の名族といわれるが、当時の武将にどれほどの認識があったのかは疑問である。

具体的にどの家を継承したかを検討した研究は寡聞にして知らないが、有名無実となっていた旧家を継承したのだろう。ただ、惟任氏については、肥前国塩田《ひぜんのくにしおた》城主の惟任修理亮蔵《くら》原知光《はらともみつ》の系譜という史料がある（『檀林江戸崎大念寺志《だんりんえどさきだいねんじし》』）。同書には賜姓の理由として、通説通り「当家西国にての代々の名家にして然《しか》も武勇の誉れ隠れなかりしをした（慕）はせ西国を手に入らせ給はん為となり」と説明している。

塙直政の「備中守」任官については、中国毛利氏との折衝は秀吉の専売特許でないことを窺わせる。直政も小早川隆景《こばやかわたかかげ》と音信を通じており、直政が天正四年五月の本願寺攻めで討死しなかったら、中国攻めは秀吉ではなく、直政だった可能性もあった。

有力家臣

この時点での織田家における家臣の位置づけを確認してみる。

部将としては、この時に賜姓・任官された明智光秀、丹羽長秀、簗田広正、塙直政、任官が想定される羽柴秀吉、滝川一益に加え、織田家の両大将ともいえる佐久間信盛、柴田勝家の八人がトップクラスである。簗田広正や塙直政の分限は少し小さいと思われるが、与力の付属を想定すれば他の部将とそれほどの遜色はなかっただろう。

彼らに準ずる地位には、河尻秀隆、蜂屋頼隆、浅井信広、池田恒興らがいたが、嫡子信忠付となったことで信長のもとでの出世は遅れた気配がある。信忠時代になれば出世は約束されていたと思われる。金森長近、原政茂、佐々成政、前田利家、不破光治らはのちに触れるが、柴田軍団の与力となり、ワンランク下の位置づけである。

信長は、前述のように天正三年（一五七五）七月の時点での推任は辞退したが、十一月の再度の推任では受諾し、従三位権大納言兼右大将となった。のち順調に昇進を遂げ、毛利氏に流寓している義昭の官位を超えたが、天正六年四月、右大臣兼右大将を突然辞官した。正二位の位階はそのまま保持したというが、信長自身が保持していることを意識していたかどうかは別である。

辞官の理由は、日本の平定は道半ば（「征伐の功、いまだ終わらざるの条」）であり、四海平均ののちに改めて勅命を受けるというものだった。自分の代わりに信忠への任官を奏請した（「顕職をもって嫡男信忠に譲与せしむべきの由」）が、どこまでが本音か分からない。信忠への任官要請は辞官のための方便だろう。

天正三年末には、家督と岐阜城を信忠に譲り、新たに近江に天下人の城として安土山城を築城し、家臣団統制も含めて新体制を構築していくことになる。

2 「天下布武」へ

殿様から上様へ

信長は天正三年（一五七五）末に織田家の家督を嫡男信忠に譲り、茶道具だけを携えて重臣佐久間信盛の屋敷に引越し、翌年早々から近江安土山に築城を開始した。安土山城は正月中旬から工事を開始し、早くも二月二十三日には信長の御座所が出来上がって移徙している。結果的に天正三年は信長にとって画期的な年となった。

信長の生涯でエポックメーキングな年は何度かあった。大きなものでは、弟信勝との稲生原の戦いに勝利して弾正忠家を一本にまとめた弘治二年（一五五六、二十三歳）、今川義元を桶狭間で倒して、新たな展望が開けた永禄三年（一五六〇、二十七歳）、足利義昭を奉じて上洛した永禄十一年（一五六八、三十五歳）、将軍義昭を追放した元亀四年（一五七三、四十歳）、そしてこの天正三年（一五七五、四十二歳）である。

畿内では、三好家の長老の康長が長年にわたって信長に敵対してきたが、長篠の戦い直前の四月に高屋城を開城して信長に降った。三好氏の本国ともいうべき阿波国にも影響力があり、康長に期待するところも大きかったと思われる。のちには三男信孝を三好康長の養子とするなど、一門衆に取り込んでいる。

翌五月には宿敵武田氏を長篠の戦いで大いに破り、東方からの侵攻勢力を駆逐、八月から九月にかけては越前の一向一揆を徹底的に討伐し、越前を完全に分国化した。越前には宿老の柴田勝家を据え、比較的大身の直臣衆も勝家の与力に配し、「柴田勝家軍」を発足させた。また、畿内近国で反抗的な態度をとっていた丹波国への侵攻も計画し、明智（惟任）光秀に丹波計略を遂行させた。丹波方面軍「明智光秀軍」の誕生である。

十一月には権大納言兼右大将に任官し、武家の棟梁《とうりょう》としての名目を獲得した。信長に対する表現もそれまでの「殿様」から「上様《うえさま》」に格上げされるようになり、「天下人」への道を歩み始めた。

方面軍の萌芽

これに連動し、年末には家督と岐阜城を信忠に譲り、翌年には天下人の居城として安土山城の築城を開始した（既述）。家督を継承した信忠は、尾張・美濃の諸将を配下に加え、武田氏をはじめとした東国への警戒などを任務とする「織田信忠軍」が発足した。

安土山築城は、開始早々に本願寺の蜂起《ほうき》で計画が大きく齟齬《そご》をきたすことになったが、やはり天正三年（一五七五）を契機として信長の政権構想が芽生えたように思われる。もちろん、天正八年に本願寺が屈服し、同十年に武田氏を滅ぼしたことで新たな局面を迎えることになるが、本能寺の変で水泡に帰してしまった。

天正四年以降、信長が戦場で直接指揮する機会はめっきり減っていく。天正四年、本願寺の蜂起で主将の塙（原田）直政が討死した急報を受けて急遽出陣した時と、翌年の雑賀攻めの二回に過ぎない。のちに触れることになるが、領国が拡大することで信長が直接指揮することが困難になってきたことも大きい。

いわゆる「方面軍」を発足させて、信頼できる部将を「軍団長」に抜擢し、敵対する担当方面への侵攻を任せるという手法に順次切り替えていく。このため、やや大げさにいえば、全国各地において同時進行のかたちで信長軍の侵攻が進められ、それを信長が総覧することになる。

この動きを単純に時系列で追いかけると煩雑になるので、軍団別に成長過程を見ていくことにしよう。軍団とは、先に触れた「柴田勝家軍」「明智光秀軍」「織田信忠軍」に加え、天正五年から中国攻めの先陣に抜擢された羽柴秀吉の「羽柴秀吉軍」、天正十年の武田攻めの後、東国・東北エリアを管掌するようになった滝川一益の「滝川一益軍」、本能寺の変直前に編成された四国攻めを任務とする三男信孝の「神戸信孝軍」、さらに天正八年に追放されて瓦解したものの一時は七か国にまたがる与力衆を配下にした佐久間信盛の「佐久間信盛軍」の七つの軍団を取り上げる。

各軍団に触れる前に、安土山築城開始の天正四年から本能寺の変で倒れる同十年までの動きを概観しておく。

3　天正四年以降の概観

天正四年

天正四年（一五七六）は、本願寺の蜂起によって、南山城・大和の両国守護であった塙直政が討死し、信長は本願寺が容易ならざる敵であることを改めて思い知らされることになる。このため、織田家最大の軍団として佐久間信盛を司令官とした本願寺包囲軍を編成したが、五年間包囲したものの完全勝利することなく、大坂の地を退去させるに留まった。この責任を信盛に帰して追放し、信盛の軍団を解体した。

信長と本願寺は、和睦を挟みながらも本願寺が初めて信長に敵対した元亀元年（一五七〇）から天正八年の和睦まで足掛け十一年にわたって抗争したが、危機感からとはいえ、先に手を出したのは毎回、本願寺側である。

本願寺が最初に蜂起した元亀元年九月の時も、信長軍は本願寺の決起を予想していなかった。『信長記』には、本願寺の蜂起に対して織田軍は「異なる子細なく候」と記されているが、本願寺側の記録には織田軍が「仰天」したと記載されており、これが実相に近いと思われる。

この年の暮れには和睦したが、翌二年から交戦状態となり、天正元年十一月頃には二度目の和睦をした。翌二年四月に再び和睦が破れて戦闘状態に入ったが、同三年十月に三度目の和睦が成った。その後通説では、翌天正四年四月に和睦が破れ、五月に塙直政が討死し、信長が自ら後詰して本願寺軍を押し返し、その後は長期戦の様相を呈し、天正八年の最後の和睦まで包囲戦が続けられたということになっている。

天正四年に信長軍が和睦を破って本願寺を包囲攻撃したといわれるが、実は天正三年十月の和睦からそれほど経《た》たないうちに本願寺側は和睦を無視して信長軍への攻撃を準備していた（『上宮寺文書』）。信長軍も同様に備えはしていたと思われるが、天正四年二月には本願寺方の鈴木孫一《まごいち》らが住吉《すみよし》神社の御殿を放火するなど敵対行動を開始している（『松雲公採集遺編類纂《しょううんこうさいしゅういへんるいさん》』ほか）。

いずれにしても双方ともに仮の和睦と認識し、いつでも戦闘開始できるように準備していた。前述のように塙直政の討死によって、大坂城（本願寺）包囲軍を新たに構築することになる。また、この年七月には本願寺を支援する毛利水軍と木津川《きづがわ》沖で戦い、大敗したことから、水軍の強化も図るようになる。

他方、安土山城の築城と並行して京都にも屋敷を造営し、松永久秀の降伏の証《あかし》として進上させた多聞山城の「天主」を京都に移築する計画も推進した（『多聞院日記』『筒井房吉氏所蔵文書』）。

天正五年

翌天正五年（一五七七）は、大動員令をかけて本願寺の兵站《へいたん》基地ともいえる雑賀攻めを敢行した。畿内はもとより、尾張、美濃、近江、伊勢、越前、若狭、丹後、丹波、播磨などから動員し、一門衆は「残らず御出馬」（『信長記』）させ、勝家以外の主だった武将も参陣させたが、名目上の勝利を手にした程度で、確たる成果を挙げることはできなかった。結果的には、信長が陣頭指揮をした最後の戦陣となった。

八月には、上杉謙信の南下に備え、加賀国に柴田勝家を大将として大軍を派遣したが、これもさしたる戦果を挙げることなく、挙句の果てには秀吉が勝家と仲違《なかたが》いして無断帰陣する軍令違反を犯す始末だった。

こうした織田軍の体たらくを見て、大和国での権益も放棄させられていた松永久秀が謀反を起こして居城の信貴山城に籠城した。属城の片岡《かたおか》城は明智光秀が大将となって攻略し、本城の信貴山城は信忠を総大将とした大軍で包囲し、十日ほどで落城させることに成功した。

この功績もあって信忠は、従三位左中将《さちゅうじょう》に叙任され、信忠軍の拡大も進められることになる。久秀滅亡後、大和国は筒井順慶が名実ともに任されるようになったが、順慶の地位は、佐久間信盛の与力、信盛追放後は明智光秀の与力の立場だった。それでも信長の姉妹を娶り、一門衆に列した。のちに順慶の後継者となった定次《さだつぐ》は信長の息女を正室とした。

十月には羽柴秀吉に中国攻めの先陣を命じ、播磨に出陣させた。秀吉は瞬く間に播磨の国人衆から人質を徴集するなど平定作戦を遂行し、但馬国にも侵攻して太田垣《おおたがき》氏の籠もる竹田《たけだ》城を攻略、さらに転進して宇喜多《うきた》方の上月《こうづき》城を攻略した。

他方、安土山城下の整備も推進し、六月には十三か条からなる掟書《おきてがき》を城下町に発布し、楽市・楽座、諸役免除などの特権を与えて城下町振興を図った。閏七月には京都屋敷「二条御新造」が完成し、同月六日に正式に移徙した。

天正六年

天正六年（一五七八）は、摂津支配を任せていた荒木村重が謀反し、織田軍に大きな影響を及ぼすことになった。村重は摂津守護池田家の家臣に過ぎなかったが、足利義昭が謀反した時、信長にいち早く帰順したことで信長に重用されるようになっていた。しかし、村重は本願寺・毛利氏と結んで叛旗を翻し、有岡城に籠城した。属城の尼崎城には嫡子の村次を配置し、縁戚の中川清秀、高山右近も与同して茨木《いばらき》城、高槻《たかつき》城に籠城し、敵対の構えを見せた。反信長の一大勢力となり、三木城攻めをしていた羽柴秀吉は東西に挟撃されるかたちになった。

事態を重く見た信長は朝廷を動かして本願寺との和睦を模索しつつ、宣教師を利用してキリシタンの高山右近を誘降させ、次いで中川清秀も帰参したことで力攻めでの攻略に目処《めど》がついたと判断し、和睦の斡旋を取りやめた。荒木方から帰参した安部良秀《あべよしひで》（二右衛門）は、父と叔父を欺いてまで信長に忠節を尽くした。信長も感動を覚え、佩用《はいよう》していた秘蔵の名刀を下賜したほどである。

二年前、毛利水軍に木津川沖海戦で大敗していたが、「鉄ノ船」などを建造して水軍を強化したことで十一月には毛利水軍を打ち破り、本願寺への補給を困難にすることに成功した。水軍は九鬼嘉隆《くきよしたか》が管轄することになり、織田水軍の大将として伊勢・志摩衆のほか和泉衆などを率いた。

摂津旗頭の村重の謀反によって、摂津国の支配体制も変更せざるを得なくなる。信長は中川清秀の嫡子秀政《ひでまさ》に息女「鶴《つる》」を娶せ、一門衆として待遇した。抜け目のない秀吉は、清秀を有望株と見るや兄弟の契りを結び、譜代家臣や有力な後ろ盾を持たない弱味を他国衆とも結ぶことで人的ネットワークの強化を図った。

他方、北陸方面では、この年三月に上杉謙信が急死し、越中国の神保氏張が誼を通じてきた。氏張は信長の妹を妻とし、一門衆に連なっている。能登国《のとのくに》では長連龍《ちょうつらたつ》が父や兄を謙信方に謀殺され、謙信に徹底抗戦していたが、氏張とも結んで信長の支援のもと復仇《ふっきゅう》戦を遂げようとしていた。

天正七年

天正七年（一五七九）には安土山城天主が竣工《しゅんこう》し、五月に正式に移徙した。この月には安土山城下で法華宗と浄土宗の法論が勃発《ぼっぱつ》したのを奇貨として宗論《しゅうろん》（宗派の優劣または真偽を決める論争）を主催したが、攻撃的な法華宗に掣肘《せいちゅう》を加えるよう裏工作をして法華宗の負けを仕組んだといわれる。

荒木攻めについては長期化の様相を呈してきたこともあり、信忠や諸将に任せて自らは督戦に赴く程度で、前線での指揮はほとんどしなくなった。軍事調練はしたが、鷹狩《たかがり》や「箕面《みのお》の滝」を見物するなど遊山気分で戦場視察をするようになっていく。また、次男の信雄が荒木攻めへの参陣を忌避しようとして無断で伊賀攻めを敢行したものの敗退したという報を得て激怒し、信雄に対し折檻状を認《したた》めて厳しく叱責した。折檻状は公開したと思われ、信雄の武将としての将来は閉ざされたにも等しくなった。

九月には同盟相手の徳川家康の嫡男信康が謀反の廉で家康に処断された。女婿でもあり、信長の「信」の偏諱を与えるほど期待していただけに、信長にとっても痛手だったと思われる。寡婦となった信長の息女「徳《とく》」は徳川家を去って実家に戻った。徳川家との関係については、この頃にはすでに同盟といっても家臣化しつつあり、徳川家との関係も新たな段階に入ることになる。

畿内近国で敵対していた丹波国、および丹後国を明智光秀の軍団が征服し、領国に加えることになる。また、備前・備中・美作で勢力を培い、毛利方として敵対していた宇喜多直家《なおいえ》が秀吉を通じて帰属し、後は逆に毛利氏への最前線として働かせた。直家の帰属は対毛利政策では大きな価値があった。

他方、信長の京都屋敷「二条御新造」を皇太子の誠仁親王一家に譲り、天皇家との関係を深めた。

天正八年

天正八年（一五八〇）早々には播磨最大の大名だった別所《べっしょ》氏の三木城を秀吉軍が長期包囲戦の末、落城させた。また、信長最大の敵となっていた大坂本願寺も将来の見込みを失って屈服した。

本願寺と和睦（実質は降伏）して大坂の地から退去させたが、退去時に和睦に反対する「乱妨人共《らんぼうにんども》」（『徴古雑抄《ちょうこざっしょう》』）が奉行の制止を振り切って寺内に乱入して略奪の限りを尽くしたため、この時の失火で堂塔伽藍《どうとうがらん》が焼失してしまった。この責任も含めて本願寺攻めの怠慢を総大将である佐久間信盛に帰せしめて高野山《こうやさん》へ放逐した。譴責状は信長が自筆で認めるほどの激怒ぶりだった。追放後もさらに怒りが込み上げてきたものか、高野山からも追い払い、忍びでも上洛すれば討ち果たせ、という厳しい指令を出した。

織田家最大の佐久間信盛の軍団を解体することで、与力の近江衆は信長の直臣に組み入れ、尾張衆は信忠に付属させた。また、筆頭家老の林秀貞、美濃三人衆の一人安東守就、尾張の有力国人の丹羽氏勝も追放するなど家臣団の組み換えが進んだ年となった。

他方、本願寺との和睦を睨《にら》み、和談の条件を有利にするため柴田勝家率いる北陸軍の征服戦もにわかに活況を呈し、実効支配を拡大させた。また、大和には重臣の滝川一益と明智光秀を派遣し、指出検地《さしだし》（領主側に自己申告させる形式の検地）、城割を強硬し、大和の国人衆の粛清を断行させた。

北陸戦線や中国戦線などの征服戦については軍団長に一任した感があり、信長は前年に引き続き、鷹狩や相撲《すもう》興行など遊興に時間を割く傾向が強くなっていく。

京都での屋敷となっていた「二条御新造」を誠仁親王一家に譲ったため、新たな旅宿として本能寺を指定し、信長の御座所として改造を加えた。

天正九年

天正九年（一五八一）は正月早々、安土で一族や馬廻を中心に馬揃え《うまぞろ》のイベントを実施し、二月には京都において畿内近国の大名・小名・御家人のほか、公家衆も招集して馬揃えを大々的に開催して叡覧《えいらん》に供した。三月にも朝廷からの要望に応えて再度、馬揃えを挙行して織田軍の威容を天下に示した。二回目の馬揃えは規模を縮小したと思われるが、それでも五百余騎の名馬を揃えるほどの規模だった。

中国攻めで馬揃えに参加できなかった秀吉などは、盛大だったという噂を聞きつけ、信長側近の長谷川秀一に書状を出して、参加できなかった無念を語り、せめて馬揃えの様子だけでも教えて欲しい、と懇願するほどの大イベントだった。朝廷は馬揃えのお礼も兼ねて信長に左大臣任官を打診したが、信長は誠仁親王への譲位後に拝命するとして断った。

軍事面では、次男信雄が手痛い敗北を喫した伊賀国を大軍で制圧した。伊賀国は、三郡を信雄に、一郡を弟の信包に宛行《あてが》った。信長は平定後、信忠や信澄（甥）を同道させて「見物」に出掛け、検分後は要所要所に要害の構築を命じて安土に帰城した。

方面軍では、秀吉軍が鳥取《とっとり》城を兵粮攻めによって落城させ、因幡国をほぼ平定した。勝家の北陸軍も加賀国に続いて能登国も平定する成果を挙げ、能登国は前田利家が拝領した。

また、信長の家臣に準ずる立場になっていた徳川家康が武田方の高天神《たかてんじん》城を攻囲していたが、信長の深謀遠慮から出た指示を受けて降伏を許さず、殲滅作戦を遂行した。武田方として孤軍奮闘していた高天神城を救援できない勝頼の無力ぶりをアピールする狙いであり、翌年の武田氏滅亡への序曲となった。

天正十年

天正十年（一五八二）は本能寺の変の年である。信玄以来の宿敵武田氏を討滅し、「天下統一」が具体的に見えてきた年となった。武田攻めは、「先鋒《せんぽう》」の大将である信忠が破竹の勢いで侵攻し、信長の到着を待たずして勝頼父子を討ち取る功名を挙げた。

征服後の主な知行割は、甲斐国は河尻秀隆に、駿河国は徳川家康に、上野国《こうずけのくに》は滝川一益に、信濃国のうち四郡は森長可に、一郡は毛利長秀に、それぞれ与えた。武田の降将穴山梅雪《あなやまばいせつ》（武田信君《のぶただ》）や木曽義昌《きそよしまさ》には、本領安堵や新知行も与えて優遇した。最大の戦功を挙げた信忠には「天下」も譲る旨を公表し、その功に報いた。

五月末には中国の毛利氏、四国の長宗我部氏を討伐する予定で上洛していたが、六月二日黎明《れいめい》、明智光秀の軍勢に包囲・攻撃され、自害して四十九年の生涯を閉じた。

本能寺の変直前の四囲の状況を概観すると、東国では、上杉氏は謙信急死後の内乱で勢力を減退させて風前の灯《ともしび》であり、関東の雄、北条氏も帰属して保身に汲々《きゅうきゅう》とする有様だった。東北の諸大名も伊達家をはじめ信長に誼を通じており、遠方でもあり、あからさまに敵対する勢力は皆無に等しい状況になっていた。西国に目を向けると、敵対している毛利氏と長宗我部氏も信長軍に対抗できる状況にはなかった。九州についても、大友《おおとも》氏、龍造寺《りゅうぞうじ》氏、島津《しまづ》氏ともに誼を通じてきており、天下統一は目前に迫っていた。

早足で天正十年まで記述したが、この間に、この本の主題ともいうべき方面軍が誕生し、そして拡大成長していくことになる。先に断ったように時系列で追いかけていくと軍団の記述が細切れになってしまうので、軍団別にその成長過程を見ていくことにする。

軍団とひと口に言ったが、その定義は曖昧《あいまい》である。目安として動員人数が万単位を想定しているが、あくまで目安に過ぎない。方面軍といわれることもあるが、柴田勝家や羽柴秀吉のように北陸方面、中国方面と、担当方面がほぼ固まっている軍団には適するが、明智光秀の「畿内方面軍」という呼称はあまりしっくりこない。

軍団長の名前を付して柴田勝家軍、羽柴秀吉軍、明智光秀軍という呼び方をするが、信長の家臣の中で軍団長と呼べる武将は限られている。後継者の信忠、四国攻めの総大将に抜擢された三男の信孝という二人の息子、家臣では勝家、信盛という織田家を代表する二人の重臣、さらに一僕の身から取り立てられた秀吉、一益、光秀の七人に過ぎない。Ⅱ部で順に見ていくことにしよう。

II　各軍団

第六章　織田信忠軍

1　信忠軍の派閥

嫡男信忠

信長の家臣団は他の戦国大名と比べ一門衆の力が弱い。一門衆には、信忠《のぶただ》・信雄《のぶかつ》・信孝《のぶたか》の三人の息子、弟の信包《のぶかね》、甥の信澄《のぶずみ》がいるが、庶兄の信広《のぶひろ》や、叔父で一人生き残っていた信次《のぶつぐ》はともに天正二年（一五七四）の長島《ながしま》攻めで討死してしまった。従兄弟《いとこ》にもこれといった有力な軍団を任せた者はいない。

信長の織田家は嫡流ではなかったが、守護代家をはじめ他の織田家は早い段階で没落し、織田を名乗る家系もほとんどいなくなった。信長は自分に近い一族だけに織田を名乗ることを許し、他の織田家は津田《つだ》氏などに改姓させた気配がある。「貴族織田と称せんことを憚《はばか》って、津田と名乗」らせたといわれる。織田氏を名乗る有力武将では、信長の織田家に近い小《お》田井《たい》織田家出身といわれる織田信張《のぶはる》くらいしか見当たらなくなる。他は織田を憚って改姓し、一族の扱いを受けている織田氏はいない。

家督を信忠に譲った信長に残された課題は、信忠軍の強化である。また、他家に養子入りしたとはいえ、次男の信雄軍や三男の信孝軍の増強も図り、信長を頂点としたピラミッドを構築する必要があった。

信長の嫡男信忠は弘治三年(一五五七)の生まれである。信長二十四歳の時の子になる。第一子とすれば少し遅いだろう。一説には信長と同じ五月生まれという。長子ではなかったという説もあり、塙直政《ばんなおまさ》の妹「直子《なおこ》」との間に生まれた信正《のぶまさ》、また侍女「中条《ちゅうじょう》」との間に生まれた「乙殿《おつどの》」(塙原左京亮《はいばらさきょうのすけ》)が庶長子という説もある。信正は良質な史料では確認できない。乙殿についても、雅楽介《うたのすけ》や左京亮と称したと伝わるので、九男の信貞《のぶさだ》(塙原氏を称す)と共通しており、同一人物の事績が混同して伝わったのだろう。

信忠は、幼名を奇妙《きみょう》(寄妙)または奇妙丸(寄妙丸)、元服して勘九郎《かんくろう》(菅九郎とも)信重《のぶしげ》、天正二年正月には諱《いみな》を信忠に改めた。同三年には秋田城介《あきたじょうのすけ》に任じられたが、これは信長が東北への侵攻を視野に入れて任官させたものだったともいわれる(異説あり)。すでに天正元年から伊達《だて》氏など東北諸大名との交渉も開始しており、長篠《ながしの》の戦いの勝利によって、より具体的な動きを推進するための布石だった。

信忠の母親は生駒《いこま》氏（久庵《きゅうあん》）である。小説の題材として持てはやされた史料『武功夜話』では、「吉乃《きつの》（吉野）」と呼ばれるが、信長の幼名「吉法師《きっぽうし》」の「吉」から命名されたという見方もあり、にわかには信用できない。生駒家宗《いえむね》の娘、信長馬廻の家長《いえなが》の妹である。家長は元亀元年（一五七〇）の越前侵攻の時には信長を庇《かば》って負傷したこともあった。

「久庵」は、信忠を産んだ翌年には次男の信雄、その翌年には長女の「徳《とく》」（徳姫）を相次いで出産した。連年の出産が影響したものか、永禄九年（一五六六）五月十三日に没した。

信長は、自分が家督相続で実弟と争った経験を踏まえ、次男以下を早々に他家に養子入りさせ、信忠が唯一の後継者であることを内外に示して次男以下とは異なる待遇を与え、いわゆる帝王学を学ばせた。優等生の信忠はその期待に応えたが、ときには反抗的な面も見せ、信長から叱責されたこともあった。

信忠の一族

ここで信長の子供、つまり信忠の兄弟・姉妹について少し触れておく。次弟信雄は伊勢の名門北畠《きたばたけ》氏の養子に、三弟信孝も北伊勢の神戸《かんべ》家の養子にそれぞれ送り込まれ、その下の弟信房《のぶふさ》（勝長《かつなが》）は武田《たけだ》氏に人質として拉致《らち》された。五弟と推測される秀勝《ひでかつ》は秀吉《ひでよし》の養子となった。秀勝より下の弟は、本能寺《ほんのうじ》の変の時には幼少であり、秀吉の時代に成人した。

姉妹については、信長生前に嫁したのは、先に触れた「徳」、蒲生氏郷《がもううじさと》に嫁した娘（冬姫《ふゆひめ》と呼ばれるが、誤伝）、前田利家《まえだとしいえ》の嫡男利勝《としかつ》（利長《としなが》）に嫁した「永《えい》」くらいである。丹羽長重《にわながしげ》に嫁した息女は、信長生前には婚約していたようだが、嫁したのは本能寺の変後である。柴田勝家《しばたかついえ》の嫡男権六《ごんろく》に嫁した息女（のち秀吉の側室となった三の丸、二条昭実《にじょうあきざね》室）は、滝川一益《たきがわかずます》の息女で、信長の養女として嫁いだと思われる。変がなければ、信忠の兄弟や姉妹が嫁いだ武将も一門として信忠を支えることになったと思われる。

主な一門衆には、津田又十郎《またじゅうろう》、同源三郎《げんざぶろう》、同勘七郎《かんしちろう》、同九郎次郎《くろうじろう》、同小藤次《ことうじ》がいる。一門衆は、太田牛一《おおたうしかず》自筆の『信長記』にも、「殿」の敬称付で記載され、敬意が払われている。

又十郎は、信長の弟長利《ながとし》（長則《ながのり》）と伝わる人物である。信忠の叔父にあたる。元亀三年（一五七二）十二月六日付の朱印状で六十貫文の地を没収されている。天正二年（一五七四）の長島攻めでも信忠に従って従軍し、同九年の馬揃《うまぞろ》えでは一門衆として信忠に扈従《こじゅう》している。変直後の六月二十二日、丹羽長秀《ながひで》と羽柴《はしば》秀吉が連署して那和《なわ》和泉守に対し、「津田又十郎殿の夫人がその地にいると聞いている。お世話してこちらへ送り届けて欲しい。ただし、本人の意思次第である」と指示しており、信長の一族として遇されていることが分かる（『松濤棹筆《しょうとうとうひつ》』）。

津田源三郎（御坊）は、系図には勝長として記される信長の子息である。母親は信長の叔父織田信次の娘と推測される。信長の従妹《いとこ》にあたる。美濃岩村《いわむら》城主の遠山景任《とおやまかげとう》（妻は信長の叔母という）の養子として送り込まれたが、武田信玄《しんげん》への人質として甲府《こうふ》へ送られた。おそらく武田氏のもとで元服し、源三郎勝長と称したのだろう。源は甲斐源氏の源、三郎は信長の通称、勝は勝頼《かつより》の勝、長は信長の長である。長篠の戦い以降、戦略を誤った勝頼は劣勢となるなか、信長との和睦《わぼく》を模索し、天正八年頃佐竹《さたけ》氏を頼って勝長を尾張へ送り届けた。勝長は、尾張帰国後と思われるが、勝頼からの書状も受けている。織田と武田の架け橋となろうとしたのかもしれないが、信長は信玄の裏切りを許すことができず、武田氏は殲滅《せんめつ》する方針を立てており、勝長も苦慮しただろう。信長のもとに戻り、犬山《いぬやま》城を与えられ、信長の子息らしく信房と改名した。妻は池田恒興《いけだつねおき》の息女である（異説あり）。一門衆に列し、信長や兄信忠とも関係の深い池田氏の息女を娶《めと》って将来を嘱望されたが、本能寺の変で討死した。

津田勘七郎は、諱を「信式」「信弐」「信武」などと記されるが、字形がよく似ているので誤写が含まれていると思われる。信長の姉「くら」の婿大橋重長《おおはししげなが》の子である。織田（津田）を称しているので、実母は「くら」だろう。信長の甥、信忠の従兄弟である。没年齢から逆算すると弘治元年（一五五五）生まれとなる。信忠の二歳年長である（『津島十一党家伝記及牛頭天皇社記』『兵家茶話《へいかちゃわ》』『士林泝洄《しりんそかい》続編』ほか）。

津田九郎次郎は、諱は元嘉《もとよし》とも元秀《もとひで》とも信治《のぶはる》ともいうが不確かである。祖父は尾張比良《ひら》城主寛元《とおもと》、祖母は小田井織田家の娘である。父は元定《もとさだ》、母は岩倉《いわくら》織田家の織田伊勢守信安《のぶやす》の妹。九郎次郎は信長の妹を妻とした。事績はそれほど伝わっていないが、確実なものでは、永禄十二年（一五六九）と推測される四月二十日付信長朱印状で、信長が帰国したあとの警固を池田恒興らとともに命じられている。天正元年朝倉《あさくら》氏滅亡後の越前に留まり政務をこなしたが、一向一揆の蜂起《ほうき》により命からがら越前を脱した。この頃は滝川一益の与力的な立場だった。天正四年二月五日、津田宗及《そうぎゅう》（堺の豪商）の茶会に塙宗巴《そうは》（塙直政の一族だろう）、神戸助左衛門とともに出席している姿が見られる（『宗及自会記』）。他の二人は塙直政の臣と思われるので、九郎次郎も直政の与力に転じたのかもしれない。直政討死後は、信忠付になったのだろう。天正十年の武田攻めにも従軍し、恵林寺《えりんじ》焼き討ちの奉行を務めた（『大阪青山短期大学所蔵文書』『因府録《いんぷろく》』『阿淡藩翰譜《あたんはんかんふ》』『平氏津田系譜』ほか）。

津田小藤次は、滝川一益に仕えた津田小平次秀政《ひでまさ》（正秀《まさひで》）と紛らわしいが、別人である。『丹波家興敗略記《たんばけこうはいりゃっき》』には信孝の後見として登場するが、信忠付だっただろう。

また、母方の大叔父である西尾義次《にしおよしつぐ》（吉次）は、信忠の家督相続後も引き続き信長の側近として奉行職などを務めており、信忠付にはならなかったようである。一族（母の従弟《いとこ》）の坂河甚五郎《さかがわじんごろう》は、二条御所《にじょう》で信忠に殉じた。

以上、主な一門衆を記したが、連枝《れんし》（貴人の親族）として敬意を払われたものの、大身の者はいない。

信忠軍の構成

信忠は天正三年（一五七五）末に織田家を相続したことで、家老も引き継いだのだろうか。かつて信長に付けられた四人の家老のうち、この時まで存命だと思われるのは林秀貞《はやしひでさだ》一人だけだと思われる。二番家老だった平手《ひらて》家は嫡系の汎秀《ひろひで》が三方ヶ原《みかたがはら》で討死しており、家老職に就く人材はいない。三番家老の青山《あおやま》家も家老ではなく信長の奉行職に留まっているに過ぎない。末席だった内藤勝介《ないとうしょうすけ》は、家老職が疑問視されており、そもそもその最期もはっきりしない。信忠の家老となった徴証もない。一人秀貞のみが家老として残ったが、秀貞も天正八年には追放された。

家老という意味では、当初は佐久間信盛《さくまのぶもり》、のちには河尻秀隆《かわじりひでたか》がその役割を果たしたようである。長篠の戦いの時、信長は開戦直前に秀隆に兜《かぶと》を下賜し、秀隆を伴って信忠の陣に赴き、「敵が攻めてくれば、真丸になって迎え撃て」などと作戦を指示し、危急の時は秀隆を名代として派遣するが、その時には秀隆の下知に従うよう厳命した。信長の代将ともなる秀隆の地位の高さを窺《うかが》わせる逸話であり、信忠との関係も示していよう。天正十年の武田攻めの時には、信忠が戦功に逸《はや》っていることを感じた信長は、秀隆に信忠を輔弼《ほひつ》する役目を与えている。

信長の乳兄弟の池田恒興も長い間信忠付となっていた。恒興の仮名《けみょう》（通称のこと）は勝三郎《しょうざぶろう》だが、「三郎」は信長の仮名三郎からの拝領である。恒興の嫡男元助《もとすけ》は勝九郎《しょうくろう》と名乗っているが、「九郎」も信忠の仮名菅九郎からの拝領だろう。元助の妻は伊勢貞良《いせさだよし》の娘だが、貞良室は信長の正室濃姫《のうひめ》の妹であり、その娘は濃姫の姪にあたる。濃姫はこの姪を養女としていたが、養徳院《ようとくいん》（信長の乳母《めのと》。恒興の母）の希望により、元助に娶《めあわ》せた。また、もう一人の妻（後室か）は、塩川長満《しおかわながみつ》の娘である。信忠の妻も長満の娘であり、元助と信忠は相婿になる。父親同士が乳兄弟であり、本人同士は相婿という近い関係にあった。恒興・元助父子ともに信忠に仕えたが、のち池田父子は信忠軍から離れ、独自の軍団として小部隊ながら摂津国を任され、本願寺《ほんがんじ》退去後の大坂《おおさか》城を管轄した。信忠時代になれば大きな待遇が待っていただろう。

初期の有力家臣だった、森可成《もりよしなり》、坂井政尚《さかいまさひさ》の後継者も信忠軍団に付けられた。また、濃姫は信忠を養子にしたという史料もあり、斎藤《さいとう》一族である斎藤利治《としはる》も信忠軍に属している。利治は、天正二年の長島攻めでは信忠の指揮下にあったが、その後の越中攻めでは大将として出陣し、援軍として信忠付の毛利長秀《もうりながひで》、坂井越中守、森長可《ながよし》、佐藤秀方《さとうひでまさ》を付属された。一時的に信忠軍団から離れたことはあったが、いずれは信忠の直臣に戻り、重用されただろう。

本国である尾張出身の家臣では、山崎正道《やまざきまさみち》がいる。天正七年六月に信忠から所領を宛行《あてが》われている。喜多島《きたじま》和泉・忠右衛門父子も信忠に仕えた。和泉は初め信長に仕えたが、高齢となり信忠付となって岐阜《ぎふ》城の定番《じょうばん》となった。信忠没後は婿の堀秀政《ほりひでまさ》を頼って越前へ赴いた。子の忠右衛門は最初から信忠付だったが、信忠没後は父とともに堀秀政に仕え、のち織田秀《ひで》信《のぶ》（信忠嫡男）に転仕し、関ヶ原《せきがはら》陣では岐阜城に籠城《ろうじょう》して東軍と戦った（『岡山藩家中諸士家譜五音寄《ごおんよせ》』ほか）。尾張の名門である毛利長秀も信忠付となっている。

美濃出身では、遠山佐渡守と同一人物と見られている延友《のぶとも》佐渡守（神篦《こうの》城主）は、信長に属したのち、信忠付に転じている。天正元年九月六日、信忠から岩村城が武田方に寝返った時の忠孝を賞され、領地を安堵《あんど》されている（『遠山家文書』）。武田に内通したこともあった郡上郡の遠藤《えんどう》氏も信長の家臣から信忠付になったと思われる。

稲葉一鉄《いなばいってつ》の三男土井《どい》（稲葉）勝右衛門尉《しょうえもんのじょう》は、元亀二年（一五七一）に土井出雲守直定《なおさだ》の養子となり、諱を勝通《かつみち》から直政《なおまさ》に改名し、信長・信忠父子に仕えた。その後、信長の命で土井から稲葉に復姓し、稲葉頼母《たのも》と名乗った。信忠付となり、天正九年十一月二十五日、追放された安東守就分など二百五十九貫文の知行を賜っている（『本能寺文書』）。

信忠の家臣団は、本国の尾張、美濃を中心に一門衆を与力として付与されていた。一門衆では、相婿で父親同士が乳兄弟である池田元助は有力な家臣である。次弟の信雄、三弟の信孝、叔父の信包は一門だが、それぞれ独立しており、信長の家臣であり、信忠の純然たる家臣ではない。合戦では信忠の指揮下に入るが、あくまで与力的な存在である。

妻の実家である塩川氏も一門になるが、分限は小さい。大身の家臣では、後見役の河尻秀隆は武田攻めのあと甲斐一国（穴山梅雪旧領は除く）を拝領している。池田恒興の婿養子の森長可も武田攻め後は信忠の与力となっているが、その代わりに池田父子は摂津の支配権を与えられて、信忠から離れた。

山鹿《やまが》流軍学の祖、山鹿素行《そこう》が著した『武家事紀』の諸家陪臣の項には、信忠の家臣として鎌田五左衛門《かまたござえもん》（新介）、杉村《すぎむら》長右衛門が特筆されている。五左衛門の長兄鎌田助丞《すけのじょう》は稲生原《いのうはら》の戦いで討死し、次兄の江次《えじ》は喧嘩《けんか》がもとで絶命したという兄弟揃って無骨者の家系である。五左衛門も長篠の戦いで軍令違反して改易《かいえき》されたが、信忠が五左衛門の力量を評価し、召し抱えた。本能寺の変では、信忠を介錯《かいしゃく》したが、自らは自害せずに逃れたという。世間からも非難され、高野山《こうやさん》で逼塞《ひっそく》していたが、福島正則《ふくしままさのり》に仕え、朝鮮の陣で矢に当たって討死した。妻は信長の一族である織田与三郎（佐渡長重《さわたりながしげ》）の息女であり、二条御所でともに籠城した団《だん》忠正《ただまさ》とは相婿でもあった。

杉村長右衛門は、信長の弟信与《のぶとも》の小姓《こしょう》を振り出しに転々とした。主の信与が元亀元年、長島一揆に攻められて討死したため、佐久間信栄《のぶひで》（信盛の嫡子）に転仕し、小谷《おだに》攻めにも従軍した。浅井《あざい》勢の策略に信長の軍勢が引っかかって敗北したが、長右衛門が返し合わせて撃退したという逸話もある。この武功を聞いた秀吉に招かれ、黄母衣衆《きほろしゅう》として秀吉に仕えた。織田信澄も長右衛門を招いたが、長右衛門は「信澄は異風人であり、まだ若いために意に沿わないことがあれば侍として疵《きず》がつくかもしれない」として出仕を断った。さらに秀吉から柴田勝家に転仕し、手取川《てどりがわ》の戦いでも力戦し、その後信忠に招かれた。勝家は人馬を仕立てて長右衛門を岐阜の信忠のもとに送り届けたという剛勇の士だった。

2　信忠軍の成長

信忠の戦績

信忠の初陣は遅く、元亀三年（一五七二）七月、十六歳の時である。これ以前に元服していたと思われるが、幼名の「奇妙」で呼ばれることもあり、『北畠物語』『勢州《せいしゅう》軍記』などの軍記物では、元亀三年正月に信忠、信雄、信孝の三人が同時に元服したと記されている。元服して、勘九郎（菅九郎）信重と名乗った。

信忠は初陣以降、常に信長と同陣していたが、天正二年（一五七四）の長島攻めでは、信長とは別軍で東方面の市江口《いちえぐち》からの侵攻を受け持った。御供衆《おともしゅう》は、織田信包、津田秀成《ひでなり》、同長利、同信成《のぶなり》、同孫十郎《まごじゅうろう》など叔父・従兄弟といった一門衆をはじめ、斎藤利治、簗田広正《やなだひろまさ》、森長可、坂井越中守、池田恒興、長谷川《はせがわ》丹波守、山田《やまだ》三左衛門、梶原景久《かじわらかげひさ》、和田《わだ》定利、中島《なかじま》豊後守、関共成《せきともなり》、佐藤秀方、市橋伝左衛門《いちはしでんざえもん》、塚本小大膳《つかもとこだいぜん》らの尾張・美濃衆である。初めての単独軍であり、叔父の信包らが補佐しただろう。

翌三年三月下旬、武田勝頼が三河国足助口《あすけぐち》へ侵攻してきた。この時、信長は上洛《じょうらく》中であったため、信忠は尾張衆を率いて単独で出陣した。信長を離れての単独行動はこの時が初めてだったが、その戦果は分からない。しかし、同年の長篠の戦いで勝利したあと、東美濃の岩村城を攻略し、城主の秋山虎繁《あきやまとらしげ》(信友《のぶとも》)を岐阜へ送還する武功を挙げた。信長は長良川《ながらがわ》の河原で虎繁を磔刑《たっけい》に処し、秋山の妻となっていた叔母は信長自ら斬ったという。

こうした実績もあり、天正三年十一月二十八日、信忠は父信長から岐阜城を継承し、名刀をはじめとした名宝も引き継ぎ、尾張・岐阜の二か国を譲り受けた。

天正五年二月、信長は大軍を率いて、本願寺の兵站《へいたん》基地ともいえる雑賀《さいか》を攻撃した。信忠は尾張・美濃衆を率いて二月九日に出陣し、一門衆も合流した。この時の動員は五畿内のほか、本国の尾張・美濃、さらに伊勢、近江、越前、若狭、丹後、丹波、播磨の十四か国の軍勢を動員した。

信長軍は、浜手《はまて》と山手《やまて》に分かれて侵攻し、信忠は一門衆らを率いて、敵の前線拠点である中野《なかの》城を攻略した。雑賀攻めは苦戦したが、信長は土橋胤継《つちばしたねつぐ》、鈴木孫一《すずきまごいち》ら七人衆の帰参を認めることで勝利を取り繕い、帰陣することとなった。信長自身が総大将を務めた戦陣は結果的にはこれが最後となった。これ以降は信忠が総大将を務めることになる。同年十月、信貴《しぎ》山《さん》城の松永久秀《まつながひさひで》攻めを皮切りに、翌六年四月の大坂本願寺攻め、翌月の播磨攻め、荒木《あらき》攻め、最後となった武田征伐など戦歴を重ねた。

信忠の晴れ舞台となった信貴山城攻めは、信忠が総大将となって、佐久間信盛、羽柴秀吉、明智光秀《あけちみつひで》、丹羽長秀が参陣した。前哨戦《ぜんしょうせん》となった片岡《かたおか》城攻めは九月二十八日から光秀が先陣の大将となって細川藤孝《ほそかわふじたか》・忠興《ただおき》父子、筒井順慶《つついじゅんけい》、山城衆らを率いて攻囲した（『松雲公採集遺編類纂』）。同城には久秀の家臣森（左馬進《さまのしん》か）氏、海老名《えびな》（助之丞《すけのじょう》か）氏が籠城していたが、忠興の目覚ましい働きなどで攻略した。忠興には当時でも珍しく信長自筆の感状が与えられ、忠興は終生これを誇りにした。また、あまり知られていないが、尼子《あまご》氏の復興を目論《もくろ》んでいた山中鹿介《やまなかしかのすけ》も光秀軍に従軍し、一番乗りして敵の大将、河合将監《かわいしょうげん》を討ち取る功名を挙げている（『藤井氏旧蔵文書』）。

本城の信貴山城は、十月三日から包囲し、十日には落城した。片岡城攻めからでも十日余りしか経過しておらず、この戦果は目覚ましいものがあった。のちの荒木攻めが一年以上かかったことを思えば、もっとてこずっていても不思議ではなかった。久秀の籠城準備は周到であり、兵粮《ひょうろう》攻めに対しては壁土に食料を混ぜたり、城内に食料となる植物を栽培するなど長期戦に備えた準備を施していたといわれる。

軍勢の面でも、大和国内には久秀与党もおり、長期化すれば由々しき大事になっていたはずである。その意味では、信貴山城攻めの戦功はもっと喧伝されていいだろう。現在では天下統一戦の中の一つの戦いという認識だが、当時、その武功は高く評価されていた。信忠は攻略後に上洛し、十月十五日には従三位左中将《じゅさんみさちゅうじょう》に叙任される栄に浴した。

翌天正六年二月、秀吉の播磨攻めに従っていた別所長治《ながはる》が突然毛利氏に寝返り、三木城《みき》に籠城した。播磨最大の大名でもある別所氏の離反は来《きた》るべき西国攻めに大きな影響を与えた。敵対した別所氏を攻める前に畿内を固めておく必要があるため、四月に本願寺を攻囲した。信忠が大将となって、五畿内をはじめ、尾張、美濃、伊勢、近江、若狭から動員し、一門衆では信雄、信包、信孝、信澄、大将クラスでは、滝川一益、明智光秀、蜂屋頼隆《はちやよりたか》、丹羽長秀が参陣する大規模な動員だった。しかし、四月四日に出陣したものの、六日に木津《きづ》、楼の岸《ろうきし》で麦苗を薙《な》ぎ捨てただけで八日には京都に帰陣した。表向きはこれといった成果のない出陣だったが、本願寺に対して示威行動をすることで播磨攻めの前に後方を固める狙《ねら》いだったのだろう。

五月には信長が総大将となって毛利勢と雌雄を決する覚悟を示し、信忠に対しても四月二十四日付で朱印状を発給して諸勢を上洛させるよう指示した。一門衆の信雄、信包、信孝にも同様に上洛命令を伝えるよう厳命している。

敵勢の様子を探るために、四月二十九日には先陣として滝川一益、明智光秀、丹羽長秀らが出陣し、五月一日には信忠をはじめとした一門衆に細川藤孝、佐久間信盛らが従軍し、尾張・美濃・伊勢の人数を従えての出陣となった。毛利方に転じた別所氏の属城である神吉《かんき》城攻めでは、信忠は一門衆の信孝のほか、林秀貞、佐久間信盛、細川藤孝らを従えて攻囲した。秀貞は信忠の家老として同陣していたのだろう。

滝川一益、稲葉一鉄、蜂屋頼隆、筒井順慶、武藤舜秀《むとうきよひで》、明智光秀、氏家直通《うじいえなおみち》、荒木村重《むらしげ》らが先陣として四方から攻撃したが、一気に攻略はできずに包囲戦に切り替えた。手薄になっていた南方面は叔父の信包が受け持ち、丹羽長秀の率いる若狭衆は東方面に移陣し、その間の東南方面から一益の軍勢が攻め込み、大鉄砲や地下道を掘削するなどの戦法でようやく攻略することができた。神吉城攻めでは、信孝が足軽衆に交じって先陣を駆ける活躍をし、一益が負傷するなど、かなりの激戦だった。信忠は、神吉城攻略後、三木城も攻囲したが、長期戦の様相となったため秀吉に任せ、有馬《ありま》に湯治に出掛けた（『安土《あづち》日記』）。

この年十月には摂津国を任せていた荒木村重謀反の報が入り、信忠は、信雄、信包、信孝の一門衆に加え、越前衆の不破直光《ふわなおみつ》、前田利家、佐々成政《さっさなりまさ》、原政茂《はらまさしげ》、金森長近《かなもりながちか》、さらに日根野弘就《ひねのひろなり》・盛就《もりなり》（斎藤旧臣）の兄弟も従えて出陣した。荒木攻めは長期にわたり、信忠は翌七年三月四日、信雄、信包、信孝とともに上洛し、翌五日には父信長とともに有岡城攻略に向けて出陣した。信長は鷹狩《たかがり》や箕面《みのお》の滝の見物など物見遊山である。「御狂《おくるい》」と呼ばれる擬似合戦で憂さを晴らしたりもしており、実戦は信忠が総大将となって指揮を執った。

天正八年には、既述のように佐久間信盛、林秀貞、安東守就らが追放されたが、信盛の七か国にまたがる与力衆は再編され、近江衆は信長の直臣となったが、尾張衆は信忠軍団に組み入れられた。また、秀貞や守就の与力も信忠付となったと思われる。

その後、信忠は能楽に凝ったことなどで信長の勘気に触れたようだが、しばらくして許された。天正十年の武田攻めでは期するところがあったものか、功名に逸っていた。信長が総大将だったが、実質的には先陣の信忠が武田軍を葬った。

信忠軍の使命

天正十年（一五八二）三月、信長は、信忠に対し武田攻めの功を賞し、「天下の儀も御与奪なさるべきの旨」を公表し、国割《くにわり》も発表した。

甲斐国は穴山梅雪の旧領を除いて河尻秀隆に、駿河国は徳川家康《とくがわいえやす》に、上野国は滝川一益に、信濃国は高井《たかい》・水内《みのち》・更科《さらしな》・埴科《はにしな》の四郡は森長可に、木曽谷《きそだに》二郡と安曇《あづみ》・筑摩《ちくま》の二郡は木曽義昌《よしまさ》に、伊那《いな》郡は毛利長秀に、諏訪《すわ》一郡は甲斐の穴山旧領の代わりに秀隆がそれぞれ拝領した。小県《ちいさがた》・佐久《さく》の二郡は一益が拝領し、岩村は団忠正、兼山《かねやま》と米田島《よなだじま》は森長可の働きにより、弟の森成利《なりとし》（乱《らん》）が拝領した。

こうした状況で家康以外は、信忠の管轄下に入ったと思われる。家康は家臣に準じた存在だが、他の家臣とは別格であり、信長に直属したかたちになっただろう。東国エリアは信忠が管掌するようになったが、西国攻めも迫っており、毛利氏、長宗我部《ちょうそかべ》氏を打ち破れば、新たな展開が待っていたと思われる。大幅な国替えが予想され、信忠も岐阜城に留まっていたかどうか分からない。

武田討滅後の信忠軍は、上野国を拝領して北条氏や東北大名の目付役となった一益、甲斐一国の大名となった河尻秀隆、信濃国川中島《かわなかじま》に入部した森長可、木曽を本拠とする木曽義昌、伊那郡を拝領した毛利長秀、武田の降将穴山梅雪、岩村を新たに拝領した団忠正を麾下《きか》に加え、東国エリア全体を管轄する使命を与えられた。彼らの大半は新領地の支配などに追われ、信忠の最後の上洛に従ったのは、団忠正くらいである。

最終的な後見役は河尻秀隆だったが、一時的に佐久間信盛もその任に当たっていたことがある（前述）。信長は、天正三年と推測される六月二十八日付で信盛からの三河国武節《ぶせつ》城攻略の報に返報し、次の作戦として岩村へ出陣することを許可した上で、同陣する信忠のことを気遣い「たびたび申しているが、菅九郎（信忠）は若年であるので、くれぐれもしっかり後見するよう」指示している。信盛は天正四年から本願寺攻めに専念することになったため、信忠の後見役は秀隆が専従することになったのだろう。

池田恒興・元助父子は、天正六年の荒木村重の謀反によって信忠軍を離れ、荒木攻めに専念することになった（前述）。村重の旧臣だった中川清秀《なかがわきよひで》や高山右近《たかやまうこん》らの比較的大身の武将から塩川長満、安部良秀、中西新八郎《なかにししんぱちろう》、星野左衛門《ほしのさえもん》、宮脇又兵衛《みやわきまたべえ》、隠岐《おき》土佐守、山脇勘左衛《やまわきかんざえ》門《もん》らの小身衆までを与力とし、摂津の旗頭《はたがしら》となった。相婿の元助が池田家の軍勢を率いることも多くなり、ゆくゆくは池田家を継ぎ、信忠の右腕となると期待された。

本能寺の変後の信忠

本能寺の変の時、信忠は妙覚寺《みょうかくじ》に宿泊していたが、村井貞勝《むらいさだかつ》からの急報で変事を知って駆けつけようとしたが、すでに本能寺は重囲に陥っていた。そのまま安土、岐阜へと帰還し、態勢を立て直して光秀を討つという選択肢があったが、信忠は要害堅固な二条御新造に移って光秀軍を迎え撃つ道を選んだ。

信忠の判断ミスと批判されることもあるが、どうであろう。確かに討死してしまったのだから結果的には早計だったのかもしれない。しかし、のちに光秀を討ち取ったとしても父信長を見捨てて落ちたことに変わりはない。光秀は事前の準備をしていなかったものの、信忠が懸念したように落ち武者狩りに遭う可能性もあったはずである。また、かつて足利義昭《よしあき》が御座所の本国寺に籠城して三好《みよし》軍を撃退したように、二条御新造で防戦している間に後詰《ごづめ》が来る可能性もあった。妥当な判断だったと評価したい。

二条御新造での籠城戦は、もともと同じ織田家中なので顔見知りも多く、戦闘は激烈を極めた。信忠軍は多勢に無勢、しかも素肌に帷子《かたびら》一重、武具もままならないなかでの応戦だったが、何とか持ちこたえていた。新陰流《しんかげりゅう》の太刀《たち》の極意も相伝していた信忠は「敵軍の中に入り、兵法の古流・当流秘伝の術、英傑の一太刀の奥義を尽くし、切って回って敵勢をなぎ倒す」活躍をしたが、光秀軍は隣接する近衛前久《このえさきひさ》邸の屋根に上り、信忠勢を見下ろすかたちで弓・鉄砲を打ちかけた。この作戦が決定的となり、御殿にも火が回り、最期を悟った信忠は、鎌田五左衛門に介錯を命じ、「切腹後は、縁の板を引き剝《は》がしてその中へ死骸《しがい》を入れて隠せ」と指示し、見事な最期を飾った。宣教師の記録にも「きわめて勇敢に戦い、鉄砲と矢によって幾つもの傷を受けた」と記されている。

信長は謀反を知った時、信忠を疑ったという記録がある。信長は、普段、信忠を「殿、殿」と呼んでいたが、この時も「殿が騙《だま》されて逆心か、殿が謀反には早き」と早合点したと伝わる。また、『三河物語』にも、謀反を知った信長は「上之助《じょうのすけ》（城介＝信忠）が別心《べっしん》（謀反）か」と信忠を疑ったという。光秀側の史料にも「城之助様、御謀反に付き、光秀御味方に参り申し候」と門番を偽って本能寺に乱入したと記しているものがある。史実かどうかは不明だが、状況から判断するとあり得る話ではある。

二条御新造で防戦して討死した面々は、名前しか分からない者もいるが、一門衆、尾張衆、美濃衆、外様衆《とざましゅう》に大別できる。もともと信忠付ではなく、信長の直臣だったが、本能寺の変に間に合わなかったため、二条御新造に籠城した者も多かった。側近は大半が尾張衆であり、信忠の領国からすれば当然だが、本国出身の者が最後まで付き従った。外様衆は信長や信忠に殉じる筋合いはないと逃げ落ちた者も多かっただろう。名のある武将で逃げ落ちた者は少ない。信長の弟長益《ながます》、稲葉貞通《さだみち》、水野忠重《みずのただしげ》くらいだろう。彼らは武将としての名を汚《けが》してしまった。

第七章　神戸信孝軍

1　信孝軍の派閥

冷遇された信孝

信長の三男三七郎《さんしちろう》信孝は、嫡男の信忠は当然としても次兄の信雄にも待遇面で格差をつけられていたが、持ち前の能力と父信長への猛運動の成果が実り、北伊勢の小領主に過ぎなかったが、その率いる軍団は天正十年（一五八二）の四国攻めでは「四国討伐軍」ともいえる拡大を見せた。父信長や長兄信忠、その他の有力武将からも黄金や高価な品物を贈られ、一万四、五千の兵士を率い、「一夜にして大名になった」（『神戸《かんべ》慈円院正《じえんいんしょう》以《い》書状《しょじょう》』）と評された。

信孝は、長兄の信忠、次兄の信雄とは母親を異にしていたこともあり、処遇については、同い年の信雄とは明らかに差別されていた。『信長記』の記述から判断すると、一門衆としての地位は、信忠、信雄、叔父の信包、そして信孝、その次が従兄弟の信澄である。本人も悔しい思いをしていたと思われ、再三信長に訴え、四国攻めも志願したという。

一説によると、信雄よりも二十日余り早く生まれたが、母親の出自が低いため三男にされたとも、また周囲の者が憚って信長への届出を遅らせたからだともいう。信雄の母親は生駒氏、信孝の母は坂《さか》氏である。ともに正室ではなく、生駒氏の方が分限が大きかったとはいえ、家柄を云々《うんぬん》するほどではなく、単に信長との関係の問題だろう。

『神戸録《かんべろく》』によると、信孝は永禄元年（一五五八）四月四日生まれという。長兄信忠は前年の弘治三年（一五五七）に誕生したが、信長は生駒氏を避け（妊娠中、もしくは出産直後）、年増の坂氏に手を出して信孝を孕《はら》ませたのだろう。宣教師の記録にも、長く信長とは別居していたとあり、一時的な関係を持っただけに過ぎないようである。ちなみに、記録によっては信孝を次男とするものもある。

異説として、坂氏はもともとは小島信兼《こじまのぶかね》（民部）の妻だったが、信長の弟信包の妻となり、のち一時的に信長が関係を持って信孝と妹一人を産んだという史料もある。この娘は池田家の家臣加藤兵庫《かとうひょうご》の妻となったという（『先祖由緒幷一類附帳』）。しかし、信包の生年から判断すると誤伝と思われる。

なお、信孝の仮名《けみょう》（通称）は三七郎である。三七（郎）を幼名のように記したものがあるが、仮名の間違いである。

他方、母親の出自「坂氏」についても異説がある。信孝の母方の祖父は二宮《にのみや》長門守入道一《いち》楽斎《らくさい》という記録である。単純に理解すると母は坂氏ではなく二宮氏ということになる。二宮氏は、織田氏と同様、斯波《しば》氏の家臣であり、守護代も務めた家柄だったが、信長時代に尾張でそれなりの力を持った二宮氏は見当たらない。真偽のほどは不明である。

信孝の一族

信長は、永禄十年（一五六七）から北伊勢攻めを開始し、翌年の北伊勢攻略時に、神戸城主の神戸具盛《とももり》（友盛）の養嗣子として信孝を神戸家に入れた。信孝の最初の妻は具盛の娘である。

神戸氏は、鎌倉の御家人の系譜を持つ関氏の支流で、伊勢国河曲《かわわ》郡神戸郷を発祥とする。具盛は、長盛《ながもり》の次男で僧籍にあったが、兄が早世したため還俗《げんぞく》して神戸家を継いでいた。一説には、具盛は北畠晴具《はるとも》の弟ともいう。北畠具教《とものり》の叔父にあたる。妻は、六角《ろっかく》氏の重臣蒲生定秀《さだひで》の娘（氏郷の父賢秀《かたひで》の姉妹）である。

信孝の傅役《もりやく》には幸田孝之《こうだたかゆき》（彦右衛門《ひこえもん》）が抜擢《ばってき》され、岡本良勝《おかもとよしかつ》、坂仙斎《せんさい》、三宅権右衛門《みやけごんえもん》、坂《さか》口縫殿助《ぐちぬいのすけ》、山下三右衛門《やましたさんえもん》、立木重兵衛《たちきじゅうべえ》らの諸侍が付けられた。縫殿助はのち信長直臣とな衆《しゅう》に加えられたが、元亀元年（一五七〇）に堅田《かたた》で討死した（『勢州《せいしゅう》四家記《しけき》』）。関盛信《もりのぶ》、峰広政《みねひろまさ》、鹿伏兎《かぶと》左京亮らは与力となって信孝に仕えた（『神戸録』）。

幸田孝之は、信孝の乳母の子である。信孝とは乳兄弟《ちきょうだい》になる。神戸氏の旧臣が叛乱した時には、信孝方に付いて討伐軍に加わった。変後も信孝に忠義を尽くし、秀吉との対立では信孝の母親とともに自分の母親も人質に出し、秀吉に磔刑に処された。母親は処刑に臨んで密かに一書を孝之に送り、忠義を貫くように諭したという。孝之は討死したとも、信孝を介錯したとも伝わる。

岡本良勝は、熱田宮神官の出というが、妻が熱田大宮司の娘である。一説には織田氏の支流ともいう。父は重国《しげくに》、母は古田《ふるた》氏。信孝は良勝の宿所で産まれ、良勝が清須《きよす》城まで出産を知らせたという。信孝の母の弟であることから信孝付となった。母方の実の叔父とすれば、信孝の母も岡本氏となるので、信孝の母は一度坂氏に嫁していたということだろうか。もしくは義理の叔父になるのかもしれない。

良勝は、天正二年（一五七四）七月、長島一向一揆攻めで信孝に属して出陣し、峰《みね》城を与えられたという。本願寺の記録には信孝の取次衆とある。武将としてよりも吏僚タイプだったとする史料もある。いずれにしても一族の重鎮として後見役を担っていたが、変後は、秀吉と信孝の反目のなか、幸田孝之とは対照的に信孝を裏切り、秀吉に付いた。姉の信孝母も見捨てたことになるが、信孝の力量を危ぶんでいたのだろう。

信孝の自害後、秀吉に仕えたが、関ヶ原の戦いでは西軍に属し、自害した。この間、文禄《ぶんろく》二年（一五九三）には、稲富《いなとみ》流砲術の祖である稲富一夢《いちむ》（祐直《すけなお》）から鉄砲の印可状も得ている。娘は熱田大宮司の千秋季盛《せんしゅうすえもり》（祖父は桶狭間《おけはざま》の前哨戦で討死した季忠《すえただ》、祖母は浅井信広の娘、父は季信《すえのぶ》、母は水野信元《のぶもと》の娘）の妻となっている（『岡本家文書』『岡本家歴代記』『張州雑志《ちょうしゅうざっし》』ほか）。

坂仙斎は、母の坂氏の一族と思われるが、事歴は不明である。『神戸録』によると、鈴鹿《すずか》郡鹿伏兎《かぶと》の人であり、医者だったという。また、『加太《かぶと》家系図』などによると、坂氏は、関氏に仕えた鹿伏兎氏の支流で、蔵人定住《くろうどさだずみ》が祖という。定住の弟縫殿介も坂氏を称した。この縫殿介が仙斎という。また、前述した坂口縫殿助と坂仙斎は同一人物という説もある。

以上、母方に連なる一族を中心に紹介したが、織田家の一族では、同じ北伊勢を領した叔父の信包と親しかったようである。信孝の妻は、信包の妻の姪である。信包とは叔父・甥の関係だが、妻も叔母・姪の関係であり、二重の縁戚で結ばれていた。

信孝軍の構成

信孝は元亀元年（一五七〇）頃から養父具盛と不和となり、このため信長は元亀二年正月、年始挨拶《あいさつ》に岐阜城を訪問した神戸具盛夫妻を幽閉した。信孝を蔑《ないがし》ろにしたのが理由というが、言い掛かりに過ぎない。具盛は妻の実家である蒲生家に預けられた。

これに伴って神戸旧臣も粛清された。高岡《たかおか》城主の山路《やまじ》弾正忠は切腹させられ、信孝の異父兄の小島民部少輔（小島信兼とは別人）が高岡城主となった。この時の粛清で神戸家の侍百二十人が流浪した。残った四百八十人は「四百八十人衆」として信孝に仕えたという。大将分は、堀内《ほりうち》次郎左衛門《じろうざえもん》、川西喜兵衛《かわにしきへえ》、太田丹後守、同監物、高田《たかだ》雅楽助、同孫右衛門《まごえもん》、村田治部丞《むらたじぶのじょう》、山路玄蕃允《げんばのじょう》、高瀬左近将監《たかせさこんのしょうげん》、佐々木隼人佑《ささきはやとのすけ》、矢田《やた》（矢田部《やたべ》）掃部助《かもんのすけ》、竹岡《たけおか》平兵衛、疋田助右衛門尉《ひきたすけえもんのじょう》、馬瀬《うませ》五郎右衛門らである（『勢州四家記』）。『神戸録』には、このほか山路弥太郎、太田織部介《おりべのすけ》、岡田左馬助《おかださまのすけ》、片岡《かたおか》平兵衛尉、岡部民部《おかべみんぶの》丞《じょう》、高野《たかの》五郎右衛門尉、同次右衛門尉、疋田新藤治《しんとうじ》、佐々木勘三郎、武野《たけの》七九郎、川北《かわきた》忠兵衛尉、馬淵《まぶち》五郎右衛門、古市《ふるいち》九郎兵衛尉、同五兵衛尉、萩野《はぎの》権右衛門尉、同覚兵衛尉らを載せる。

一次史料で確認できる側近には、三宅孫右衛門、同織部、玉井《たまい》彦介、奥村《おくむら》十介、明智勘左衛門らがいる。

伊勢出身者には、九鬼嘉隆《くきよしたか》の甥（妹の子）で養子となった九鬼有綱《ありつな》（広隆《ひろたか》）がいる。父は松木政彦《まつきまさひこ》である。神吉城攻めで功名を挙げ、信長から信孝に与えられた「天目《てんもく》」を、信孝から拝領したという（『紀州家中系譜並に親類書書上げ』）。変後、信孝らが織田信澄を討った時には城門で一番鑓《いちばんやり》の功名を挙げた。のち、信孝の側近としても活躍した。新付《しんぷ》の家臣ながら最後まで信孝に忠義を貫いた小里《おり》（和田）光明《みつあき》とも音信し、忠節次第で新領地が宛行《あてが》われる旨などを通知している。信孝自害後は、桑山重晴《くわやましげはる》、池田長吉《ながよし》（池田恒興の三男）、加藤清正《きよまさ》、黒田長政《くろだながまさ》（黒田官兵衛孝高《よしたか》の嫡男）、小早川秀秋《こばやかわひであき》（秀吉の義理の甥）、藤堂高虎《とうどうたかとら》、徳川頼宣《とくがわよりのぶ》（家康の十男で、初代紀伊藩主）に転仕し、子孫は紀伊徳川家に仕えたという。

風変わりな経歴では、神戸の石塔鍛治国助《せきとうかじくにすけ》の子小林《こばやし》甚兵衛尉がいる。信孝の恩顧に応え、信孝が岐阜城を開城した時、他の神戸侍は大半が伊勢へ帰国し、侍分は二十七人しか残らなかったが、甚兵衛尉もその二十七人の中にあり、最後まで忠義を尽くしたという。

このほか他国衆では、美濃国出身の竹腰《たけごし》甚右衛門がいる。曽祖父の勘解由から武辺の家系である。甚右衛門は斎藤家から信孝に仕え、のち浅野《あさの》家に仕えた。

近江出身の佐々木一族である駒井秀篤《こまいひであつ》も信孝に仕え、賤ヶ岳《しずがたけ》の戦いに臨んでは、佐久間盛《もり》政《まさ》への密書を持参した。最後まで奉公したことを賞され、信孝から形見に弓掛けを拝領した。山路久之丞《きゅうのじょう》（長尾一勝《ながおかずかつ》）も佐々木一族で、伊勢高岡城主として信孝に仕えた。

変わり種は、甲斐武田氏に仕えた岩手信盛《いわてのぶもり》の三男信政《のぶまさ》である。武田家が滅亡した時、十八歳だったが、牢人《ろうにん》して信孝に仕えたという。家譜にあえて信孝に仕えたと記しているので信用してもよかろう。武田の残党狩りは厳しかったが、信孝は四国攻めにあたって広範囲で兵士を徴募したので、多少の前歴には目をつぶって採用したのだろう。信孝に仕えたのは一年余で、信孝の自害後は甲州へ帰国し、戸田忠次《とだただつぐ》の斡旋《あっせん》で徳川家康に仕えた。

尾張衆では、野々垣彦之丞《ののがきひこのじょう》がいるが、山崎《やまざき》の戦いで、斎藤利三《としみつ》の子息利光《としみつ》に討たれた（『塘叢《とうそう》』）。日原（知多《ちた》郡の檜原《ひばら》だろう）を領した日原兵部少の子息喜兵衛も尾張出身である。父の兵部少は、「掻《か》き揚げの城」を持ち、その周辺二里・三里を領していたが、信長に敵対し、一族は大半が討死したという。喜兵衛は信孝に仕え、喧嘩がもとで顔に六、七か所の傷があったが、喧嘩の様子ぶりが良かったので、のち池田家に仕えた（『岡山藩家中諸士家譜五音寄』『吉備《きび》温故秘録』ほか）。

父信長から付けられた傅役は一族や尾張出身者が多く、地縁・血縁関係から信頼できたが、やはり占領地の神戸家旧臣は、最後の最後には頼りにならなかった。

2　信孝軍の成長

信孝軍の戦績

信孝軍の戦績といっても、天正十年（一五八二）に四国討伐軍の大将に抜擢されるまでは北伊勢の一領主の分限であり、単独で軍団を率いたこともなく、信孝の武勇に帰せられるべき程度の活躍しかない。

元亀二年（一五七一）、養父の具盛が幽閉され、信孝が正式に神戸家の当主となり、神戸三七郎信孝と名乗った。元服式では柴田勝家が加冠したという。最初の妻は神戸具盛の娘（実は高野《たかの》入道可夕《かせき》の娘ともいう）だが、幽閉後だろうか、滝川一益の娘も妻に迎えている。一益は勝家の妹を妻とし、その子弥次郎は信長の妹を娶ったという。信孝は、織田家の宿老である勝家や一益とも深い関係を持っており、変後に勝家、一益と結んだのはこの関係もあったからだろう。

天正元年には、同じ北伊勢の関氏当主の関盛信が信長の勘気を受けて蒲生賢秀に預けられ、関氏の旧領や亀山《かめやま》城も信孝に与えられた。翌年の長島攻めが史料に見える信孝の最初の軍事行動である。

その後、信長が出陣した時にはその麾下だが、長兄の信忠が大将の時には信忠のもとで一門衆として従軍している。

天正三年の越前一向一揆殲滅戦では、佐久間信盛、柴田勝家、滝川一益、羽柴秀吉、明智光秀、丹羽長秀らの大身衆に交じって、一族の信包、信雄、信澄らと同陣している。天正五年の雑賀攻めでは、信孝をはじめとした一門衆は長兄信忠の指揮下で戦った。

天正六年六月の播磨神吉城攻めでは足軽衆と先を争って先陣を駆けて奮闘する武勇を示した。「格別勇敢である」と評された所以《ゆえん》であろう。指揮官の一人としては蛮勇と評価する向きもあるが、味方の討死も多数出た激戦だっただけに士気を鼓舞したのだろう。同年十一月の有岡城攻めでは安土の留守居を命じられたが、志願したものか、その後出陣している。何としても父信長に自分の力量を認めてもらおうと躍起になっていたのかもしれない。

こうした努力がようやく認められ、天正八年には朝廷ともつながりができ、筒井順慶の猶子《ゆうし》（相続権がない、名目上の養子）となる噂《うわさ》も立った。北伊勢の一領主から大和一国を名目上にもせよ支配する順慶の養子となれば、その率いる軍勢も増え、信雄に匹敵できる軍団規模になる。しかし、順慶の養子入りの話は立ち消えとなり、代わって、三好家の長老康長《やすなが》の養子となって、四国攻めの大将という役目が回ってくる。信孝の度重なる運動の成果でもあった。

信孝の軍団には、信頼のおける宿老の丹羽長秀と蜂屋頼隆が後見役となり、一門の信澄、一族の信張が付けられた。四国渡海後には養父の三好康長や三好一族の十河存保《そごうまさやす》を従えて、長宗我部氏を葬り去る予定だった。軍団としての活動期間がもう少しあれば、秀吉に翻弄されることもなかったかもしれない。しかし、軍団としての体《てい》をなす前に変が勃発《ぼっぱつ》し、その後秀吉との抗争に敗れ、自害を強いられた。

信孝軍の使命

天正十年（一五八二）にようやく念願が叶《かな》い、四国攻めの司令官に任命された。長宗我部元親《もとちか》の急激な台頭によって信長の四国支配の方針が変更され、阿波をはじめ四国にも影響力のある三好康長を利用して四国支配の正統性を担保し、信孝は総大将として渡海軍を編成した。

四国の国割については、五月七日付の信孝宛の信長朱印状によると、讃岐は信孝、阿波は康長に与えることを約束し、残り二国については、信長が淡路島《あわじしま》に出陣した時に指示することを伝えている。同朱印状では、国割について述べたあと、「万端、山城守（三好康長）に対し、君臣・父母の思いをなし、馳走《ちそう》すべきのこと、忠節たるべく候、よくよくその意をなすべく候なり」と結んでいる。信孝を三好家の養子に送り込み、ゆくゆくは四国支配を委《ゆだ》ねる心積もりだったのだろう。信孝を「四国管領《しこくかんれい》」と称している史料もある。

しかし、信孝軍は、所詮《しょせん》は寄せ集めの軍勢であり、変の情報がもたらされると兵の大半が逃げ散った。信孝の軍団は四国の長宗我部氏討伐に向けて編成されたが、本能寺の変で、文字通り雲散霧消した幻の軍団でもあった。

信孝は北伊勢二郡程度を領する身上《しんしょう》であったことから、伊勢国はもとより伊賀国、丹波国など他国からも軍勢を徴募した。さらに、信孝の副官的な立場には、信長の宿老ともいえる丹羽長秀と蜂屋頼隆が就き、一族の織田信張や津田信澄も添えられた。本願寺退去後の後始末は長秀と頼隆が担当していたので、そのまま継続して一緒に行動させていたのだろう。

信孝軍は、長秀、頼隆、信張、信澄の軍勢、さらに養父と目される三好康長の軍勢も合わせると一万五千人程度の軍勢に膨れ上がっていた。「信孝軍」は活躍の機会は失ったが、信孝に添えられた長秀、頼隆、信澄、康長の分限を確認することで四国討伐軍である信孝軍の全容を見てみよう。

丹羽長秀は、信長より一歳年下で家督相続前からの有力家臣である。しかも正室は信長の庶兄信広の娘（信長の養女）である。美濃攻めで頭角を現し、上洛後は京畿《けいき》で奉行職をこなすかたわら軍事面でも活躍した。安土山築城の総奉行も担当し、軍事・政治とも堅実にこなし、信長からも高く評価された。嫡男の長重は、のち信長の息女を娶るなど一門衆の位置づけである。

長秀の妹は信長の側近大津長昌《おおつながまさ》に嫁し、長昌没後は頼隆に再嫁した。頼隆の養子になった息男もいたが、夭折《ようせつ》した。長秀と頼隆にも深い関係があったことが窺える。長秀は信長の重臣だったが、その領地は小国の若狭国の一部と近江国佐和山《さわやま》城周辺などで分限は小さかった。長秀の軍勢は、本国の尾張衆を中核に、近江衆、若狭衆、および信長から付けられた与力なた。

どで構成されていた。四国攻めの副官的な立場として、信長の信頼も厚く、一門衆にも準じる長秀を得たことは信孝軍には大きな効果をもたらしたと思われるが、変で瓦解してしまった。

蜂屋頼隆は、先にも触れたが、妻は長秀の妹である。美濃出身と思われるが、早い時期から信長に仕え、黒母衣衆《くろほろしゅう》の追加に抜擢された。上洛戦では一方の将として起用され、近江国愛知《えち》郡の肥田《ひだ》城主となった。各地を転戦して活躍し、所領は多くはないが、信長の重臣として側近くで仕えていたものと思われる。天正八年には佐久間信盛が追放されたあと和泉衆を麾下に加え、河内国や雑賀衆への影響力もあった。

織田（津田）信張は、弾正忠家以外の織田氏としては最も重用された。小田井織田家の当主である。母は斯波氏の息女である。こうした由緒があったためか、天正四年には従五位下左兵衛佐に叙任されている。妻は犬山の織田信康《のぶやす》の娘（信長の従姉妹）である。信長の義理の従兄弟になる。子息の信直《のぶなお》の妻は信長の妹（生母は養徳院）である。天正五年の雑賀攻め以降、雑賀を含め紀伊国に対する守備を担当し、蜂屋頼隆とともに和泉・岸和田《きしわだ》城を居城とした。鷺森《さぎのもり》に退去した本願寺とも音信し、警戒を怠らなかった。早くから信長に仕え、一族では最も信頼されており、信長への取次を務めていた時もあった。信孝の後見役としても適任だっただろう。

津田信澄（信重）は、信長の弟信勝《のぶかつ》の嫡男である。信勝は二度の謀反によって信長に誘殺されたが、信澄に類は及ばず、信長に優遇された。信孝に次ぐ一門衆の扱いを受けた。浅井長政《ながまさ》の旧臣磯野員昌《いそのかずまさ》の養子となり、湖西《こせい》の大溝《おおみぞ》城主となった。数万石程度を領していたと思われる。従兄弟の信孝の配下として四国攻めに同陣する予定だったが、正室が光秀の娘ということもあり、変後、謀反を疑われて信孝、長秀に討たれた。当初は謀反に荷担したと噂されていたが、謀反の謀議に加わっていたとは思えない。濡《ぬ》れ衣《ぎぬ》であり、無念の最期だったと思われる。

三好康長は、信長上洛以前の畿内を牛耳っていた三好家の長老である。長い間信長に敵対していたが、天正三年四月、籠城する高屋《たかや》城を信長率いる大軍に攻められ、松井友閑《まついゆうかん》を通じて降《くだ》った。信長は赦免したのみならず、康長を重用し、本願寺との和睦などにも当たらせた。その後、影響力のある四国方面を担当させ、四国討伐後には阿波一国の恩賞を用意するほど信頼した。四国、とくに阿波周辺での三好氏の影響力は大きく、阿波の諸士を織田方として組織させ、信孝軍の中核としての働きが期待されていた。

他方、信孝は渡海軍の輸送を受け持つ水軍も一時的に麾下にしたと思われる。織田水軍を統括する九鬼嘉隆は、北畠旧臣として信雄の与力的な立場の時もあったが、この時には四国渡海軍として信孝に協力する予定だっただろう。

本能寺の変後の信孝

前途洋々たる信孝は六月二日、四国方面軍の総大将として堺《さかい》から出陣予定していたが、まさにその日、本能寺の変が勃発し、四国攻めのために徴発していた寄せ集めの兵士は四散してしまった。信孝は単独で光秀に対抗することができないため、四国攻めの副官だった丹羽長秀らと相談し、光秀の女婿《じょせい》で謀反への関与が疑われていた大坂城留守居の織田信澄（信孝の従兄弟）を血祭りにあげて光秀への見せしめとした。これを見て河内の諸将は信孝を主君として認め、麾下に属した。

信孝らは、毛利と和睦して東上してきた秀吉軍と合流し、信孝が総大将となって光秀を山崎の戦いで打ち破った。父信長の復仇戦《ふっきゅうせん》で総大将となったことから、この時点では信孝が後継者と目されていた。

しかし、「清須会議」では、信雄と家督争いしたことで織田家家督に就くことができず、美濃一国と南近江を得たに過ぎなかった。それでも家督相続した嫡孫の三法師《さんぼうし》（秀信）の後見役となり、周囲は信孝を後継者と見ていた。

新領地の美濃や南近江の諸将を完全に家臣化する前に秀吉から調略の手が伸び、後手に回ることになる。織田家簒奪《さんだつ》に動く秀吉に対抗するため、烏帽子親《えぼしおや》（元服儀式における仮親）

でもある柴田勝家と結んだが、天正十年（一五八二）十二月、勝家が積雪のために動けない時期に秀吉に岐阜城を攻囲され、美濃国内の大身衆も秀吉に寝返り、三法師、母親（信長の側室）と娘を人質に出して和議に応じた。

翌年、勝家の北近江への進軍に連動して再び立ち上がったが、人質は秀吉によって磔《はりつけ》にされた。勝家が賤ヶ岳の戦いで破れ、北庄《きたのしょう》城で自害したあとは、抵抗らしい抵抗もせず信雄の降伏勧告を受け入れ、再度降伏した。美濃や南近江の諸将はもとより、一部の家臣を除いて「神戸侍」も頼りにならず、なす術《すべ》もなく降った。すでに自害を覚悟しており、「たらちねの名をばくださじ梓弓《あずさゆみ》　いなばの山の露ときゆとも」（『豊臣記《とよとみき》』）の辞世を残し、信長から拝領した太刀で自害した。

信孝は文武の達人ともいわれ、文の面では白子木工右衛門尉《しらこもくえもんのじょう》を師とし、武の面では塚原《つかはら》卜伝《ぼくでん》の弟子雲林院弥四郎《うじいやしろう》から新当流《しんとうりゅう》を学び、天正六年三月に相伝する腕前だった。

宣教師の記録には、「五畿内では佐久間信盛以外で信孝ほど良い教育を受けた人を見たことがない」「前途有望な青年」「思慮があり、礼儀正しく、また大いなる勇士である」「（信長の子供の中では）すべての武将たちからもっとも好かれ愛されていた」などと絶讃《ぜっさん》されている。また、「智勇《ちゆう》、人に超えたり」とも評されたが、秀吉に抗すべくもなく、五月二日（異説あり）、恨みを残して果てた。

この年、正月には閏月《うるうづき》があったので、変からちょうど一年目にあたる。『多聞院《たもんいん》日記』には、信孝の最期について「不便《ふびん》（不憫）之事也《なり》」と哀悼の旨を記している。母親と娘は秀吉に殺されたが、息子の頓翁《とんおう》は生き残り、尾張で僧侶になったという。

第八章　柴田勝家軍

1　勝家軍の派閥

柴田勝家の経歴

柴田勝家は、父親も定かではないといわれ、一代でのし上がったというイメージだが、若くして信長の弟信勝の家老となっているので、やはり尾張を地盤とした父祖伝来の家の継承者だろう。

系図類では清和《せいわ》源氏斯波高経《たかつね》四代の孫、柴田義勝《よしかつ》を祖とし、以降、勝重《かつしげ》、勝義《かつよし》、勝家と続いたというが、信憑《しんぴょう》性は低い。尾張における柴田氏の確実な記録では、大永年間（一五二一－二八）に柴田孫右衛門、天文年間（一五三二－五五）には守護代家臣の柴田角内、元亀年間（一五七〇－七三）には柴田道楽ら柴田一族が確認できるが、勝家との系譜関係ははっきりしない。

勝家は、尾張国上社《かみやしろ》村の出身で、信勝が再度の謀反を企てた時に裏切って信長に謀反を密告し、その後は信長に転仕した。後年、越前の支配を任されたが、この時の忠節が評価されてのことでもあった。信長の統一戦では、佐久間信盛とともに織田軍団の中核をなし、「信長公の内にては武偏の覚えその隠れなし」と評された。宣教師の記録にも「自ら（信長）の武将のうち最良の槍手《やりて》であった柴田」「信長の最高の武将四人のうちの一人」「（信長軍の）総司令官」「政庁において有するもっとも高位で、富み、かつ強力な殿であった」などと評価されている。

元亀年間は近江、長島などで一揆勢と戦い、天正期に入ってからは、朝倉・浅井討滅戦を経て、大和の多聞山《たもんやま》城の定番など畿内でも活躍した。

天正三年（一五七五）には越前一向一揆討伐戦で功を挙げ、越前に封じられた。この時、勝家が率いていたのは、柴田勝政《かつまさ》（養子）、同勝豊《かつとよ》（養子）、同監物丞、佐久間盛政、同帯刀左衛門尉らの一門衆をはじめ、近藤《こんどう》右近、杉江《すぎえ》彦四郎、徳山則秀《とくのやまのりひで》、同吉右衛門尉、井上久八郎《いのうえきゅうはちろう》、同清八、毛受勝助《めんじょうしょうすけ》、中村《なかむら》与左衛門尉、および足軽大将の拝郷家嘉《はいごういえよし》（五左衛門尉）・一瀬《いちのせ》新左衛門尉・安井《やすい》左近など五千余人だったという。

越前拝領後は、「北陸道の総轄」として加賀、能登、越中への作戦を遂行した。天正五年には手取川で上杉謙信《うえすぎけんしん》軍に敗北したといわれるが、謙信没後は上杉家の内紛にも助けられ、加賀、能登を平定した。さらに越中侵攻作戦を有利に展開していた時、本能寺の変が起こった。

織田家の「両大将」だった佐久間信盛の追放後は、自他ともに認める織田家の軍団の長となった。変の前年になるが、天正九年に勝家の居城の北庄を訪れた宣教師ルイス・フロイスは、勝家の権勢について、「信長にも等しく人々は彼（勝家）を上様、その息子を殿様と呼んでいる」と通信している（『十六・七世紀イエズス会日本報告集』）。また『甲陽軍鑑《こうようぐんかん》』にも「ひとしお名高き大将」と評されているほどの武将だった。もともと信長の弟信勝の家老だったことから跡目争いでは信長に敵対したこともあったが、信長に降ってからは裏切ることなく、忠実な家臣として諸所の合戦で活躍して信頼を高め、嫡男には信長の息女を娶って一門衆にも列し、織田家中で確固たる地盤を築いていた。

勝家の一族

初期の勝家軍の主力となった一族を確認しておこう。勝家の父は系図類には勝義とあるが、事績は不明である。土佐守ともいう。母も不詳である。兄弟では、庶兄の某は剃髪《ていはつ》して信慶《しんけい》と名乗ったという。僧籍なので勝家が家督を継承したのだろう。信慶の子の五右衛門勝春《かつはる》は、叔父勝家に仕えたという（『士林泝洄』）。紀州根来寺《ねごろじ》の粉川《こかわ》法師を勝家の弟にしている系図もある。もちろん信の限りではない。

姉妹では、姉は吉田《よしだ》次兵衛に嫁し、のち勝家の養子となった柴田勝豊を産んだ。勝豊は、最後は勝家を裏切り、秀吉に寝返った。尾張の佐久間氏の本流である佐久間盛次《もりつぐ》に嫁した姉妹もいる。同女は、後年勝家の右腕となった佐久間盛政らを産んだ。この盛政の弟には、紀伊の保田《やすだ》氏の養子となった安政《やすまさ》（安次）、勝政、義宣《よしのぶ》（天正五年〔一五七七〕に討死）がおり、有力な一門衆を形成していた。

滝川一益に嫁した妹もいる。一益の娘「於伊地《おいち》」は勝家の子権六に嫁しているので、柴田家と滝川家は重縁で結ばれていたことになる（『滝川系図』『池田氏家譜集成』）。前述のようにルイス・フロイスの書簡には、天正九年にフロイスが当時の勝家の居城だった越前北庄を訪問した時のことが記されており、それには「信長は彼（勝家の嫡子）に嫁がせるため娘を一人与えた」とあり、勝家嫡男に信長の娘が嫁していることを記している。一益の娘を信長の養女として嫁がせたのだろう。

天正九年といえば、佐久間信盛が追放された翌年であり、勝家も心中穏やかではなかったと思われるが、信長の娘を貰い受けたことで、一門衆に列し、将来に対しても安心感を持つことができただろう。勝家の嫡男に嫁した信長の娘は、フロイスが記した『日本史』によると、のちに秀吉の側室となった「三の丸」（秀吉没後、二条昭実に嫁す）のようである。三の丸の母は信忠の乳母であり、勝家は信忠ともつながりを持っていたことになる。三の丸は滝川家とも関係が深いことを勘案すると、やはり信長の養女となって柴田家に嫁した蓋然《がいぜん》性が高いだろう。

柴田氏略系図

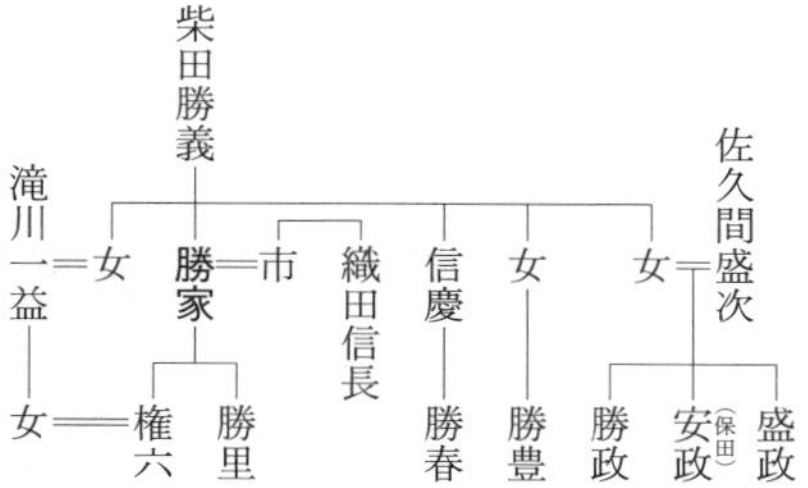

勝家の子息は実子と養子が混在しているのではっきりしないところもあるが、織田家を中心に、柴田家、滝川家、さらに滝川家と縁の深い池田家も含め、四家のつながりが見えてくる。

勝家の正室については、後室は有名な「お市《いち》」（信長の妹）だが、最初の妻は、織田一族の飯尾《いいのお》氏である。桶狭間の戦いの時、鷲津《わしづ》山砦《やまとりで》を守備した飯尾定宗《さだむね》の娘であり、同尚清《ひさきよ》の姉妹である。尚清の妻は信長の姉妹なので、正室を介しても信長とつながりを持っていたことになる。しかし、この正室は天正四年冬に没した。

側室については、『柴田勝家公始末記』によると、佐野之方《さののかた》（佐野六郎の娘）がいたという。

息子については、庶子の庄左衛門（茂左衛門）勝里《かつさと》は信雄に仕えたという（『士林泝洄』）。また、権六の兄に庄之助がいたが、家臣を手討ちにしようとして逆に殺されたという。賤ヶ岳の敗戦後、勝家の実子が落ち延びたという伝説の家系もある。勝家自害の時には幼少だった作次郎という子息もいたという。

実子のほか、柴田伊賀守勝豊（甥）、同勝政（甥）、同六之助（側近の中村宗教《むねのり》の子息）を養子とした。勝豊の妻は佐野之方が産んだ娘とも、稲葉一鉄（もしくは一鉄の嫡男貞通）の娘ともいう。なお、勝政の妻は、斎藤旧臣の日根野弘就（前出）の娘（孫娘説あり）である。

一族で重臣の勝定《かつさだ》（源左衛門尉）の妻は、野木《のぎ》次左衛門の娘とも、春日局《かすがのつぼね》（徳川家光《いえみつ》の乳母）の姉ともいう。野木次左衛門は稲葉一族であり、斎藤義龍《よしたつ》に仕えていた時には、信長への刺客となったこともあった曰《いわ》く付きの人物でもある。

娘については、飯尾氏が産んだ娘かどうか不明だが、天正初年から飛ぶ鳥を落とす勢いで出世していた塙直政に嫁した娘がいる。直政討死後は、原元次《もとつぐ》に再嫁して男子を産んだが、後年、秀吉に勝家の孫ということで処刑された。また、中村宗教（聞下斎《ぶんかさい》）の娘を養女にしたともいう。

一門衆では、伯父・叔父や兄弟で有力な者はおらず、甥（姉妹の男子）や養子も含めて佐久間一族が大きな地位を占めていた。後年、勝家を補佐した佐久間盛政兄弟が勝家の与力として勝家軍を支えた。盛政も一時は柴田を名乗っており、擬制的な一族を形成した。

勝家軍の構成

勝家軍編成の歩みを確認してみる。

勝家は、信長の家老林秀貞と結んで信長に叛旗を翻し、信勝を擁立して弘治二年（一五五六）八月に信長軍と稲生原で干戈《かんか》を交えた。この時、勝家は信勝の家老として一千人を率いて戦ったが、これは信勝の軍勢を引率したに過ぎず、勝家の直臣ではない。譜代の家臣も多少はいただろうが、一族を中心にした家臣団だったと思われる。後年、賤ヶ岳の戦いの時、勝家の身代わりとなった毛受勝助も近侍していただろう。

信長に転仕してからの活躍ははっきりしないが、各種軍記物には美濃攻めでの活躍も記している。とくに森可成と行動を共にし、時には二人で敗戦の危機を救う活躍も見せている（『新撰信長記脱漏』ほか）。

前述したように、永禄十一年（一五六八）九月、信長が足利義昭を奉じて上洛した時には、一軍の大将として供奉《ぐぶ》し、三好三人衆の一人石成友通《いわなりともみち》が籠城する勝龍寺《しょうりゅうじ》城を攻略する武功を挙げた。その後、信長が越前侵攻に失敗すると、岐阜への帰路を確保するため勝家は近江長光寺《ちょうこうじ》に入れ置かれ、周辺の国人らを与力に加えた。

この時期は、佐久間信盛、森可成、坂井政尚、蜂屋頼隆と組んで働くことが多く、一つのグループを形成していた。また、宣教師の記録によると、義昭の家臣として摂津の守護代の一人となった和田惟政《これまさ》とは「親友」であり、信長家臣団のネットワークと併せ大きな力を持っていた。後年、惟政と親しかった高山飛騨守（高山右近の父）を越前に預かったのもその関係だろう。天正三年（一五七五）に越前一国の支配を命じられてからが本格的な「柴田勝家軍」の発足となる。

天正三年に越前を拝領したが、この頃の勝家の家臣団を整理してみよう。

本国の尾張衆では、一族の柴田・佐久間氏が中心だったと思われる。勝家の右腕ともいえる甥の佐久間盛政の妻は奥山《おくやま》佐渡守重定《しげさだ》（弥太郎）の妹である。重定は、信長の初期の重臣だった佐久間盛重の弟ともいわれる佐久間弥太郎と同一人物であり、奥山氏も一門に準じる存在だった。珍しいところでは織田一族の織田信元《のぶもと》も勝家の家臣である。また、富貴を誇る熱田の加藤重廉《しげかど》も信長の直臣から勝家に属し、勝山《かつやま》城を守った。元亀二年（一五七一）の長島攻めは失敗に帰し、勝家軍は退却時に馬験《うまじるし》「金の御幣《ごへい》」を敵に奪われたが、小姓の水野次右衛門（十七歳）が奪い返したという（『蒲生文武記《がもうぶんぶき》』）。次右衛門は尾張の水野氏だろう。水野信元の一族の水野平作も勝家麾下で討死している（『尾陽雑記《びようざっき》』）。足軽大将の安井左近も尾張出身だろう。

美濃衆では、稲葉一鉄も当初は勝家の与力的な存在だったが、勝家が越前に封じられてから離れた。美濃大野《おおの》郡出身の徳山則秀、柴田勝豊に付けられた徳永寿昌《とくながながまさ》、斎藤家の家臣として勝家とも鐺を合わせたことがある春日采女《かすがうねめ》・丹後兄弟も勝家に仕えた。春日丹後は斎藤道三の家臣として信長との対面の時に登場する人物である。

近江衆では、蒲生氏などは与力から離れたが、平井《ひらい》加賀守、山中長俊《やまなかながとし》、山路将監、種村《たねむら》内匠《たくみ》、浅見景親《あさみかげちか》らは引き続き勝家に仕えた。また、信長に敵対した六角義賢《よしかた》（承禎《じょうてい》）の末子小島若狭守は越前に赴き、勝家の臣下になったという。

越前一国を拝領したことで、鶴見《つるみ》与右衛門、瓜生《うりゅう》内記、武谷《たけたに》半左衛門など越前の国人衆を家臣に加えた。信長から直接朱印状を貰っている信長の被官は直臣とせずに与力として軍事編成していった。勝家が天正四年三月三日付で越前国中へ下した掟書《おきてがき》の中には「国中の土民百姓は新儀の主取《しゅうど》りを仕《つかまつ》るべからず。並びにご朱印の面々、被官人は、当方への奉公は停止《ちょうじ》のこと」とあり、信長から直接朱印状を受けている者は、表向きは勝家に仕えることが禁止された。

朝倉旧臣については、天正元年の朝倉義景《よしかげ》滅亡時に有力武将は没落し、その後、早期に信長に降伏していた朝倉旧臣に越前支配を任せたが、結局は朝倉旧臣同士の内紛やこれに一向一揆勢が乗じて、主だった朝倉旧臣は滅亡した。信長に再度帰参した者もいるが、信長は許さず処断した。信長の直臣となった越前衆は勝家軍に編成されたが、いずれも小身であり、勝家の軍事指揮下のもとに置かれた。珍しい事例では、朝倉旧臣の千福《せんぷく》遠江守は信長に取り立てられ、安土山城の留守居になるほど信頼されたということもあった。

勝家軍の中枢部は柴田・佐久間の一門衆で占められていた。一門衆以外では、侍大将の拝郷家嘉は大聖寺《だいしょうじ》城に、安井左近は東郷《とうごう》城（のち丸岡《まるおか》城）に封じられたが、ともに本国尾張の出身であり、血縁・地縁を重視していたことが窺える。

2　勝家軍の成長

勝家軍の使命

天正三年（一五七五）八月、信長は全軍を挙げて越前の一向一揆討伐に出陣し、徹底した根絶やし作戦を展開した。越前国は、二年前の天正元年に朝倉氏を滅ぼして信長の領国に加え、朝倉旧臣に支配を任せていたが、朝倉旧臣同士の内紛に一向一揆の勢力が絡み合い、信長の支配を覆し、「一揆持ち」の国に変わり果てていた。

天正二年には、実弟を自害に追い込むなど恨み重なる長島の一向一揆を討伐し、翌天正三年には東国の脅威であった武田氏を長篠の戦いで打ち破ったことで、後顧の憂いなく越前に侵攻できる態勢が整っていた。

信長は万全の準備をした上で八月十二日に出陣し、破竹の勢いで侵攻した。朝倉旧臣はもとより、有力家臣をほとんど動員した大軍勢である。宿老クラスでは、勝家のほか、佐久間信盛、滝川一益、羽柴秀吉、明智光秀、丹羽長秀、細川藤孝、塙直政、蜂屋頼隆、荒木村重、美濃三人衆など錚々《そうそう》たる武将たちが従軍した。秀吉と光秀は別働軍となって一揆勢をなで斬りにする活躍を見せた。

勝家は、自分の軍勢だけで一合戦しようと手勢を総動員して出陣する意気込みを見せた。養子の勝豊、勝政、監物丞や佐久間盛政らの一門衆をはじめ、佐久間帯刀左衛門尉、近藤右近、杉江彦四郎、徳山則秀、同吉右衛門尉、井上久八郎、同清八、毛受勝助、中村与左衛門尉、さらに足軽大将の拝郷家嘉、一瀬新左衛門尉、安井左近など五千余人を率いて敵方の鳥《と》羽《ば》城を攻略し、五、六百人を切り捨てる武功を挙げた。

越前平定後は、勝家のこれまでの忠勤が認められ、越前一国のうち八郡が勝家に与えられた。残りの大野郡のうち三分の二は金森長近に、残り三分の一は原政茂に与えられた。また、府中城を居城に、不破光治、佐々成政、前田利家の三人（府中三人衆）に周辺の二郡が与えられた。敦賀《つるが》郡は越前国の内だが、勝家の支配とは切り離され、武藤舜秀がそのまま支配を認められた。舜秀を除く五人の「越前衆」は、勝家の与力として勝家の指揮下で戦い、逆に勝家の目付ともなり、相互に監視し合う関係となった。

越前は大国であり、信長家臣として最高位の一人だった勝家にしても大抜擢である。勝家も感激しただろうが、これに釘《くぎ》を刺すように信長から「掟」が下された。越前国掟といわれるものである。施政方針などが細かく指示されているが、有名なのは最後の一条で、絶対服従を命じていることである。

「とにもかくにも我々を崇敬候て、影うしろにてもあだに思うべからず。我々ある方へは足をもささざるように心もち簡要（肝要）に候」と締めくくられている。他の大名家とは異なる信長の専制ぶりが窺える文面である。

越前を拝領して大身の与力衆も付けられた勝家の役割は、まずは信長「分国」としての越前の支配を強化することだった。相次ぐ戦乱で疲弊した越前国そのものを立て直し、国人衆を再編成し、一向一揆の残党を掃討する任務を帯びていた。もちろん、加賀の一向一揆や上杉氏などに対する「北国表警護」の役割も担った。

越前は、朝倉氏の支配が長く続き、直前には一揆持ちの国だっただけに、勝家の領国経営も並大抵ではなかった。朝倉義景の旧臣は、大半が義景滅亡時に没落し、信長に取り立てられた土橋信鏡《どばしのぶあきら》（朝倉景鏡《かげあきら》）、桂田長俊《かつらだながとし》（前波吉継《まえばよしつぐ》）らも一揆勢に攻められて滅亡し、めぼしい有力者は皆無に等しくなっていた。

寺社、農民、商人などに元の在所に戻ること（還住《げんじゅう》）を厳命し、越前支配の拠点となる北庄城の建設にも着手した。あわせて検地も実施し、荒廃した農村の復興にも力を入れるなど領国経営に力を注いでいった。

こうした間、越前平定の余勢を駆って制圧した加賀の能美《のみ》・江沼《えぬま》二郡は簗田広正（別喜《べっき》右近大夫）に下され、広正には佐々長穐《ながあき》、堀江景忠《ほりえかげただ》らが与力につけられ加賀一国の平定が命じられた。広正は檜屋《ひのや》城・大聖寺城を拠点に侵攻を開始したが、百年近くも前から一揆持ちの国となっている国だけに彼の分限では荷が重すぎた。上杉氏と結んだ加賀の一揆勢は手ごわく、結局は勝家軍でも足掛け五年を要したことを勘案すると、大した援軍も付けなかった信長の起用法に問題があったといえるだろう。加賀侵攻に失敗した広正は更迭されて尾張に帰還し、失意のうちに没した。代わって勝家軍にその任務が委ねられ、以降、勝家は「北陸道の総轄」として加賀、能登、越中への侵攻に邁進《まいしん》していく。

勝家軍の戦績

織田軍は、天正五年（一五七七）には越中に侵攻してきた上杉謙信と衝突することになる。謙信は、北条、武田とも和睦して後顧の憂いをなくして前年の八月末に越中へ侵攻を開始した。増山《ますやま》城、栂尾《とがお》城を攻略し、さらに十二月には能登へも進出し、守護畠山氏家老の長続《ちょうつぐ》連《つら》らが籠城する七尾《ななお》城を攻囲する勢いを示した。

こうした謙信の攻勢に対し、信長は数年前から誼を通じてきている伊達輝宗《てるむね》（伊達政宗《まさむね》の父）に謙信の後方攪乱《かくらん》を要請したが奏功せず、窮地に陥った七尾城からは数度にわたって救援要請がもたらされていた。信長も戦略上、放置することができず、自らが出馬する意向を固めた。しかし、信長の出馬は見送られ、結局は柴田勝家を大将とする大軍団が編成された。

勝家は、滝川一益、羽柴秀吉、丹羽長秀、斎藤利治、美濃三人衆、府中三人衆、若狭衆らを従え、謙信軍と相対した。しかし、勝家と秀吉が衝突し、挙句の果ては秀吉が無断で帰陣し、足並みの揃わない織田軍は撤退した。なす術もなく敗れた織田軍は大聖寺などに砦を構築して佐久間盛政を守将に配置し、防衛線を構築したあと、いったん越前に帰陣した。

加賀侵攻は勝家軍をもってしても困難を極めた。一向一揆の勢力が根深く、他の戦国大名との合戦とは異質な戦いとなり、謙信が没した天正六年三月以降もさしたる進展は見られなかった。天正七年八月の時点でも能美郡の小松《こまつ》近辺で小競り合いをしている有様だった。信長も長々と在陣しているにもかかわらず戦果が上がっていないことを心許《こころもと》なく思い、木下《きのした》祐久《すけひさ》、魚住隼人正《うおずみはやとのかみ》の両人を使者に派遣して様子を報告させたほどだった。

加賀制圧が進まないなか、天正七年末から本願寺との講和が模索され始めていた。これが勝家の加賀侵攻に火をつけることになる。本願寺との和睦条件のうちには、加賀国の能美・江沼二郡の返還があるが、これは長年苦労してきた勝家にとっては耐えがたい条項であり、それは信長も十分に理解していた。和睦の条文には「大坂退城以後、如在なきにおいては、返付すべき事」という但し書きがあり、本願寺が大坂を退去したあと、不穏な動きがなければ返却すると念を入れている。逆にいえば、加賀一向一揆が敵対行動を続ければ、約束を反故《ほご》にできることになる。

信長は、表向きは天正八年閏三月十一日付で戦闘中止を指令したが、内々では勝家を督戦していたと思われる。勝家軍は実質的な占領実績を残しておくために猛進撃し、野々市《ののいち》砦を攻略し、能登国境まで進軍した。勝家が閏三月二十三日付で小笠原貞慶《おがさわらさだよし》に与えた書状には、自らは加賀・能登・越中を席捲《せっけん》する勢いであると豪語し、畿内近辺では有岡城・三木城が落城し、本願寺も降伏、中国筋では宇喜多《うきた》氏を調略し鎮西《ちんぜい》まで属す勢いにあり、武田勝頼からは「侘言《わびごと》の使者」が派遣されてきたなどと報じている。同書状には「天下一統」の文言も見え、その一翼を担っていることを自覚している風である。また、翌二十四日には上杉方の河田《かわだ》長親《ながちか》の家臣に対し、織田軍の勢いを示した上で「北陸道平均の基、この時に候」と来属を促している。

勝家軍は着々と勢いを増し、翌九年には未征服ながら佐々成政に越中一国、前田利家に能登一国が切り取り次第で与えられた。府中三人衆のもう一人の不破光治はすでに前年十二月十四日に越前で没しており、光治の後を継いだ直光は、利家が能登を与えられたのち、府中城を拠点にした（「不破家先祖由来」ほか）。

この天正九年には、勝家にも骨休めする時が到来した。信長は、この年二月二十八日、京都で馬揃えの大イベントを挙行し、勝家も参加が認められた。勝家は、養子の勝豊、勝政を伴って上京し、莫大《ばくだい》な土産《みやげ》を持参して本能寺で信長に謁見した。

翌日朝の茶会にも出席し、織田家伝来の姥口《うばぐち》の釜《かま》の拝領を願い出て許された。信長も勝家の軍功を高く評価していたのだろう。すぐに姥口の釜を取り出して勝家に与えた。信長もよほど愛着のあった釜だったようで、「馴《なれ》あかぬ、なしみの中の姥口を人に吸わせんこと、惜しそ思う」という狂歌を詠んだほどである。

勝家は信長への対面が久しぶりでもあったため、馬揃えのあとも毎日のように伺候《しこう》して機嫌を伺い、その後、有馬に湯治に出掛ける予定を立てていた。思えばこの時が勝家の絶頂期だったかもしれない。しかし、束の間の骨休めも、上杉軍が勝家らの有力武将が上洛したことを聞きつけ、留守の間に攻勢に出てきたため、急遽《きゅうきょ》、帰国せざるを得なくなった。

天正十年の武田攻めは織田軍の圧勝だったが、富山《とやま》城では織田軍が武田攻めで苦戦したというデマを信じ、小島六郎左衛門、加老戸《かろうど》式部の二人が一揆大将となって神保《じんぼ》長住《ながずみ》を幽閉し、富山城を乗っ取る事件が起こった。勝家軍が包囲したが、この陣で勝家と成政が揉《も》めて利家が仲裁に入ってようやく収まったという一幕もあった。勝家と成政の反りが合わなかったのも当然だろう。かつて勝家が信長と戦った稲生原の戦いで、成政は兄といわれる佐々孫介《まごすけ》や義兄弟の山田治部左衛門を勝家に討ち取られており、勝家は仇敵でもあったからである。また、勝家軍内部ではこれまでにも柴田勝豊、佐久間盛政、佐々成政らが先手争いをしたこともあった。

勝家軍は富山城を奪回したあと、上杉方の最後の拠点ともいうべき魚津《うおづ》城を包囲した。魚津城からは上杉景勝《かげかつ》へ救援を求める急使が立てられ、これを受けて景勝は温井《ぬくい》、三宅などを派遣し、さらに自らも出陣したが、武田を完膚なきまでに打ちのめした織田軍の勢いは留まるところを知らず、信濃からは森長可、上野からは滝川一益が越後に侵攻するという情報が入り、景勝は越後へ帰陣した。孤立無援となった魚津城は六月三日、柴田軍の総攻撃で落城したが、前日には本能寺の変が勃発していた。

勝家軍は、出身地の尾張衆を核に美濃衆、近江衆を加え、さらに新領地の朝倉旧臣も配下にした大軍団だった。比較的大身である五人の「越前衆」を与力に加えており、佐久間信盛追放後は、嫡男信忠の軍を除けば、中国方面の秀吉軍とともに最大の軍団となっていた。越前国を基盤に、加賀国、能登国を席捲し、上杉謙信急死後の上杉軍を圧倒していた。勝家は東北の下国《しもぐに》氏や伊達氏との外交も担当し、越後国へも迫る勢いだった。関東管領《かんとうかんれい》的な役割を与えられた滝川一益とも入魂《じっこん》であり、嫡男には信長の息女も貰い受け、揺るぎない地位を築いていた。

ただ、勝家軍内部では、前述のように勝家と成政が口論したことをはじめ、養子の勝豊は佐久間盛政や柴田勝定とも仲が悪く、与力の佐々成政と前田利家、また金森長近と原政茂も揉めており、家中に不協和音があった。とくに長近と政茂の仲違《なかたが》いについては、信長から直接朱印も下され、七人衆が肝煎《きもい》りとなって正月十四日付の連署状で和解を図っている。七人衆とは、羽柴秀吉、丹羽長秀、矢部家定《やべいえさだ》、堀秀政、万見重元《まんみしげもと》、大津長昌、菅屋長頼《すがやながより》という錚々たる面々である。これで表面的な仲違いは収まったが、実際にはわだかまりが残っていただろう。本能寺の変後、勝家軍の動きが秀吉軍に比して鈍かったのも、こうしたことが要因の一つだったと思われる。

本能寺の変後の勝家

勝家軍は、六月三日に魚津城を陥落させ、さらに越後へ進攻していたが、六日には本能寺の変の凶報がもたらされた。「勝家以下の諸将、大いに仰天し、陣中、上を下へと騒動し、我先にと魚津表を引き取った」というが、混乱はしていても、整然と退却したと思われる。有力な与力衆だった佐々成政は越中に留まり、前田利家は七尾城へ帰城し、それぞれ越中と能登の守備に専念したため、勝家の直臣を中心とした軍勢で弔い合戦に臨まざるを得なくなった。

しかし、万全の態勢を整えている間に、羽柴秀吉が山崎で明智光秀を打ち破った報が届き、前田利家などは一揆が蜂起したため、上方《かみがた》への出陣は見合わせるという始末だった。このため、勝家は最も信頼できる佐久間盛政兄弟を従え、安土山城、岐阜城を経て清須城へ向かった。勝家が主導して信長の宿老を集め、信長の後継者を決める「清須会議」を催した。

清須会議は、弔い合戦に功のあった秀吉が主導し、これに宿老の丹羽長秀、信長の乳兄弟の池田恒興が同調し、後継者は信長嫡孫の三法師（織田秀信）に決まった。欠国処分（この場合は論功行賞）は秀吉の思うがままとなったが、それでも勝家には秀吉の居城だった長浜《ながはま》城が譲られた。弔い合戦に参加しなかった信長旧臣で領地を得たのは勝家だけであることを思えば、勝家に対する配慮もあったといえよう。

秀吉の台頭に対して勝家は、主筋の信孝を戴《いただ》いて、足利義昭を擁する毛利氏、長宗我部元親、徳川家康と結ぼうとしたが、奏功せず、また縁戚の滝川一益も恃《たの》むに足らず、賤ヶ岳の戦いで大敗した。勝家は、居城の北庄城に帰城し、見事な最期を遂げた。それまで従っていた家臣に対しては、秀吉軍に縁故のあるものには投降を勧めたが、家臣らは妻子も含めて勝家に殉じることを誓った。

勝家軍は家中での不和もあったが、こと勝家の直臣に関しては勝家に忠誠を誓うなど主将として人望が厚かった。信長から拝領した名物を飾っての最後の酒宴は、「楽器を奏して歌い、大いに楽しむ様はあたかも戦勝祝いか、夜を徹しての宴のようであった」と宣教師の記録にある。

酒宴半ばで後妻に迎えた「お市」(信長の妹)を落ち延びさせようとしたが、お市は拒絶し、三人の娘だけは秀吉に自筆の書を添えて保護を求めたものの、自らは勝家に殉じた。「天下一の美人」と評判のお市と最期を共にできたことは勝家にとっても満足だっただろう。八十余人が殉死し、側近の中村宗教はかねて用意してあった火薬に点火して天守もろとも吹き飛ばし、死後の辱めを受けないようにした。秀吉は、勝家最期の様子を「百戦錬磨の武将であり、七度まで切って出て奮戦した」と各地の戦国大名に喧伝した。

勝家の享年には諸説あるが、おそらく六十歳前後だろう。勝家は自らの最期を後世に伝えるため、話術に長《た》けた老女に一部始終を目撃させたのち、落ち延びさせて敵方に最期の様子を語らせたという。

第九章　佐久間信盛軍

1　信盛軍の派閥

佐久間信盛の経歴

佐久間信盛（定盛《さだもり》）は柴田勝家と並ぶ重臣である。宣教師の記録には「佐久間（信盛）殿は、（信長の）総司令官であり、彼が政庁において有するもっとも高位で、富み、かつ強力な殿であった」と評されており、勝家以上の勢威があっただろう。また、勝家はもともとは信長の弟信勝付であり、一番家老の林秀貞も信長を裏切ったことなどを勘案すると、信盛は苦境の信長を裏切ることなく終始一貫して信長を支持するなど信長家臣の中では功績第一の家臣と評価しても過言ではない。

しかし、天正八年（一五八〇）、長年の宿敵本願寺を屈服させた信長は、本願寺攻めの怠慢などを理由に、自筆の譴責状《けんせきじょう》を突きつけ、信盛・信栄父子を高野山に追放した。その後も怒りが込み上げてきたものか、高野山に追放するだけでは飽き足らず、高野山に逼塞することも許さず、退去するよう厳命し、忍びでも上洛するようなことがあれば討ち果たせという厳しい触れを出した。譴責状は十七か条（追加の二か条を含めると十九か条）に事細かに記されているが、要は「狡兎《こうと》死して走狗《そうく》烹《に》らる」のたとえ通りだろう。

信盛は、桶狭間の戦いの翌月には伊勢神宮の御師に合戦での勝利を伝え、戦果の拡大の祈《き》禱《とう》を依頼するなど、家老的な役割を果たしていた。その後も信長の娘「徳」と家康嫡男との縁組みを整えるなど家宰的な働きや、上洛戦に向けては大和の国人衆などの根回しを担当するなど軍事面でも手腕を発揮した。また、茶の湯にも長けていたことから文化人としての素養も身につけており、武辺一辺倒だけではない貴重な人材だった。

永禄十一年（一五六八）の上洛戦においては浅井信広、羽柴秀吉、丹羽長秀らとともに箕《み》作《つくり》城を攻略する武功を挙げた。その後、信長の生涯最大の危機といわれる「元亀の争乱」では、近江の永原《ながはら》城を守備し、長光寺《ちょうこうじ》城の柴田勝家、宇佐山《うさやま》城の森可成、安土城の中川重《しげ》政《まさ》らと防衛ラインを受け持ち、六角氏や一揆勢に備えた。

この頃の信盛が率いた軍勢の数は七千という記録もあり、信長家中では最大の軍団を擁していた。宣教師の記録に「信長の軍勢の総司令官」と記される所以でもある。元亀二年（一五七一）の比叡山焼き討ち後は、野洲《やす》郡、栗太《くりた》郡など六角旧臣の領地や比叡山領を宛行《あてが》われ、六角旧臣の進藤賢盛《しんどうかたもり》、青地元珍《あおじもとたか》、山岡景隆《やまおかかげたか》・景宗《かげむね》父子らを「新与力」として付けられた。

元亀年間（一五七〇－七三）は六角旧臣や本願寺勢力の懐柔などに努め、将軍義昭の追放後は、朝倉攻め、長島攻め、長篠の戦い、越前一向一揆討滅戦などに従軍した。

天正四年、本願寺攻めの総大将だった塙直政が討死し、代わって信盛がその任に就いたが、結局はその本願寺攻めの不手際を追及され、追放の憂き目に遭った。

追放時の譴責状には、活躍がなかったと記されているが、元亀の争乱時に六角勢を打ち破り、信長の危機を救ったこともあった。ただ、譴責状にも記載されているが、三方ヶ原の戦いの時には援軍として派遣されながら、平手汎秀（二番家老の平手政秀《まさひで》の後継者）を捨て殺しにし、自らはもちろん、主な家臣を誰も討死させなかったという「過失」があり、合戦に臨む姿勢に武将としての資質が欠けていたのかもしれない。

天正元年、朝倉義景の追撃戦の失態を譴責された時、信盛だけが信長に口答えしたことも追放の一因とされているが、信長に諫言《かんげん》（この時は諫言ではなかったかもしれないが）できたというのは信盛の特別な地位を窺わせるものである。初期には頼りにされたと思われるが、信長の地位が相対的に高まっても、信長に対しては旧態依然とした接し方を続け、ついには信長に「口答え」したことで疎んじられるようになった。信長を今日の地位に就けた第一の功労者は自分であるという自負が、信長の気に障るようになってきていたのかもしれない。

信盛の一族

信盛の父は系図類には左衛門尉信晴《のぶはる》とあるが、事績は不明である。初期の有力家臣の佐久間盛重とは従兄弟ともいうが、詳《つまび》らかではない。永禄七年(一五六四)十二月、御器所《ごきそ》の八所社《はっしょしゃ》の社殿を、佐久間家勝《いえかつ》、余語勝盛《よごかつもり》とともに修理している(『御器所八幡宮棟札銘』)。棟札銘を見ると、家勝の方が格上のようである。家勝が本家筋の御器所佐久間氏で、信盛はその分流として愛知郡山崎《やまざき》を領していた山崎佐久間氏の出自だと推定されている。

柴田勝家の姉婿(妹婿とも)となった佐久間盛次も御器所の佐久間氏であるが、家勝との関係は不明である。盛次の次男保田安政(保田知宗《ともむね》の養子)は信盛の与力となっていたが、信盛追放後は叔父の勝家を頼った。

信盛の妻は、前田利家の本家筋と思われる下之一色《しものいっしき》城主前田与十郎の姉妹である。信盛の弟信直《のぶなお》の妻は熱田加藤家十三代順盛《のぶもり》の娘である。前田家や熱田の加藤家と姻戚関係を結んでいた。

信盛の嫡男は信栄(定栄《さだひで》)、その弟には兵衛介、新十郎信実《のぶざね》、入道道徳《どうとく》、半右衛門がいる。娘は安見右近大夫《やすみ》室、福島高晴《たかはる》(正則の弟)室になっているが、いずれも分限は小さい。

一族で家臣となった者では、佐久間五平次《ごへいじ》、同三四郎《さんしろう》らが確認できる。勝家軍でも触れたが、奥山重定（佐久間弥太郎）も一族だが、重定も信盛同様に茶の湯に造詣が深かった。一族揃って茶の湯に現《うつつ》を抜かしていたといわれても仕方のない面もあった。

信盛軍の構成

尾張の佐久間氏は、先に触れたように御器所、山崎などに一族が蟠居《ばんきょ》し、初期の信長家中では有力な氏族だった。信長の弟信勝の家老となった佐久間盛重、同次右衛門《じえもん》らが有力だったが、盛重は桶狭間の戦いの時に丸根山砦を守備したものの、和睦して開城したことから没落（討死説もある）し、桶狭間の戦い以降は信盛が佐久間氏の中で頭角を現してくる。

盛重の娘は、尾張星崎《ほしざき》の岡田氏の一族である坂井成利《なりとし》（赤川景広《あかがわかげひろ》の子）の妻となっている。星崎城主の成田重政《なりたしげまさ》も信盛の与力だったが、のち丹羽長秀に仕えた。また、織田一族の津田孫十郎も信盛の与力となっている。春日部《かすかべ》郡山田荘《やまだのしょう》出身の河原《かわはら》藤左衛門は津田孫十郎と同陣し、信盛の天王寺砦《てんのうじ》に在番したという。

信盛は七か国内に与力を持ったが、美濃出身の大身はいない。佐久間氏は大族だったが、信盛には有力な親戚衆が少ないこともあり、信長が追放に踏み切ることができた要因の一つかもしれない。信長一族とは直接の縁戚がなく、他の大物家臣とのつながりも少ない。同じ佐久間氏で本家筋と思われる佐久間盛政とも親密な関係は窺えない。信長は、信盛を追放処分にしても、どこからも苦情が出ないことを見切って譴責状を認《したた》めた可能性もある。

尾張以外を見ると、近江衆では前述のように旧六角家臣の進藤賢盛、青地元珍、山岡景隆・景宗父子のほか池田景雄《かげかつ》らを与力とした。大和衆では、松永久秀・久通《ひさみち》父子、筒井順慶も与力に組み込んだ。

天正三年（一五七五）末、信長と家康の間で特別な地位を占めていた水野信元が、武田方への利敵行為を咎《とが》められて誅罰《ちゅうばつ》されたが、その遺領・遺臣は信盛が引き継いだ。「信元の人衆ことごとく（信盛に）属す」といわれた。主な武将では、高木清秀《たかぎきよひで》、神谷《かみや》新七郎、矢田《やだ》伝市郎、滝見《たきみ》弥平次、上田《うえだ》平六ら武勇の士が信盛の与力となり、なかでも高木清秀はもともとは信長の父信秀《のぶひで》に仕えていたが、信元の強い要望で信元に仕えたという勇功の士だった。

和泉衆では、真鍋貞友《まなべさだとも》、寺田生家《てらだなりいえ》、沼野任世《ぬまのにんせい》、河内衆では多羅尾綱知《たらおつなとも》、野間長前《のまながさき》、池田教《のり》正《まさ》の河内三人衆（若江三人衆）を与力とした。三人衆は三好義継《よしつぐ》に仕えていたが、追放された義昭に義継が荷担して反信長の動きをしたため義継を裏切って内通し、寄せ手の大将信盛を若江城へ引き入れた。落城後は信盛に属した。河内三人衆とは茶の湯で親しかったが、三人衆がそれぞれ姻戚関係を結んでいたものの、信盛との縁戚関係は確認できない。

紀伊国では、根来寺衆のほか、畠山旧臣も属した。畠山氏の旧臣では、高屋城で戦功を挙げた中村盛義《もりよし》（実父は佐治為重《さじためしげ》）も信盛に仕えた（『臼陽氏族誌《きゅうよう》』）。

与力は七か国に及んだが、姻戚関係を築くでもなく、知行宛行権があるでもなく、その関係は緩いものだった。和泉国にも与力がいたが、信盛は和泉国に領地を持たなかったとされており、直接恩賞を与えることもできないため、密着度は低かった。

信盛は、信長と直接縁戚になることもなく、有力武将とのつながりも薄く、追放処分の抑止力になる人的ネットワークを持たなかったため、簡単に追放されてしまった。勝家や秀吉とは異なるところである。追放後、与力だった梶川高盛《かじかわたかもり》、同秀盛《ひでもり》、島信重《しまのぶしげ》、佐久間五平次らは信長の直臣に召し出された（『信長記』）。

2　信盛軍の成長

信盛軍の使命

天正四年（一五七六）正月頃、本願寺との和睦が破れ、信長は本願寺包囲網を構築し、摂津の荒木村重、山城・西岡《にしのおか》（桂川《かつらがわ》以西の地）の細川藤孝、南山城・大和守護の塙直政らに攻囲させた。

総大将の塙直政は緒戦で敗戦した汚名を雪《すす》ごうと命令違反して無理攻めしたが、あえなく討死してしまった。急ごしらえの天王寺砦には信盛の嫡男信栄、明智光秀や近江衆、信長の検使役らが籠城したが、本願寺方の猛勢に包囲され、風前の灯となった。京都でこの敗報に接した信長は、軍勢が揃うのも待たずに出陣した。信長自ら陣頭指揮を執る活躍で天王寺砦の危機を救い、本願寺勢を押し込めることに成功し、信盛も先陣の大将として活躍した。

信長は本願寺勢を撃退したものの、無理攻めを避け、十か所に付城《つけじろ》を構築し、包囲作戦に切り替えた。この時、信盛を主将とする本願寺攻囲軍が発足した。

先に触れた佐久間父子に与えた譴責状によると、信盛軍は、三河・尾張・近江・大和・河内・和泉・紀伊（根来寺衆含む）の七か国（山城の山崎も含めると八か国）にまたがる与力を擁し、これに信盛の一族衆や譜代家臣を加えると、織田家中でも最大の軍団だった。

天王寺砦には佐久間父子をはじめ、進藤賢盛、池田景雄、山岡景宗、青地元珍の近江衆、松永久秀父子らの大和衆、尾張の水野忠重らが定番として入った。浜手の住吉には真鍋貞友、沼野任世らの和泉衆が海上警備の任に就いた。日根野弘就が同族へ宛てた書状によると、「原備（原田《はらだ》備中守＝塙直政）討死について、貴国（和泉国）の儀、佐久間右（佐久間右衛門尉信盛）御取次の由に候」と述べ、直政の討死によって和泉国は信盛が管轄することになったと伝えているので、この時から和泉衆も信盛の与力になったと思われる。

また、河内衆では前述のように多羅尾綱知、池田教正、野間長前の河内三人衆、地元の尾張衆では山口重政《やまぐちしげまさ》、梶川高盛（もと稲葉家、水野家の与力）や織田一族の島信重・一正《かずまさ》兄弟らを従えていた。後年、信盛父子が高野山に追放された時、路次で一揆に襲われたが、付き従っていた山口重政の機転で窮地を脱したこともあった。

本願寺包囲陣は、蟻《あり》の這《は》い出る隙《すき》もない包囲網だったはずだが、天正四年七月、本願寺へ兵粮を搬入するため毛利水軍が八百艘《そう》を率いて来襲し、対する織田軍も真鍋、沼野一族に加え、河内の杉原兵部丞《すぎのはらひょうぶのじょう》、兵部丞甥の宮崎鎌大夫《みやざきかまだゆう》・鹿目介《かなめのすけ》兄弟、尼崎の小畑《おばた》、花隈の野口《のぐち》らが三百余艘を率いて迎撃した。

陸上でも本願寺勢が出撃し、これを佐久間信盛らが横撃して混戦状態となっていたが、海上では、多勢に無勢、しかも焙烙火矢《ほうろくひや》で焼き崩され、織田方は主だった船手の衆が討たれて敗退した。敗戦後、信盛は住吉浜の城に一族の保田安政（佐久間盛政の弟）をはじめ、碓井《うすい》定阿《さだくま》、伊地知文大夫《いじちぶんだゆう》、宮崎次郎七郎《じろうしちろう》ら畠山旧臣の紀伊衆も番手に入れて守備を固め、八月には木津川沿岸の作物を刈り取るなど示威行動も開始した。織田家最大の軍団を擁して天正八年までの足掛け五年間、本願寺を包囲した。

信盛軍の戦績

信長は本願寺攻略のためには、主力となっている雑賀衆を叩《たた》く必要を痛感し、天正五年

（一五七七）二月、雑賀のうち三緘《みからみ》（雑賀五郷のうち、宮郷、中郷、南郷の三郷）の者と根来寺の杉《すぎ》の坊《ぼう》が内通してきたのを好機と捉え、五畿内はもとより、越前、若狭、丹後、丹波、播磨など十四か国に動員をかけ、信忠、信雄、信孝の息子をはじめとした一族などを総動員し、万全の態勢で雑賀攻めを敢行した。

しかし、雑賀攻めは膠着《こうちゃく》状態となり、鈴木孫一ら七人衆を赦免するかたちで和睦を取り繕った。信盛が赦免を取り次いだが、形だけの和睦であることは信長も百も承知しており、このため佐野《さの》に要害を構え、杉の坊を添えて一族の織田信張を定番として帰陣した。

上杉謙信の南下が気になる北国では、八月に柴田勝家を大将とする北国軍が編成されたが、その隙を衝《つ》いて、信盛の与力として天王寺に在番していた松永久秀父子が砦を引き払い、信貴山城に籠《こ》もって謀反を企てた。本来なら寄親《よりおや》（親子に擬制した主従関係における主人）である信盛が主将となって久秀父子を討伐すべきところだが、織田家家督の信忠が下向し、細川藤孝、明智光秀、羽柴秀吉、筒井順慶、山城衆を従えて攻撃した。信盛は順慶と謀《はかりごと》を巡らし、雑賀（本願寺とも）からの援軍と偽って入城し、久秀を天守に追い詰め、落城させた。のちの荒木村重の謀反にてこずったことと比較すると久秀父子の謀反は呆気《あっけ》なく鎮圧されたように感じるが、信盛の謀略の成果と見ることもできよう。

翌六年五月には筒井順慶らを与力として播磨攻めに従軍するなど本願寺攻囲の合間にも各

地に従軍していたが、同年十月、本願寺攻めの一方の主力ともいうべき荒木村重が毛利氏、本願寺と結んで謀反した。信盛らは村重説得の使者に立ったが、村重を翻意させることはできなかった。信盛の苦戦が予想されたが、その最中の十一月六日、九鬼嘉隆率いる大船が、本願寺へ兵粮を搬入しようとした毛利水軍六百艘を大鉄砲で打ち崩して撃破した。これにより、本願寺を海上封鎖することに成功した。

本願寺包囲網の成果が徐々に表れ始め、本願寺方の荒木村重の有岡城が天正七年十一月十九日に開城し、翌月十三日には荒木一類が公開処刑された。別所長治の三木城も兵粮攻めで落城寸前の状態に陥り、十二月七日には本願寺の出城である森口《もりぐち》の砦も信長に帰参し、毛利氏の支援も期待できなくなり、本願寺にも憂色が濃くなってきた。

信長はこの機を逃さず、朝廷に働きかけて和談の道を模索した。年末から年始にかけて使者が行き来していたが、年明けの正月十七日に三木城が落城し、三月には信長が本願寺を総攻撃するという噂も流れ、和談への気運が一気に高まった。信盛は松井友閑とともに勅使の目付として三月一日本願寺へ赴き、翌月にも本願寺側の誓紙の検使役として近衛前久（前関白）らと本願寺へ下向するなど、本願寺攻めの総大将として和睦締結に尽力し、本願寺は信長から「総赦免」されるかたちで降伏した。

本願寺攻めの総督である信盛らが本願寺を接収し、これで一件落着のはずであった。しかし、徹底抗戦していた教如《きょうにょ》（顕如《けんにょ》の嫡男）の退去後、四方から乱妨人《らんぼうにん》が乱入し、略奪行為を繰り返したあげく、どこからともなく松明《たいまつ》の火が燃え移り、数多くの伽藍《がらん》が一宇も残らず焼け落ちた（『徴古雑抄《ちょうこざっしょう》』ほか）。

信長は八月十二日、無残に焼け落ちた本願寺跡に入ったが、無傷のまま接収することも狙いの一つだった信長は烈火のごとく怒り、その怒りを信盛・信栄父子にぶつけた。これまでの信盛に対する怒りが湧《わ》き上がってきたものか、本願寺攻めの失態を追及し、信盛の武将としての能力を全否定した。五年間も本願寺を攻囲しながらこれといった活躍がなかったことなどを糾弾した。

佐久間父子は、取る物も取り敢《あ》えず、着の身着のままで高野山に登った。最後には譜代の下人にまで見捨てられ、「かちはだしにて己と草履を取るばかりにて、見る目も哀れなる有様」だった。いったんは高野山へ登ったが、そこも追われたため、日高《ひだか》郡美山《みやま》村寒川《そうがわ》などに移り住んだ。蟄居《ちっきょ》中には、かつての与力だった山岡景友《かげとも》が平井阿波入道を同道して訪問したが、信盛は涙を流して感謝したという。

信盛は、翌天正九年七月二十四日、大和国十津川《とつかわ》で湯治中に病死した。一説には盗賊、あるいは高野聖《こうやひじり》に殺害されたともいう。『信長記』などには熊野《くまの》の奥で病死したと記されているが、当時、十津川は中央にも少しは知られるようになっていたものの「吉野《よしの》と熊野の区別などつかなかった」といわれ、誤って伝わったのだろう。この年十一月、嫡男の信栄は以前のような地位に復帰できるよう願文《がんもん》を認《したた》めている（『紀伊国古文書集』）。

信長は、信盛の死を聞いて哀れを催したのか、天正十年正月、信栄を赦免し、信忠付とした。しかし、その年六月には本能寺の変が勃発し、信栄は再び運命に翻弄されることになる。変後、織田信雄に仕えたが、小牧《こまき》・長久手《ながくて》の戦いでは留守中の蟹江《かにえ》城が落城する失態を演じたこともあり、その後は一線を退き、御伽《おとぎしゅう》衆として秀吉に仕えた。秀吉没後は家康に誼を通じ、大坂の陣後は二代将軍秀忠《ひでただ》の咄《はなししゅう》衆となり、本来の能力を発揮した。

信盛追放による再編成

天正八年（一五八〇）、信長家臣団の中で最大軍団を率いていた佐久間信盛が突然追放されたが、本人はもとより周囲の者にとってもまさに青天の霹靂《へきれき》だったろう。繰り返し述べてきたが、信盛は信長に終始一貫忠義を尽くし、これといった殊勲はなかったのかもしれないが、あまりに酷《むご》い仕打ちである。確かに、信長の譴責状に記されたように、本願寺包囲の間、積極果敢に攻撃を仕掛けるでもなく、かといって調略の手を伸ばすでもなく、茶の湯三昧《ざんまい》に現を抜かしていたという見方も満更否定できない面もある。しかし、結局のところは信長の一門衆の強化が狙いだったのだろう。信盛父子を追放して与力衆を他の武将に振り分け、尾張・美濃の両国衆は信忠軍に付属させ、近江衆は自らの直臣団の強化につなげることを想定していたと思われる。後ろめたさもあり、譴責状を公表して、「正義は信長にある」ことを示したかったのだろう。

先に触れたように、信盛追放と同じ天正八年、筆頭家老の林秀貞、美濃三人衆の一人安東守就、尾張衆の丹羽氏勝も追放された。

林秀貞は、信長の筆頭家老でありながら、弟の美作守や柴田勝家らと共謀して信長の弟信勝を擁立しようと謀ったが、稲生原の戦いで敗退し、信長姉婿の大橋氏を頼って赦免された経緯があった（前述）。その後は当然ながら信長を裏切ることなく、伊勢攻めでは後嗣の新三郎が討死し、天正九年には新三郎の「弔い合戦」という触れ込みで秀貞自身も出陣し、囲い舟に乗って仇《かたき》を討つ活躍をした。追放後は南部《なんぶ》但馬と改名したが、この年、失意のうちに病死した。南部氏を称したのは、祖母（もしくは母）の実家の名字だったからだろう（『藩士名寄』ほか）。

安東守就は、武田信玄に内通したという罪科だったようだが、はっきりしない。同じ美濃衆で守就女婿の遠藤盛枝《もりえだ》（慶隆《よしたか》）も武田氏に内通していたので、守就も信玄に誼を通じていた可能性は否定できない。もし内通が事実であったとしても七年も前のことになり、遠藤氏は処罰されたという確かな記録もない。言い掛かりかもしれない。

ただ、信憑性の低い記録には、天正七年九月、信長の次男北畠信雄が信長の許可も得ずに伊賀攻めを敢行して敗退するという失態があったが、この作戦について、信雄は事前に岐阜城の兄信忠に相談したところ、信忠付となっていた秀貞と守就が賛同したと記されている。伊賀攻めの失態では、信雄に折檻状《せっかんじょう》を与えた信長だったが、信雄を処断することはできないため、この作戦に賛同した二人に罪を負わせたのかもしれない。追放の罪科でそのことに触れれば、信雄も処断しなければならないため、表向きには苦しい言い訳だが、遠い過去の罪状をあげつらったのだろう。とくに秀貞については、前述したように天正七年正月に村井貞勝と二人で安土山城天主の内覧を許される栄誉に浴しており、追放までの一年半の間に譴責されることがあるとすれば、先に記した事件くらいしかないと思われる。

丹羽氏勝は、若い頃の信長に反抗的だった家系（岩崎《いわさき》丹羽家）であり、このため氏勝の後室には信長の妹（側室生駒氏の妹とも）を娶せていたほどである。しかし、同女は永禄十一年（一五六八）八月四日に没し、信長との関係は断ち切られたままだった。この頃には氏勝クラスに身内を娶せる必要もなくなっていたので、一門衆から外れて単なる家臣として遇していたと思われる。

かつて反抗的だった態度に加え、追放の四か月ほど前、鷹狩に出掛ける途中だった信長が通る先に氏勝の家臣が誤って大石を落とすという失態があり、この時は工事責任者を手打ちにして落着したようだが、この事件が影響したのかもしれない。

『信長記』には信盛、秀貞、守就、氏勝の追放しか載せられていないが、『永禄以来年代記』には、佐久間父子のほか、「侍ども十人ばかり勘気なり」と記されており、この時期に他の者も追放し、家臣団の再編を進めた可能性もある。

第十章　羽柴秀吉軍

1　秀吉軍の派閥

羽柴秀吉の経歴

羽柴秀吉は、卑賤《ひせん》の身から立身出世し、位人臣を極めた。信長の家臣として「小者一僕」の身分から「方面軍」とも呼ばれる軍団の長にまで引き立てられた。譜代の家臣を持たないため、地縁・血縁を頼ったのはもとより、同じ織田家中に「兄弟の契り」を結ぶ武将を求めて人的ネットワークを拡大したり、さらに主君信長の御曹司《おんぞうし》を養子に貰い受けて一門衆にも連なり、その地位をより安泰ならしめた。

信長に仕えた時期は諸説あるが、永禄元年（一五五八）九月一日ともいう。『太閤素性記』によると、信長の小人頭《こびとがしら》に「ガンマク」と「一若《いちわか》」という家臣がおり、秀吉はこの一若をよく知っていたので一若を頼って信長に仕官した。ガンマクは顔幕（岩隈）とも記される。本能寺の変の当日、前田利家の嫡男前田利勝（利長）は夫人（信長の娘「永姫《えいひめ》」）を伴って上洛する途中、安土に逃げ帰る顔幕と出会い、変の様子を聞いたという（『山鹿《やまが》語録』ほか）。「顔幕」は実在の人物だろう。一若（市若）も『細川家文書』や『信長記』にも登場する実在の人物であり、天正五年（一五七七）の雑賀攻めの時、前線の様子を確認する使者として派遣された人物である。一若の口利きというのも満更の創作とはいえないかもしれない。秀吉はまた津島衆の堀田《ほった》一族や信長の縁戚に連なる名古屋《なごや》（那古屋）因幡守とも入魂だったという。

それはさておき、秀吉は信長の美濃攻めから頭角を現し、永禄十一年の上洛戦では一部隊の部将にまで地位を高めていた。京都では奉行職もこなしながら各地を転戦し、とくに浅井攻めでは主将の役割を果たし、天正元年の小谷城攻略後は浅井氏の旧領北近江三郡を宛行《あてが》われた。信長家臣団の中でも一頭地を抜く出世を遂げ、名字も木下から羽柴に変えた。羽柴への改姓は通説通り、丹羽（長秀）、柴田（勝家）からそれぞれ一字を拝借して命名したのだろう。その後、中国方面への侵攻を任され、本能寺の変直前には、柴田勝家に匹敵する軍団を擁するまでになっていた。

正室の「ねね」（高台院《こうだいいん》）宛信長書状（疑問視する説もある）に見えるように、個人的にも信長のお気に入りだったと思われる。謀反した別所氏の三木城を落城させたあと、安土に伺候した時には、信長の御座所に召し寄せられ、信長は秀吉の肩（首、額とも）を撫《な》でて、「侍ほどの者は、筑前（秀吉）にあやかりたし、と存ずべきと仰せ出だされ」たことで面目を施し、秀吉はさらに発奮して鳥取《とっとり》城を落城させた。

秀吉の一族

初期の家臣団は、数少ない一族や同郷出身者を中心とした尾張衆、美濃攻略の過程で家臣となった美濃衆、それに信長から与えられた与力衆で構成されていた。

一代でのし上がった秀吉には譜代といえる家臣は皆無だった。こうした場合、一族を頼るのが常套《じょうとう》手段だが、秀吉の一族にはめぼしい人材がいなかったとされる。縁戚の福島正則や加藤清正は有能だったが、その活躍は本能寺の変後である。両者ともに豊臣政権下で大抜擢されたが、血縁関係の深い正則の方が清正よりも重用された。

唯一の人材は、出色の出来だった弟の小一郎長秀《こいちろうながひで》（のち秀長《ひでなが》。以下、秀長と表記する）だけである。秀吉と離れて軍事行動していた時もあるが、秀吉の西国攻め以降は、但馬攻めの総大将として但馬を平定して竹田《たけだ》城を居城とし、播磨平定戦や因幡鳥取城攻めなど、文字通り秀吉の右腕として秀吉を支えた。

秀長のほかには、母方の縁戚である青木勘兵衛《あおき》重矩《しげのり》・秀以《ひでもち》父子、小出《こいで》播磨守秀政《ひでまさ》くらいである。姉妹の夫についてははっきりしたことが不明であり、信長時代にはこれといった事績は伝わっていない。

このため、正室の「ねね」（浅野長勝《ながかつ》の養女）の系統を頼った。「ねね」の実家に連なる木下祐久、同家定《いえさだ》、杉原《すぎはら》（木下）家次《いえつぐ》、同小六郎、浅野長勝、相婿の浅野長吉《ながよし》（長政《ながまさ》。浅野長勝の甥）らが主なところである。浅野長勝をはじめ信長の直臣から秀吉の与力に転じた者が多かったと思われる。

実子に恵まれない秀吉は、信長五男の「次《つぎ》」を養子にし、後継者として育て、秀勝と名乗らせた。主君の子息を養子に迎えたことで、織田家中での地位の安定を図った。

秀吉軍の構成

秀吉は、譜代の家臣を持たないことに加え、朋輩《ほうばい》との姻戚関係もないことから、これと見込んだ人材には、とことん密着した。その一人が黒田（小寺《こでら》）官兵衛孝高であり、中川清秀だった。ともに義兄弟の契りを結んでいる。黒田孝高宛の書状には「我ら弟の小一郎め同然に心安く存候」と伝え、二人の間を中傷する者があっても信用せず直談して解決しようと申し送っている。ちなみに官兵衛の読みは、秀吉の書状や宣教師の記録によると、「かんべえ」ではなく、「かんびょうえ」である。信長の一門衆に連なった中川清秀には「向後、兄弟の契約申し定め候」と取り込んでいる。

また、天正元年（一五七三）頃と思われるが、秀吉は朝倉家の重鎮の朝倉景鏡（土橋信鏡）の子、石松丸《いしまつまる》を養子に迎えている（『埜邨《のむら》氏由緒』）。秀吉の第一子といわれる子だが、養子だったと思われる。景鏡は土壇場で裏切ったため、信長は景鏡を処断しようとしたが、秀吉の執り成しで本領を安堵されたという（『古今類聚越前国誌《ここんるいじゅえちぜんこくし》』『平泉寺再興縁起』）。こうした関係から、人質の意味も含めて景鏡の子を養子に迎えたのだろう。

播磨平定戦では別所氏の離反で苦境に立たされたが、別所氏のうちで唯一秀吉陣営に付いた別所重棟《しげむね》（別所長治の叔父）を重用し、重棟の娘と孝高嫡男の松千代《まつちよ》（長政）を婚約させ、重棟と孝高に対しては、「御両人の間のこと、我ら申し定め候上、これ以後は兄弟の御覚悟なされ」と伝え、今後、両人ともに見放さない旨を強調している。人たらしといわれる秀吉らしい文面になっている（『黒田家文書』）。重棟には、小姓の福島正則の姉（秀吉の従兄妹といわれる）を嫁がせて結びつきをさらに強固にする方策を巡らしてもいる。

初期の家臣団の中心となった尾張・美濃衆では、蜂須賀正勝《はちすかまさかつ》、生駒親正《ちかまさ》、津田長武《ながたけ》、山内一豊《やまうちかずとよ》、尾藤知宣《びとうとものぶ》、戸田勝隆《かつたか》、寺沢広政《てらさわひろまさ》、神子田正治《みこだまさはる》、谷衛好《たにのもりよし》、同兵助、伊藤秀盛《ひでもり》、同与三左衛門《よそうざえもん》、加藤光泰《みつやす》、前野長康《まえのながやす》、仙石秀久《せんごくひでひさ》、中村一氏《かずうじ》、一柳直末《ひとつやなぎなおすえ》、平野長泰《ひらのながやす》（当初は弟秀長

の近習）、堀尾吉晴《ほりおよしはる》、竹中《たけなか》半兵衛重治《しげはる》らが秀吉を支えた。この中で蜂須賀正勝、生駒親正、竹中重治らは純然たる家臣ではなく、当初は与力として付与されたものだろう。

『武家事紀』によると、長浜時代の黄母衣衆《きほろしゅう》は、尾藤知宣、大塩《おおしお》金右衛門尉、一柳直末、神子田正治、中西弥五作、一柳弥三右衛門尉、小野木重次《おのぎしげつぐ》の七人である。また、一柳家の記録『御家御先祖書写』も同様の人選だが、『北藤録《ほくとうろく》』（伊予・大洲《おおず》藩主加藤家の記録）には、このほか加藤光泰、吉田吉左衛門、斎藤宮内少輔《くないしょうゆう》、岩間《いわま》段助、伊藤掃部助《かもんのすけ》、山内一豊、佐藤主計頭《かずえのかみ》（主斗助）、伊藤七蔵を掲げる。追加で選ばれたのかもしれない。『豊臣公報君讎記《とよとみこうきみのあだをほうずるき》』には、秀吉の家臣の四傑として木村重茲《きむらしげこれ》、前野長康、中村一氏、堀尾吉晴を挙げている。

一次史料で秀吉の家臣が分かるものに竹生島奉加帳《ちくぶじまほうがちょう》という記録がある。竹生島（琵琶湖に浮かぶ島）の舎殿を造営・修理するために秀吉に関係する者が中心となって金品を寄進し、その明細が記載されているものである。

天正四年から同十六年まで記されているが、本能寺の変以前と思われる箇所を拾うと、杉原家次、神子田正治、浅野長吉（長政）、宮部継潤《みやべけいじゅん》、卜真斎《ぼくしんさい》、桑山重晴、中村次郎左衛門尉、羽太家慶《はねたいえのぶ》、竹中重治、宮田《みやた》喜八郎らが確認できる。

重複するが、浅井氏の旧臣では宮部継潤や堀秀村《ひでむら》とその家老の樋口直房《ひのくちなおふさ》などを麾下に加え、長浜時代には、子飼いの直臣として、福島正則、加藤清正、石田三成《いしだみつなり》、脇坂安治《わきさかやすはる》、宮田喜八郎らを召し抱えた。この頃の家臣の中では、宮田、尾藤、神子田らが最高の勇功の士といわれたが、宮田は三木城攻めで討死し、尾藤、神子田はのちに追放され、無残な最期を遂げた。

信長時代の秀吉は、譜代家臣を持たないため与力や新参の家臣も大事に扱い、合戦を経るごとに秀吉への従属度を増していった。荒木村重旧臣の荒木重堅《しげかた》（木下平大夫）や津田左馬允（盛月《もりつき》）など信長から睨《にら》まれている武将も秘密裏に助けて家中に取り込んでいる。

とくに津田左馬允は、本能寺の変の直前に、秀吉の陣中にいることが発覚し、信長から切腹が命じられた。同時に切腹の命が下った斎藤旧臣の森弥五八郎《やごはちろう》は誅され、左馬允の命は風前の灯となった。信長は森弥五八郎の首と一緒に左馬允の首も百々橋《どどばし》（安土山城下）に懸けるよう厳命したが、秀吉は上意であるにもかかわらず、「切腹させては秀吉の男が立たない。羽柴家の身上を破ってでも守る」と男気を見せた。さすがに左馬允は上意であるので神妙に切腹する覚悟を決め、妻子に手紙を書くなど身辺整理していたが、まさにその矢先に佐久間弥太郎（奥山重定）から変報がもたらされた。秀吉は「天下は暗闇、四郎左（外峯《そとみね》四郎左衛門尉＝津田左馬允）は大慶なるべし」（『津田覚書』）と嘆息しつつも、家老衆と善後策を講じ、弔い合戦に向かった。

2　秀吉軍の成長

秀吉軍の使命

秀吉は天正元年（一五七三）九月、長年にわたる小谷城攻めの功を賞され、浅井氏旧領を拝領し、翌年頃からは長浜に新たに築城し、新領主としての統治を開始していった。この間にも、小谷城攻略直後から長島攻め、翌二年早々には越前支配を委ねられた前波吉継（桂田長俊）が一揆勢に倒されたため、急遽敦賀まで出陣して一揆勢に備えた。天正三年五月には長篠の戦いに参陣し、八月からの越前一向一揆討伐戦にも出陣して根絶やし作戦を先導する活躍をしたが、軍団の拡大という意味ではやや頭打ちになっていた。

越前平定後は、もともと信長家臣団でもトップクラスだった柴田勝家が大国越前に封じられ、勝家女婿で馬廻出身の塙直政は南山城・大和守護を兼務（実態は疑問）し、新参の明智光秀は近江坂本《さかもと》城を預けられて丹波攻めを命じられるなど、出世競争では水をあけられつつあった。

こうしたなか、天正五年、能登の長氏《ちょう》（能登守護畠山氏家臣）からの再三の援軍要請に応えた信長は、柴田勝家を大将とした北国平定の軍団を編成し、秀吉も勝家の与力として駆り出されたが、勝家と衝突して無断で帰陣し、信長の逆鱗《げきりん》に触れることとなった。当初から秀吉と勝家が反目していたとは思われないが、軍事行動では苦い経験もあった。かつて秀吉と勝家は共同作戦を展開したことがあった。元亀四年（一五七三）五月、浅井長政の籠もる小谷城下を攻撃した時のことだが、この時も敗退しており、軍事行動ではあまりいい組み合わせではなかったのだろう。

軍令違反の真相は不明だが、北陸出陣以前から秀吉には毛利攻めの前哨戦として播磨平定の任務が下っていたので、秀吉は播磨方面が気になっていたことも理由の一つだったかもしれない。しかし、なんといっても無断で帰陣するほどの違反を起こしたことから推測すると、やはり最大の理由は勝家との意見衝突があったのではないかと思われる。

信長の逆鱗に触れたものの、無断帰陣の弁解が認められた秀吉は、信忠を総大将とする松永久秀討伐軍に従軍した。十月十日に信貴山城は落城し、秀吉は早くもこの月二十三日に播磨へ向けて出陣した。毛利との外交を担当していた秀吉に対毛利の最前線として西国攻めの先陣（「西国の先懸《さきがけ》」）が命じられた。別所氏の離反や荒木氏の謀反で危機的な状況となった時には信長からの援軍も得たが、基本的には単独で毛利軍と対し、徐々に毛利勢を圧倒し、攻勢に転じていくことになる。

秀吉軍の戦績

秀吉は、北陸遠征軍での無断帰陣の失態を回復すべく、夜を日に継いで駆け回り、播磨国衆の人質を取り固めることに成功した。これ以前から黒田孝高を通じて播磨の情勢を知悉《ちしつ》していたことが、短期間での成果となって実った。播磨最大の大名である別所氏らはすでに信長に臣下の礼を尽くしており、人質徴収はさしたる困難もなく、十一月十日頃には平定を終える予定である旨を信長に報告するほど順調に進んでいた。

信長はその活躍を賞して帰国を命じたが、秀吉は「これくらいの戦功では先の軍令違反の落度《おちど》をカバーできない」と判断し、直ちに但馬国へ出兵し、太田垣氏が籠もる竹田城を攻略、弟の秀長を城代として入れ置き、さらに美作との国境へと進軍した。

宇喜多方の福原《ふくはら》城は竹中重治と黒田孝高が先手となって攻略し、この時、まだ秀吉の小者だった平塚為広《ひらつかためひろ》が城主を討ち取る功名を挙げた。福原から一里先の上月《こうづき》城にも取り掛かり、宇喜多氏の援軍も蹴散らし、十二月三日に攻略した。その後、本格的に毛利・宇喜多攻めを開始しようとした矢先、突然、別所氏が叛旗を翻した。西に毛利勢、東に別所氏、と腹背に敵を受けることになり、秀吉は一転して窮地に陥った。

天正六年(一五七八)三月から三木城を攻囲したが、毛利・宇喜多の連合軍が上月城を攻囲し、これに対し秀吉は荒木村重と協力して後詰しようとしたが果たせず、信長の命令で上月城は見捨てられることとなった。秀吉は、信忠を総大将とした応援軍とともに、別所方の支城である神吉・志方《しかた》両城を攻略した。信忠軍が引き揚げたあとは、秀吉が三木城の攻略に専念することになったが、他の応援武将にすれば、北国軍の時に秀吉が無断帰陣したことを苦々しく思っていたはずであり、秀吉への協力も積極的ではなかっただろう。

さらに逆境は続き、三木城攻囲戦の最中に、摂津の支配を任されていた荒木村重が信長に謀反し、毛利方に寝返った。またしても腹背に敵を受けることになった秀吉は、村重の翻意を促し、黒田孝高を派遣したが、かえって孝高は村重に抑留されてしまう始末だった。

三木城攻めは二年近くを要する長期戦となった。佐久間信盛や明智光秀らの協力を得たこともあったが、ほぼ単独で東播磨最大の大名を葬り去った。播磨で孤立する秀吉の救いとなったのは、戦国武将の中でも個性の強い宇喜多直家《なおいえ》を毛利方から寝返らせることに成功したことだろう。宇喜多氏の帰属で中国地方の毛利対織田の勢力地図が塗り替わることになった。

三木城攻略の余勢を駆って播磨国内の敵を掃討し、姫路《ひめじ》城を拠点としてその矛先を但馬、因幡、伯耆《ほうき》方面へ向けた。但馬は弟の秀長に宮部継潤らの与力衆を付けて攻略させた。因幡では、秀吉が鳥取城の山名豊国《やまなとよくに》を誘降して鳥取城を織田方とすることに成功していたが、豊国は家臣に追い出され、再度毛利方に寝返った。伯耆では羽衣石《うえし》城の南条元続《なんじょうもとつぐ》らが毛利氏を見限り内々で帰属し、秀吉は援軍を派遣して対抗させた。

天正九年五月からは敵方に寝返った鳥取城攻めを開始した。出陣前に鳥取城下の米を買い集めさせて城内の兵粮を少なくするなど、三木城攻めで得た経験を活かした事前工作を行い、自らは六月二十五日、二万余の兵を率いて但馬口から因幡へ乱入し、毛利方の知将吉川経家《きっかわつねいえ》が籠もる鳥取城を取り囲んだ。秀吉は、毛利の援軍に備えて本格的な付城群を構築し、文字通り蟻の這い出る隙もなく鳥取城を完全攻囲した。

三木城攻囲戦では猛勇の谷衛好（斎藤氏旧臣）が討死するなどの戦闘も見られたが、鳥取城攻めではこれといった戦いは伝わっていない。兵粮攻めに耐え切れなくなった鳥取城は、城兵の助命を条件に城将の経家らが切腹し、十月二十五日に開城した。

鳥取城には浅井旧臣の宮部継潤を入れ、秀吉はすぐさま伯耆へ進軍した。吉川元春《もとはる》（毛利元就《もとなり》の次男）の軍勢に兵粮攻めされている羽衣石・岩倉《いわくら》両城を救援するためである。鳥取城落城の翌日には先陣を派遣し、自らも二十八日には出陣し、兵粮・弾薬を搬入し、来春の出陣を約して十一月八日、いったん姫路に帰陣した。席の暖まる暇もなく、同月十七日には池田元助とともに淡路島へ出兵して岩屋城などを攻略した。

この頃、宇喜多直家が没し、曲折はあったものの秀吉は直家の家老を同道して信長から家督相続の許可を得ることに成功した。嫡子の宇喜多八郎（秀家《ひでいえ》）は幼少であり、これによって秀吉は宇喜多軍をこれまで以上に自由に使うことができるようになった。

天正十年二月に織田家諸将に武田攻めの動員令が発令されたが、秀吉は引き続き毛利攻めに専念することを命じられた。今度は山陽道に主力を移して備中に侵攻した。播磨・但馬・因幡の軍勢を動員し、備前・美作の宇喜多軍も従え、三月十五日に出陣し、冠《かんむり》山《やま》、宮《み》路《や》山《じやま》、加茂《かも》城を相次いで攻略し、清水宗治《しみずむねはる》の守る高松《たかまつ》城を水攻めにした。この間、養子秀勝の初陣も飾らせている。

毛利方は、外様の宗治が毛利氏に忠節を貫いて籠城までしているのを救援しないとなれば、元就一代で築いた「毛利王国」も一挙に瓦解する恐れがある。このため毛利勢は全軍を挙げて後詰に出てきた。秀吉は毛利勢が本気で合戦を挑んでくれば、一気に粉砕する好機と捉え、勝利を完全なものにするべく信長の親征を仰いだ。

本能寺の変後の秀吉

天正十年（一五八二）六月二日、信長は本能寺の変で横死し、その凶報を得た秀吉は素早く毛利氏と和睦した。変報がもたらされた時、家老衆は高松城の攻略にこだわる秀吉を説いて弔い合戦を勧め、和睦の条件の一つとして秀吉の妹を毛利輝元《てるもと》（元就の嫡孫）に娶せて縁辺となることなども盛り込まれたという（『津田覚書』）。秀吉軍は他の方面軍が出遅れるなか、信長から与力として付けられた武将も直臣のように取り込み、摂津衆も傘下に入れて光秀軍を山崎の戦いで一蹴《いっしゅう》した。

これが勝家や信盛との大きな違いだろう。例えば、堀秀政は信長の側近として将来を嘱望されていたが、秀吉は信長在世中から秀政と誼を結んでおり、変後、秀政は秀吉の忠実な家臣のような働きをし、秀吉の織田家簒奪に協力した。秀政の同僚でもある長谷川秀一《ひでかず》に対しても同様な働きかけをしていた。秀一の秀は秀吉の偏諱かもしれない。もっとも、秀吉の「秀」自体が、丹羽長秀からの偏諱だった可能性もある。

山崎の戦いでは、名目上の大将として信孝を仰いだこともあり、摂津の旗頭となっていた池田恒興・元助父子、高山右近、中川清秀、蜂屋頼隆、矢部家定らが秀吉軍に協力した。信長の乳兄弟の池田恒興が光秀に与《くみ》するとは思われないが、高山右近、中川清秀はどう動くか分からなかったはずである。清秀に対しては、信長父子が無事であるという偽《にせ》情報を流して自陣営に引き寄せた。右近にも同様の情報を流していたと思われる。信長の一門衆となっていた清秀に対しては、義兄弟の契りを結んでいたことも大きかったといえる。丹羽長秀は信孝を伴って秀吉軍に合流したが、これ以前から秀吉は長秀と親密な関係を築いていたことも大きな効果を発揮しただろう。

秀吉の直臣では、加藤光泰、木村重茲、中村一氏、神子田正治、堀尾吉晴、一柳直末のほか、弟の秀長、与力格の蜂須賀正勝、黒田孝高が活躍した。養子の秀勝も従軍し、父信長の仇を討った。

山崎の戦いの勝利だけでは秀吉の天下は来なかったが、その後、主筋の信雄をはじめ、同輩や与力衆を自陣営に取り込んだ戦略を駆使したことで勝家を葬ることに成功した。その後は、「勢い」で天下統一を果たした。

第十一章　滝川一益軍

1　一益軍の派閥

滝川一益の経歴

初期の信長家臣の中で出世頭だった滝川一益は、軍記物などでも「武芸に達し、知略深し」「天性勇猛にして剛操」などと称讃される武将だった。信長は一益の軍団を「士風きら《（綺羅）》よく、丈夫にあるべきやう也」と評した。有岡城攻めでは一益が「人数立《にんじゅだて》」（軍勢を手分けすること）をするということで参戦武将から注目を浴びたこともあった（『細川家史料』）。

一益は系図類などによると近江甲賀《こうか》郡大原《おおはら》の出身とされている。幼年から鉄砲の腕を鍛錬していたが、一族を殺害して諸国を遊歴したあと、尾張に流浪して信長に仕えたという。尾張にも有力な滝川氏（滝川勝景《かつかげ》など）がいたので、同族を頼って来たのかもしれない。幼年から鉄砲の鍛錬をしていたというのは疑問だが、『遺漏物語』などには石火矢《いしびや》を創始したのは一益としていることから推測すると、鉄砲に関する知識をもって信長に仕えたのだろう。異説として、甲賀から尾張津島に来て信長の「弓の衆」として立身したという伝えもある(『織田家覚書』)。

信長に仕えた年代は不明だが、『信長記』首巻の弘治年間(一五五五—五八)と推測される盆踊りの記事に早くも登場する。同記事は七月十八日とするだけで年次が不明だが、織田家の子孫が編纂した『織田真紀《おだしんき》』では弘治三年としている。大体この頃のことだろう。

桶狭間の戦いでの活躍は不明だが、翌年には織田・徳川同盟の使者として派遣されるなど早くから活躍していたが、その名を現したのは北伊勢の攻略戦である。永禄十年(一五六七)には一軍の大将に抜擢されて北伊勢攻略に専念し、和戦両様で北伊勢の諸侍を手なずけていった。翌永禄十一年九月、信長が足利義昭を奉じて上洛した時には、有力武将では一益ただ一人が供奉せず、北伊勢を守備したようである(異説あり)。上洛戦は武功を挙げる機会でもあり、一益も従軍したかったと思われるが、北伊勢の守備や翌年に計画していた北畠攻めの準備に専念していたのだろう。

義昭を奉じて上洛した翌永禄十二年早々、上洛戦で撃退していた三好勢が反攻を開始し、将軍義昭を京都・本国寺に攻囲した。信長はその注進を受け取ると直ちに上洛したが、その間も一益が北伊勢を守備した。木造《こつくり》氏や伊賀の仁木《にっき》氏などを内通させるなど、この年八月の信長親征まで地均《じなら》しに努めた。

北畠氏が籠城する大河内《おかわち》城攻めでは苦戦を強いられたが、和睦後は大河内城を受け取り、周辺の三城砦《じょうさい》に守備兵を入れ、北畠氏の反攻を警戒した。津田一安《かずやす》や織田信包らとともに北畠氏の養子に入った次男茶筅《ちゃせん》（信雄）の後見役として伊勢支配の強化に努めた。

信長と義昭の対立が表面化した頃には畿内でも活躍を始めている。義昭と信長の和睦時には筆頭家老の林秀貞、佐久間信盛、柴田勝家、美濃三人衆とともに信長の家老の一人として起請文に署名しており、すでに織田家での部将としての地位では五指に入っていたであろう。

義昭追放後は朝倉・浅井氏攻めにも従軍し、その後の伊勢攻めでは、勝家と協力して桑名の坂井《さかい》城を攻略した。翌年七月の長島殲滅戦では中心的な役割を果たし、長島城主として北伊勢支配を任され、北伊勢五郡を与えられたという。天正六年（一五七八）元旦には、安土での朝の茶会に招かれる栄に浴し、この時のメンバーは嫡男信忠をはじめ、羽柴秀吉、明智光秀、丹羽長秀ら十二人だけであり、その地位の高さが窺える。

その後も信長の統一戦に従軍し、天正十年には武田討伐戦で勝頼父子を討ち取る武功を挙げ、関東・東北方面を統括する「関東管領」ともいうべき地位に抜擢された。家康と協力して領国統治が緒に就いたばかりの時、本能寺の変が勃発した。北条氏との戦いにも敗れ、その後も不運続きで晩節を汚した。

一益の一族

一族については、系図類などによると、子息には八郎一時《かずとき》（久助）、三九郎一忠《かずただ》、弥次郎、八麻呂《はちまろ》（御八《おはち》）がいる。八郎は秀吉の書状で確認でき、次男といわれる三九郎は丹羽長秀の養子となった。また、前田利家の弟藤八は、通説では佐脇藤右衛門の養子となって佐脇藤八と名乗り、信長の勘気に触れて追放されたのち三方ヶ原の戦いで討死したといわれるが、異説では一益の養子となり、三方ヶ原で重傷を負い、利家の家老奥村永福《ながとみ》に助けられて帰陣し、のちに死去したという（『本藩歴譜』）。

娘は、主筋の神戸（織田）信孝、柴田勝家の子息、秋山家慶《いえよし》、雲林院《うじい》兵部少輔《ひょうぶしょうゆう》、津田秀政（信長の又従兄弟《またいとこ》）らに嫁し、一門衆を構成した。前田利家の本家筋の前田与十郎、細川藤孝の臣下となった山城・西岡の革島秀存《かわしまひでまさ》、天目山《てんもくざん》で武田勝頼父子を討ち取った滝川益重《ますしげ》、尾張・守山《もりやま》出身で武田征伐後、信濃・小諸《こもろ》城主となった道家正栄《どうけまさひで》（彦八郎）らは一益の甥である。

また、木全《きまた》彦次郎（滝川忠征《ただゆき》）、木造具康《ともやす》の子息源浄院主玄《げんじょういんしゅげん》（滝川雄利《かつとし》）らには滝川の名字を与えて擬制的な一門として遇した。一益の副状《そえじょう》を出している滝川安吉《やすよし》なども滝川の名字を与えられた者かもしれない。

信長の乳兄弟である池田恒興（勝三郎）とは縁戚（一説には従兄弟）であり、恒興を通じても信長とのつながりが見られる。恒興は、滝川勝三郎と名乗った時期があったともいう。池田家の出自も諸説あるが、津島の堀田氏と縁戚であり、一益も津島衆とのつながりがあった。朋輩との関係では、やはり柴田勝家や池田恒興との縁が深い。妻は勝家の妹という。恒興とは従兄弟同士という系図はそのままには信用できないかもしれないが、縁戚であることは確実なようである。

一益は、勝家や恒興と親しかったが、不破家とは悶着《もんちゃく》を起こしたこともあった。天正元年（一五七三）十二月のことだという。不破光治は、嫡子の嫁に、一益の長女を娶せようと一益に請うたところ、一益からにべもなく断られた。一益は「わが娘は、筋目正しき大名に嫁がせようと思っている。不破ごとき者の嫁にはできない」と嘯《うそぶ》いた。これを聞いた光治は激怒し、「われは今でこそ、信長公の臣下だが、昔は清和源氏の後胤《こういん》土岐《とき》遠山の正流、当国の本家なり。かの滝川などは父祖の来歴も知れず、信長公が取り立てた者なりしに、いま勢いに乗じ、当家を侮ること奇怪なれ」と吐き捨て、十二月十一日の夜、一益の宿所へ討ち入り刃傷沙汰《にんじょうざた》を起こしたという。真偽のほどは定かではない。

前述のように一益と信長は姻戚関係でも結ばれていた。信長の娘が一益室という系図は信用しがたい（養女の可能性もあるが）が、信長の妹が一益の子息弥次郎に嫁したという史料や一益の子息を信長が婿養子に迎えたという記録もある。苦戦した有岡城攻めでは、信長直々に陣中見舞いを受けるなど親密な主従関係を築いていた。主従関係ではとかく信長と秀吉の仲の良さが強調されることが多いが、一益などもそれに劣らぬ親密な間柄だったと思われる。

一益軍の構成

北伊勢時代には国人衆とも姻戚関係を結び、千種《ちぐさ》、宇野部《うのべ》、楠《くす》、赤堀《あかほり》、稲生《いのう》、南部《なんぶ》、加用《かよう》、梅津《うめづ》、富田《とみだ》、上木《あげき》、白瀬《しらせ》、浜田《はまだ》、高松《たかまつ》、木全、持福《もちふく》など北伊勢衆を中心に軍団を構成し、各地での戦争に遊撃軍的に派遣された。この頃の一益家臣団は、もともとの一門衆や尾張衆に、伊勢衆を加えたことで数千単位の軍団になったものと思われる。本能寺の変後、叛旗を翻した北条氏と対峙《たいじ》したが、この時には新付の関東衆には信頼が置けず、留守居を除いた手勢だけで三千人程度が従軍していたという。尾張衆、伊勢衆が中心だったと思われる。

尾張衆では、篠岡《ささおか》平右衛門尉、岩田《いわた》市右衛門・平蔵兄弟、佐治新介、津田次右衛門尉・八郎五郎・理助の三兄弟、垣見《かきみ》半兵衛（池田恒興旧臣）、生駒将監らがいる。道具持ちから引き立てられた篠岡平右衛門尉は陪臣ながら信長からも評価され、敗戦となった三方ヶ原の戦いで功名を挙げ、一益から感状を受けた。さらに勝頼父子を討ち取る功名も挙げている。

生駒将監は、父摂津守は信長に仕えていたが、摂津守没後に勘気を蒙《こうむ》り、一益に転仕したが、天正六年（一五七八）神吉城で討死した。尾張出身と思われる稲田《いなだ》九蔵は、一益の使者として武田勝頼が最後まで差していた刀を信長まで届け、信長から小袖《こそで》を拝領したことが、『信長記』に記されている。

名門の家臣もいる。牧長勝《まきながかつ》は、守護斯波氏の系譜を引き、信長義弟（信長の妹「キトウ」〔小林殿。お市の姉〕が嫁した牧長清《ながきよ》）の甥である。

伊勢衆では、日置《ひおき》五左衛門、稲生貞置、南部久左衛門尉、古市九郎兵衛尉、田畑《たはた》九郎兵衛、高瓦《たかがわら》摂津守（北畠旧臣）らがいる（『南紀古士伝』ほか）。従弟の安藤《あんどう》淡路も伊勢出身という。古市九郎兵衛尉は北条氏との神流川《かんながわ》の戦いで人質になった一益の子を救出する活躍を見せた。

変わり種では、三河出身の本多忠勝《ほんだただかつ》の旧臣だった本多正晴《まさはる》がいる。正晴は、神流川の戦いで先陣を切り、瀕死《ひんし》の重傷を負うほどの奮戦を見せ、敵方の北条からも希世の勇士と称讃された。また、三好康長の旧臣で若江七人衆に数えられた、牧野成里《まきのしげさと》と富田《とみた》喜太郎も家臣の列に加えている。

天正十年の武田攻めの後、一益は上野一国と信濃二郡を拝領した。上野国では、小幡信真《おばたのぶざね》、倉賀野秀景《くらがのひでかげ》、内藤大和守、由良国繁《ゆらくにしげ》、安中久繁《あんなかひさしげ》、高山定重《さだしげ》、長尾顕長《あきなが》、信濃国では真田昌幸《さなだまさゆき》をはじめとした国人衆、武蔵国でも成田氏長《なりたうじなが》、上田安徳斎《あんとくさい》らが臣従した。佐竹氏の庇護《ひご》下にあった太田資正《すけまさ》（道誉《どうよ》）・梶原政景《かじわらまさかげ》父子は信長の直参になることを許されたが、一益が目付役となった。

一益は箕輪《みのわ》城に入った時でも一万余の軍勢を引き連れていたので、これらの国人衆を合わせると数万の軍勢を進退できる地位になったと思われる。神流川の戦いでは、一万八千人を率いていたという。ただ、関東衆は当てにできず、手勢三千人で北条の大軍に果敢に合戦を挑んだ。

良質な史料で確認できる奉行は、木全新右衛門、杉山《すぎやま》（十左衛門）、篠岡平右衛門尉らである（『黄薇古簡集《きびこかんしゅう》』『代々上人聞書《だいだいしょうにんききがき》』ほか）。側近の滝川（木全）忠征は秀吉との連絡を受け持っていた関係もあり、のち秀吉に仕えた。

家老は、篠岡平右衛門尉（尾張出身）、津田次右衛門尉（尾張出身）、滝川益重（甥）の三人であり、地縁・血縁を重視していたことが分かる。篠岡平右衛門尉、津田次右衛門尉は一益の信頼に応え、神流川の戦いで一益を守って討死した。

2　一益軍の成長

一益軍の使命

一益は、天正十年（一五八二）二月の武田攻めでは信忠の補佐役として従軍し、麾下の滝川益重、篠岡平右衛門尉が天目山に勝頼父子を追い詰め、勝頼主従を討ち取る功名を挙げた。論功行賞では前述のように上野一国と信濃の一部を宛行《あてが》われ、関東八か国の警固、東国（関東と陸奥・出羽）の取次も命じられた。信長家臣団の中では最大エリアを担当することとなった。

一益はこの年五十八歳。老齢の一益を遠国へ遣わすことから信長も気を遣い、秘蔵の名馬と脇差《わきざし》を下賜し、その馬に乗って関東入りするように命じた。「都鄙《とひ》の面目此節《このせつ》なり」と称讃され、一世一代の晴れ舞台となった。恩賞は茶入れ「小なすひ」が欲しかったと愚痴をこぼしている一益の書状もあるが、これは茶人相手への一種の衒《てら》いだろう。

一益は当初、箕輪城を拠点としたが、五月頃には厩橋城《まやばし》へ移った。東国を統括するために拠点を移したことを内外に示すため、近国の武士を招いて能興行を挙行し、織田政権の威勢を誇示した。一益の絶頂期だっただろう。領国の上野に加え、武蔵・下野・信濃の国人領主も麾下に加えたことで一益の軍団は一気に拡大した。

北条氏はもとより、伊達氏をはじめとした東北の大小名も織田家に臣従したに等しく、彼らを織田大名化するのもさしたる困難ではなかっただろう。この時、臣従した倉賀野家吉《いえよし》が四月六日付で「長南」（武田豊信《とよのぶ》）に宛てた書状には、一益の任務について「日の本迄《まで》仰せ付けられ候」とし、箕輪城に移った一益のもとには西上野はもとより周辺の諸将が挨拶に赴いており、この調子なら「東八州・奥州迄御手に属すこと疑いなく候」（『紀伊国古文書』）と一益の勢威について感想を漏らしているほどである。

翌年には上洛する予定も立てていた一益だったが、六月二日に本能寺の変が勃発し、その後の一益の人生を一変させてしまった。

一益軍の戦績

北伊勢を領してからの一益は、天正二年（一五七四）の長島一向一揆攻め、翌年の長篠の戦い、越前一向一揆討滅戦、さらに大坂本願寺攻め、雑賀攻めなどでも活躍した。柴田勝家が越前に封じられるまでは、同僚の中では、やはり縁戚でもある勝家と組んで働くことが多かった。

天正六年には、別所氏が離反したため、播州攻めに出陣し、七月の神吉城攻めでは、一益自身も負傷するほどの熾烈《しれつ》な戦いとなり、家臣の滝川忠征も軽傷を負った（『家忠日記《いえただ》』ほか）。一益の書状にはこの時の合戦について「秘蔵の者共を討死させ、手負いも数人おり、迷惑している。ただ、彦二郎（滝川忠征）は薄手だったので満足している」（『黄薇古簡集』）と報じている。信長の側室生駒氏（久庵）の縁戚の生駒将監は信長の勘気を蒙って一益預けとなっていたが、この戦いで討死するほどの激戦だった。

その後、摂津一国を任されていた荒木村重も謀反したため一益も荒木攻めに従軍したが、長期戦の様相を呈した。信長の親征があったものの要害堅固な有岡城攻めは力攻めでも屈せず、信忠が応援に来た時もあったが、結果的には一益が中心的な役割を果たした。長期的な攻囲戦が続くなか、信長から名馬・名鷹《めいよう》を下賜され、さらに信長直々の陣中見舞いも受けて一益は発奮し、十月には敵将の中西新八郎を内応させて外構えを攻略し、翌月には有岡城を落城させた。

荒木攻めの活躍は摂津一国を拝領できるほどの戦功だったが、信長はもっと大きな任務を考えていた。一益は天正八年から北条氏の取次を務め、翌年十一月には下野の皆川広照《みながわひろてる》の取次も担当し、さらにこの頃には信濃国境の砦構築の任務も与えられるなど、東国エリアを管轄させる腹づもりだったのだろう。

本願寺を屈服させたあと、天正八年九月には、明智光秀と両奉行となって大和へ下向し、指出《さしだし》検地、城割《しろわり》を断行した。仕置きは峻烈《しゅんれつ》を極め、主だった大和の国人衆の中には処断される者もいた。

翌年の伊賀攻めにも従軍し、総大将の信雄とともに甲賀口から乱入し、瞬くうちに平定した。敵将が名物の壺《つぼ》二つを差し出して降参したが、信長はこのうち一つは返却し、一つ（名誉の山桜の真壺《まつぼ》）は一益が拝領した。信長一行は遊山気分で平定後の伊賀に視察に訪れたが、一益は、一宮《いちのみや》に立派な御座所を拵《こしら》え、珍物も用意して接待に意を尽くした。

天正十年の武田攻めでは河尻秀隆とともに中心的な役割を果たし、実質的な総大将となった信忠を輔弼した。信忠とともに二月十二日に出陣し、ひと月後の三月十一日には勝頼父子を討ち取るほどの大進撃だった。

前述のように、武田攻めの論功行賞で上野一国、信濃二郡を拝領し、「東国奉行」「関東管領」として北条氏、伊達氏、蘆名《あしな》氏をはじめとした関東・東北の諸大名を臣従させる任務などが与えられた。こうした任務が緒に就いた矢先に本能寺の変が勃発した。上野周辺の武将も麾下に加えた「一益軍」は発足早々、崩壊し、実質的には幻に終わった。

本能寺の変後の一益

六月二日黎明《れいめい》に起こった本能寺の変の報は、九日晩に一益にもたらされたという。一益は、新たに麾下についた諸将に対し、信長の横死を正直に話して協力を求めたといわれるが、ごく一部の武将には事実を伝えたものの、大半の武将には何事もなかったと伝え、ひた隠しに隠した。

しかし、六月半ばには確実な情報が伝わり、北条氏は信長生前の臣従を翻し、一益と神流川で対戦した。一益は、本城には滝川忠征を残し、松井田《まついだ》城に津田秀政、稲田九蔵を入れ置き、篠岡平右衛門尉、津田次右衛門尉、滝川益重、堀田武助《たけすけ》、富田喜太郎、牧野伝蔵、日置五左衛門、谷崎《たにざき》忠右衛門、栗田《くりた》金右衛門、太田五右衛門、岩田市右衛門・平蔵兄弟、魚住与八郎、小塚七《こづかしち》、岩田虎ら直臣衆を率いて北条との戦いに臨んだ。

緒戦では一益軍が勝利を得たものの北条方の巻き返しで敗北し、一益は上野に留まることができずに途中で人質を返し、木曽経由で本国の伊勢に逃げ帰った。

「関東管領」的な支配がもう少し長ければ、北条氏も臣下に位置づけ、他の上野衆をはじめとした他国衆も完全に麾下にすることも可能だった。しかし、変までの時間があまりにも短く、一益の武勇をもってしても変後の混乱はいかんともしがたかった。

山崎の戦いで明智光秀を撃砕した秀吉の六月二十六日付一益宛書状が伝わっているが、秀吉は一益の帰国については家康に渡りをつけたと恩を着せつつ、自らの武功を長々と書き連ねて、織田家筆頭家老のような地位にいることをアピールする内容となっている。

一益は焦っただろうが、伊勢に戻った時にはもう「清須会議」は終わっていた。宿老である自分を抜きにして会議が開かれたことに憤懣《ふんまん》やるかたなかっただろう。北条氏との戦いで篠岡平右衛門尉、滝川益重など股肱《ここう》の臣ともいうべき逸材が討死し、一益軍は急激に勢威を落とした。

秀吉と勝家が反目するなか、一益は去就に迷っていた気配があるが、結局は縁戚関係の勝家陣営に投じ、伊勢・亀山城など秀吉方の城を攻略した。伊勢地方で持久戦を続けていたが、盟友勝家が賤ヶ岳の戦いで敗北し、北庄城で敗死するに及んで秀吉に降伏した。

翌年の小牧・長久手の戦いでは今度は逆に秀吉方として織田信雄・徳川家康陣営を攻撃し、蟹江城を攻略して守備していたが、家康方の猛攻を受け、あえなく開城した。この年七月十二日、秀吉から捨扶持《すてぶち》三千石を与えられ、丹羽長秀の領地となった越前に赴き、余生を過ごしたという。

変以前、一益は秀吉とも通信しており、例えば、天正七年十二月十二日付の秀吉宛書状では、荒木攻めに秀吉の協力を要請し、最後に秀吉が攻囲中の三木城の落城が近いことを祝っている。もともと秀吉とは親しかったと思われ、変後、秀吉に敵対したが許され、その後、小牧・長久手の戦いでも失態を演じたが、事前の約束であった捨扶持もきっちり履行されたのは、朋輩の時の誼があったからだろう（前述）。

第十二章　明智光秀軍

1　光秀軍の派閥

明智光秀の経歴

光秀の出自は判然としないが、美濃出身ということは間違いないだろう。若い頃に美濃を出て朝倉氏にも仕えたというのも確かなようである。いずれにしても「瓦礫沈淪《がれきちんりん》」の身から出世した光秀は、羽柴秀吉や滝川一益と同じく、ほとんど譜代の家臣を持たなかった。一説には土岐氏の系譜を引く美濃明智氏の出とするが、朝晩の食事にも事欠く身分だったともいわれ、とても郎党を率いる身上ではなかっただろう。

越前の朝倉氏に仕えていたが、当主義景のもとでは力量を認められず、鬱屈《うっくつ》する日々を送っていたという。しかし、将軍候補の足利義秋《よしあき》（義昭）が近江、若狭を経て越前に亡命してきたことで転機が訪れた。

この時、義昭と信長の間を取り持ち、これを踏み台に出世していったといわれる。一説には祐筆《ゆうひつ》として仕えたともいう（『織田家覚書』）。『多聞院日記』には、もともとは細川藤孝の「中間《ちゅうげん》」だったとしているので、義昭の供をして越前に下向してきた藤孝にいったん仕え、その後、義昭と信長に両属するかたちで引き立てられていったのだろう。

良質な史料で光秀が軍事的に初めて名を現したのは「本国寺の戦い」である。足利義昭が将軍に就任した翌年の永禄十二年（一五六九）早々、阿波へ追い落とされていた三好軍が反攻し、義昭御所の本国寺を攻撃した時、守備軍の一人として功名を挙げた。『信長記』には、細川藤賢《ふじかた》、織田左近、美濃衆などと並んで明智十兵衛（光秀）の名が見える。まだ小身であったので自ら鑓働きしたのだろう。

義昭が将軍に就任した当時は、義昭と信長に両属するかたちだった光秀だが、次第に信長に接近した。とくに元亀二年（一五七一）の延暦寺《えんりゃくじ》焼き討ち後は、近江志賀《しが》郡を与えられて坂本に築城し、志賀郡一円を宛行《あてが》われ、信長の臣下のようになった。

天正三年（一五七五）七月、信長は主だった家臣を賜姓・任官させたが、光秀は「惟任」氏を賜姓され、日向守に任官し、信長家中での地位を一段と高めた。信長の有力家臣では最も遅く仕えた光秀だが、その出世は勝家や秀吉などと比べても早かった。柴田勝家が「明智出頭《しゅっとう》」と嫉視《しっし》するほど目覚ましい出世だった。

この年には早くも丹波攻めが命じられ、丹波国人衆の懐柔などの準備を進め、順調に帰順工作が功を奏していたが、八上《やがみ》城の波多野《はたの》秀治《ひではる》、黒井《くろい》城の赤井《あかい》（荻野《おぎの》）直正《なおまさ》が離反し、加えて、他の戦線に派遣されることも多く、丹波攻めに専念できない状態が続いていた。しかし、天正七年には丹波を平定し、信長から褒賞され、丹波国を拝領した。翌天正八年には滝川一益と両奉行となって大和国の支配強化のために派遣され、翌天正九年二月の馬揃えの奉行もこなした。天正十年には武田攻めに従軍し、五月には中国攻めの支援を命じられたが、その命に叛《そむ》いて本能寺に信長を急襲した。

光秀はインテリ武将のようなイメージで語られることが多いが、宣教師の記録によると、信長とよく似た印象であり、決して線の細い武将ではなかった。連歌《れんが》などの素養はあったが、その力量は、友人の細川藤孝の言を借りると、それほどのものではなかったようである。いずれにしても光秀の真骨頂は武将としての面である。

光秀の一族

一族衆では、実在が確認できる兄弟はいない。筒井順慶が兄弟という系図もあるが、もちろん信用できない。伯父・叔父についても系図類には登場するが、重臣クラスでは確認できない。明智光忠《みつただ》（治右衛門）が従兄弟といわれるくらいである。

光秀の生年は諸説あり、通説では没年齢が五十五歳といわれているが、最近は、より信憑性の高い史料『当代記』を採用し、六十七歳没というのが有力である。信長よりも十八歳も年長であり、本国寺の戦いの時には五十四歳になる。随分イメージと異なる。六十七歳説を採ると、伯父・叔父がいたとしても光秀が活躍する頃にはかなりの高齢になっていたと思われ、留守居役などを務めており、あまり史料には登場しないのだろう。

正室は、美濃の妻木《つまき》氏という。妻木範煕《のりひろ》の娘「煕子《ひろこ》」というが、信用しがたい。また名は「牧」ともいうが、これも怪しい。異説には堀田氏として名を「菊」ともいう。妻木忠頼《ただより》は光秀の叔父（『美濃国諸城伝記』）ともいうが、義理の叔父か養子関係があったのかもしれない。光秀自身を妻木氏とする見方もある。

子息については、系図類を見ると変事には幼少だった者も含めて数人記載されているが、良質な史料では十五郎光慶《みつよし》、自然丸《じねんまる》の実在が確認できる。宣教師の記録には、坂本城で光秀の二子（「長子は十三歳」）が死んだと記されている。また、京都・二尊院《にそんいん》の過去帳にも天正十年（一五八二）六月十五日に死去した光秀の長男「宗林」、次男「光林」が記されているので、光秀には息子二人がおり、宗林が光慶のことだと思われる。光慶は筒井順慶の養子（猶子《ゆうし》とも）となったが、幼少の間は光秀の手元で育てることになっていたという。光慶の実名「慶」は、順慶の慶だろう。順慶は諱ではないが、「慶」を取り入れたのだろう。両家を結ぶ子であり、光慶は、勢多《せた》城主山岡景隆の娘を許婚《いいなずけ》にしていた。

また、「自然丸」（『秘聞郡 上古日記《ひぶんぐじょうこにっき》』『連歌合集《れんがかっしゅう》』ほか）については、次男の「光林」に充てることも可能だが、おそらく光慶と同一人物だと思われる。「自然」という幼名には、他者の事例だが、先に生まれた子が次々に夭折したため、「自然に育つように願って命名した」という説があることを踏まえると、自然丸が長子であり、光慶と同一人物の可能性が高いだろう。高齢の光秀に、幼少の男子しかいなかったことも納得できよう。なお、同時期に光慶と自然丸が別々の史料に登場することから別人と見る説もあるが、史料の記主が別人であれば、情報不足などで元服後に幼名を記すことなどもあり得ただろう。また、なかなか男子に恵まれなかった光秀は、養子として旧幕臣の真木島昭光《まきしまあきみつ》の子を貰い受けたともいう。

娘は、細川藤孝の嫡子忠興室（玉《たま》、洗礼名ガラシャ）、信長の甥津田信澄室、荒木村重の嫡男村次《むらつぐ》室（のち明智秀満《ひでみつ》に再嫁）、今西春房《いまにしはるふさ》（摂津の社家）室、伊勢貞興《さだおき》室のほか、川勝《かわかつ》丹波守室、井戸《いど》三十郎室などが系図類に見える。

また、妻の実家である妻木氏の姪（外姪《がいてつ》）を養女にして村井貞勝の子貞成《さだなり》に娶せている（『藩士系図』）。京都の奉行時代、光秀と貞勝は一緒に仕事をしたことがあるので、この時に縁組したのだろう。話は逸《そ》れるが、元亀四年（一五七三。改元して天正元年）、将軍義昭が信長に謀反した時、東山一乗寺《ひがしやまいちじょうじ》の渡辺昌《わたなべまさ》は、磯谷久次《いそがいひさつぐ》とともに寄親の光秀に叛き、義昭方として一乗寺に籠城したものの、結局は降伏したことがあった。のち久次は逃亡し、逼塞先の吉野山中で誅されたが、昌は助命された。昌の妻が村井貞勝の娘（『藩士系図』ほか）だったため、貞勝の助命嘆願があったのだろう。

近習の明智兵介は甥、山崎の戦いで討死した明智己蔵は従弟、明智十左衛門は従兄弟という。また、天正六年と推定されている十一月一日付の小畠越前守《おばたえちぜんのかみ》（永明《ながあき》）宛書状に「孫十郎《まごじゅうろう》若年」（『小畠文書』）と記されている明智孫十郎がいる。孫十郎は、本能寺の変に際し、光秀の丹波攻めに協力した宇野秀清《うのひできよ》（勘右衛門）が光秀に諫言したため、刺客となって秀清を暗殺した。しかし、二条御新造攻めで信忠に薙ぎ伏せられた（『豊臣記』ほか）。

光秀軍の構成

初期の光秀軍は、一門衆や古参の美濃衆を中心としていたが、比叡山焼き討ち後、志賀郡を拝領し、西近江衆を麾下に加えた。将軍義昭追放後は、光秀を頼ってきた旧幕臣衆を受け入れ、天正三年（一五七五）の越前一向一揆討伐後は、旧交のある朝倉旧臣も家臣とし、さらに丹波攻めの過程で臣属した丹波衆などを加えていった。また、丹後国の細川藤孝や大和国の筒井順慶と縁戚関係を結び、軍事的には彼らを組下《くみした》にした。ただし、組下といってもそれほどの従属性はなかったと思われる。

本国の美濃衆では、斎藤利三、溝尾庄兵衛尉《みぞおしょうべえのじょう》（三沢秀次《みぞうひでつぐ》）、三宅藤兵衛、藤田行政《ふじたゆきまさ》（伝五）などの大物が多く、地縁を重視したことが分かる。

西近江衆では、猪飼野昇貞《いかいののぶさだ》、磯谷久次、山岡景佐《かげすけ》、馬場孫次郎《ばばまごじろう》、居初又次郎《いそめまたじろう》、和田秀純《ひでずみ》、林員清《かずきよ》らを配下に加え、猪飼野には明智の名字も与え、一族に准じる待遇を与えた。

丹波衆では、荒木氏綱《うじつな》、小畠永明、酒井《さかい》孫右衛門、四王天《しおうてん》但馬守、尾石《おいし》与三、並河掃部助《なびかかもんのすけ》、中沢《なかざわ》豊後守、片岡藤五郎、大芋《おおいも》甚兵衛尉、野々口西蔵坊《ののぐちさいぞうぼう》、同彦助、波々伯部《ほうかべ》蔵介、足立《あだち》又三郎、荻野彦兵衛、川勝継氏《つぐうじ》などを麾下に加えた。小畠氏には明智の名字を下賜するなど、丹波衆も取り込んでいった。

旧幕臣では、幕府政所《まんどころ》執事の伊勢貞興をはじめ、御牧景重《みまきかげしげ》、諏訪盛直《すわもりなお》、津田重久《しげひさ》らを召し抱えた。山城衆の山本秀勝《やまもとひでかつ》、渡辺昌らは光秀の与力だったが、義昭の謀反に際して光秀に敵対したため討伐し、その領地も光秀が引き継いだと思われる。一説には、山本秀勝（山《さん》入《にゅう》）は山崎の戦いで討死したともいう。佐竹出羽守（宗実《むねざね》）・左近允・弥吉の三兄弟は光秀に仕え、奏者などを務めた。

また、光秀は越前に所縁があったことから、越前出身の服部《はっとり》（野村）七兵衛尉を家臣に加え、所領を宛行っている。天正三年の越前攻めの時と思われるが、七兵衛尉が功名を挙げたものの負傷したため、養生の見舞状を出して労《いたわ》っている。光秀は旧知の七兵衛尉に限らず、新参者に対しても戦傷などを労る書状を出して見舞ってもいる。譜代の家臣を持たないため、家臣を大事にすることで家中をまとめ上げようとしていたのだろう。

光秀は、本能寺に信長を急襲した時、一万三千人ほどの軍勢を率いていたという。亀山城出陣にあたっては、明智秀満、同光忠、藤田行政、斎藤利三、三沢秀次の五人と謀反の談合をしたと伝わる。この五人が光秀家中の宿老だった。明智秀満は福知山《ふくちやま》城、明智光忠は八上城、斎藤利三は黒井城を守備し、藤田行政、三沢秀次には明智の名字も下賜して家中をまとめ上げていた。

明智秀満は藤木《ふじき》権兵衛、のち三宅弥平次と名乗ったが、光秀の娘（荒木村次に嫁した娘）を正室に貰い受け、明智を名乗ることを許され、明智秀満と称した。父は天正十年に六十三歳と伝わるので、秀満は三十歳前後だったろう。光秀の副状も出すなど最も信頼されていた。一説には、最初に謀反を打ち明けたのは秀満ともいう（『政春古兵談《まさはるこへいだん》』）。

明智光忠は光秀の従兄弟という。早くから仕えていただろう。

斎藤利三は、稲葉一鉄の甥とも女婿とも、また光秀の甥ともいわれる。三好氏の家臣松山《まつやま》重治《しげはる》（新介）に属し、その後斎藤氏、稲葉氏に仕えたという。一鉄に仕える前は犬山城主の織田信清に仕えていたという異説もある。元亀元年（一五七〇）には稲葉一鉄父子とともに近江の一揆を撃退する功名を挙げている。その後、一鉄のもとを去り、光秀に転仕し、丹波攻めでは光秀の右腕として活躍した。蒲生賦秀《ますひで》（氏郷）に武芸の嗜《たしな》みを教えたこともある武辺者だった。本能寺の襲撃では、光秀は後方に控えていたため、利三が戦闘部隊を指揮して信長を自害に追い込んだ。公家の日記に「今度、謀叛随一也」と記される所以である。最後は堅田に潜んでいるところを生け捕りにされ、六条河原で誅された。二人の子息も首を切られた。

藤田行政は、光秀の使者として大和国に派遣され、『多聞院日記』などには「明智伝五」と記されている。山崎の戦いでは光秀軍の右翼を受け持ち、敗戦後は光秀と行を共にし、光秀に殉じた。弟の藤三、長子の伝兵衛は山崎の戦いで討死した。

三沢秀次は、朝倉義景討伐後、光秀の代官として越前に派遣された。秀次も明智の名字を下賜されているが、秀次の「秀」も光秀の偏諱だろう。三沢は「みさわ」ではなく、「みぞう」と読み、音の通じる溝尾庄兵衛尉（子孫は細川家に仕えた）と同一人物と推定されている。『武家事紀』によると前述した五人の家老以外には、家臣として松田《まつだ》太郎左衛門、進士《しんじ》作左衛門、津田与三郎（重久）、伊世（伊勢）与三郎、提子《ちょうし》数《す》杯助《はいのすけ》、可成《かなり》弥三郎が記載されている。進士作左衛門には、細川藤孝の縁戚の娘を娶せ、細川家との関係をさらに深めている。

また、『松平記』には、斎藤内蔵助（利三）、明智弥兵衛（秀満）、城戸《きど》十乗坊《じゅうじょうぼう》（十蔵坊）、かなり（可成）弥之丞、稲葉右馬允、可児才蔵《かにさいぞう》、堀部《ほりべ》兵太、青木極右衛門、津田兵庫が載せられている。『明智光秀記』という史料にも家臣が記載されており、珍しいところでは村井貞勝の家臣である村井吉忠《よしただ》（又兵衛）も家臣の列に加えているが、貞勝から転仕したのかもしれない。

2　光秀軍の成長

光秀軍の使命

天正三年（一五七五）に丹波攻めを命じられた時には、文字通り丹波攻めが光秀軍の役割だった。丹波攻めは、当初は細川藤孝に命じられたが、藤孝では荷が重過ぎたのか、光秀が中心となって藤孝らを組下にし、丹波に隣接する丹後も含めて征討戦を進めていった。丹波攻めは一進一退を繰り返したが、天正七年八月には丹波最後の牙城《がじょう》ともいえる黒井城を攻略した。十月には光秀は土産物を持参して安土へ伺候し、丹波・丹後の平定を報告した。丹波攻めでは幾多の辛酸を嘗《な》めたが、信長は翌月の上洛途上に坂本城へ寄城して光秀を褒賞し、その労に報いた。信長は、翌年の佐久間信盛への譴責状でも光秀の働きを絶讃しており、名誉比類なき旨の感状も下賜した。この頃には正式に丹波一国を宛行われた。

天正八年八月に本願寺が大坂の地を退去したことで畿内近国に敵対勢力がほとんどいなくなり、光秀の任務にも変化が表れ始める。佐久間信盛が追放された影響もあり、翌月の大和国の検地には滝川一益と二人で大和へ下向し、指出検地を主導した。郡山《こおりやま》城以外の破城を強行し、反抗的な大和の国人衆も処断した。大和国は筒井順慶に与えられたが、順慶は光秀の組下に配属された。この時の検地は、『多聞院日記』の記主英俊《えいしゅん》が「地獄の苦しみ」と怨《えん》嗟《さ》したほど過酷なものだった。それでものちに不正申告が発覚しているので、長年培ってきた興福寺《こうふくじ》の老獪《ろうかい》な対処法には脱帽させられる。

天正九年二月に信長は京都で盛大なイベント「馬揃え」を実施したが、その奉行に任じられたのは光秀だった。光秀の実務能力を高く評価しての抜擢だろう。畿内近国衆への動員も光秀が担当し、当日、光秀自身は大和衆、上山城衆を従えて三番目に行進した。この年八月には毛利攻めが計画され、畿内近国に動員令が下された。秀吉の鳥取攻めの援軍として、光秀は藤孝と協力して船で兵粮を運ばせたが、結局この遠征は取りやめとなった。

この間、本能寺の変のちょうど一年前になるが、天正九年六月二日、光秀は十八か条からなる軍法を定めた。この時期の軍法としては整いすぎているという側面などから疑問視する向きもあるが、信長軍団で唯一残っている軍法という。戦場での心構えから軍役の人数まで規定し、最後に信長の恩に感謝する文言も見られる。

また、この年末の十二月四日にも家中法度を定めている。信長の宿老衆や馬廻衆に出会った時の挨拶の仕方から洛中での馬上禁止や他家衆との口論禁止など、信長、および他家衆へ配慮した法度になっている。年明けの茶会でも信長自筆の御書を飾るなど、この時点では信長への叛意は窺えない。

光秀軍の戦績

光秀は、足利義昭が信長に奉じられて上洛した頃には将軍義昭と信長に両属するような関係だったが、元亀二年（一五七一）の比叡山焼き討ち以後、急速に信長に近づき、元亀四年（改元して天正元年）、義昭が信長に謀反した時には、信長方として参陣し、義昭が籠城した槙島城攻めにも加わった。義昭追放後、村井貞勝が「京都所司代」に任命されたが、光秀も「片奉行」（『岡本保望上賀茂神社興隆覚《おかもとやすもちかみがもじんじゃこうりゅうおぼえ》』）として貞勝とともに京都の行政に勤《いそ》しみ、寺社に対する仕置きなどを行い、ときには南山城守護の塙直政と組んで公家の所領安堵にも携わった。

天正二年（一五七四）の長島攻めや翌三年の長篠の戦いには参陣せず、畿内で本願寺や三好勢を抑えていた。この間、天正二年と推定される七月二十九日付の光秀宛の信長黒印状には、二日前の光秀からの詳しい戦況報告に対し「書中具《つぶさ》ニ候へハ、見る心地ニ候」と褒め、今後の作戦指示を伝えている。信長の高い信頼が見て取れる。

信長は、長篠の戦いで武田勢を完膚なきまでに打ち破ったことで東方からの脅威が格段に減ったことを受け、懸案の大坂本願寺の攻略、一向一揆勢に織田体制を打ち破られた越前への侵攻、反抗的な姿勢を崩さない丹波への攻撃準備などに取り掛かった。光秀には丹波攻めが命じられ、足掛け五年にも及ぶ苦闘の丹波攻めが始まることになる。

丹波では宇津《うつ》氏が禁裏御料所の山国荘《やまぐにのしょう》を横領し、守護代家の内藤氏も信長の威令に服さないため、細川藤孝と協力して丹波を平定する命が下った。事前に小畠氏や川勝氏ら丹波国人衆の帰服工作を行ってから出陣したことで、多紀《たき》郡の波多野氏をはじめ丹波の国人衆も帰属し、残る大敵は赤井氏のみとなった。赤井家の当主忠家《ただいえ》は幼く、叔父の荻野直正が後見していた。この荻野直正は東国まで聞こえた豪傑で、最終的に丹波平定が成就するのは直正の没するのを待たねばならなかった。

それはさておき、この時、直正は但馬竹田城の山名氏を攻めていたが、光秀の出陣を聞いて帰陣し、黒井城に籠城した。光秀は黒井城を攻囲したが、翌年正月、突然、波多野氏が裏切り、形勢は一気に逆転し、光秀はほうほうの体《てい》で逃げ帰ることとなった。翌二月に再度丹波に攻め入ったが、本願寺攻めを命じられたため、包囲網を築いただけで帰陣した。

本願寺攻めは、主将の塙直政が戦死するなど苦戦し、光秀自身も天王寺砦に籠城して落城寸前にまで追い詰められた。この時には信長の決死の救援で九死に一生を得ることができたものの陣中で発病し、帰陣して治療に専念した。当時の名医曲直瀬道三《まなせどうさん》の治療を受け、信長から見舞いの使者も派遣されたが、治療は長引き、一時は死去の噂も出るほどの重病となった。新たに帰属していた丹波の小畠永明も見舞い状を出して気遣うほどだった。

翌天正五年には病も癒《い》え、二月の雑賀攻めには従軍し、十月には叛旗を翻した松永久秀陣営の攻略戦で活躍した。病気や他の戦線に派遣されたことで丹波攻めに集中できなかったが、信貴山城落城後は直ちに丹波へ向けて出陣し、この月二十九日には籾井《もみい》城を攻撃した。

この時の出陣では、並河掃部、四王天但馬守、荻野彦兵衛、中沢豊後守、波々伯部権頭、尾石与三、酒井孫左衛門、加治石見守《いわみのかみ》らの国人衆が来属し、光秀は五千の兵を率いていたという。丹波衆には、有力な小畠氏一族のほか、城戸十乗坊（近江出身、のち堀尾家に転仕）、本城惣右衛門《ほんじょうそうえもん》（『本城惣右衛門覚書』の記主）らのほか、信長に鑓を付けた安田作兵衛（天野《あまの》源右衛門）もいた。作兵衛は光秀の直臣ではなく、秀満の家老だったという。

翌六年三月には信長自らが出馬して丹波攻めが予定されたが、結局信長の親征は見送られ、再度、光秀に命が下り、滝川一益、丹羽長秀の増援軍とともに派遣され、荒木氏綱の居城を攻略し、光秀の兵を入れていったん帰陣した。

この後も光秀は三木城攻めや有岡城攻めなど他の戦線に駆り出され、丹波攻めに専念できない日々が続いたが、十二月には丹波へ出陣し、波多野秀治の八上城を包囲した。要害堅固な八上城を力攻めで落とすことは困難と判断し、攻囲して兵粮攻めにし、支城群を攻略していった。孤立した八上城は落城寸前になって城兵が波多野兄弟を捕らえて光秀に引き渡した。波多野兄弟は安土に護送され、磔刑に処せられた。

赤井氏の籠もる黒井城は、前年に直正が病死し、その後一年以上籠城を続けていたが、天正七年八月九日に開城した。光秀は丹波攻めと並行するかたちで細川藤孝と協力して丹後攻めも推進し、国主の一色満信《いっしきみつのぶ》に藤孝の娘を娶せることで帰属させた。

天正七年に丹波を平定したが、その後は軍事的にはこれといった活躍はない。天正十年の武田攻めでは後備えとなり、戦場での活躍はなかった。帰陣後は安土山城で徳川家康らの接待を命じられた。ちょうどこの時、備中高松城を攻囲している秀吉から毛利氏が総力を挙げて後詰してきたとの報が入り、信長はこれを好機と捉え、中国、四国、九州まで一気に平定すべく総動員令をかけた。光秀は細川藤孝、池田恒興らとともに先陣として出陣するように命じられ、いったん坂本城に帰城したあと、丹波に帰国して出陣準備を整えた。

本能寺の変の原因と光秀の末路

本能寺の変の原因をめぐっては、さまざまな説が唱えられている。怨恨説から野望説、さらには黒幕説まで切りがないほどである。変の要因ではないが、光秀が本能寺の変を成功させ得たのは、その特殊な家臣団構成も与《あずか》って力があったものと思われる。もちろん、単に信長の生命を奪うだけなら、家臣団構成などはそれほど重要ではないが、軍事的にクーデターを成功させるには、家臣団の構成によって成否が分かれたと思われる。その意味では、光秀の家臣団はクーデターを成功させるためには「恵まれた軍団構成」だった。

柴田勝家の軍団には、佐々成政、前田利家、不破光治のいわゆる府中三人衆が勝家の目付として付けられていた。逆に府中三人衆も勝家から監視されていた側面もあった。いずれにしても、もし勝家が信長に対して謀反を起こそうとすれば、三人衆を味方に付けなければならない。また、勝家の直臣の中にも信長から目をかけられていた武将もいたので、これらの臣下も事前に懐柔するか、または秘匿しておかなければならない。つまり、極秘裏に謀反を進めるのは非常に困難だった。このほかの軍団も、麾下には信長と同じ尾張出身者がおり、やはり謀反の計画を秘匿するのは容易ではなかったと思われる。

また、信長は外様の家臣には、人質を徴していた。反覆《はんぷく》常ない松永久秀も人質（孫）を出しており、実際、天正五年（一五七七）の謀反の時には、久秀の人質は処刑された。羽柴秀吉の与力となった姫路城主の黒田孝高も人質として嫡男松千代（長政）を出していたが、荒木村重の謀反に荷担したと疑われ、信長から長政の処刑が命じられたという。人質を預かっていた竹中重治は孝高を信じ、信長を偽ってまで長政を匿《かくま》った。村重の没落後、孝高の無実が判明し、信長は長政の処刑を命じたことを後悔したと思うが、重治が匿っていたことを知って重治の機転を評価し、当然のことだが、違命に対しての咎めはなかった。長政はこの時のことを恩義に感じ、重治の子の一人は、大身となった筑前黒田家に仕えた。

光秀軍の家臣団構成は前述したが、他の方面軍と比べて異質なのは、光秀と同郷の美濃出身者はいるが、尾張衆が皆無に近いことである。信長の目付の存在も知られていない。変直前の謀議に加わった五人の家老衆も尾張出身ではない。家臣団自体も近江志賀郡や丹波を領地にしたことで、西近江衆や丹波衆が中心である。また、旧幕臣衆も配下に加えている。旧幕臣衆は、信長を恐れて義昭を離れたに過ぎず、信長から見れば敵性勢力ともいえる。光秀が信長を討つと打ち明けたとしても、反対するどころか賛成したかもしれない。ただし、光秀もそこまでは信頼していなかったと思われ、内談した形跡はない。もし、事前に相談していれば、毛利に庇護されている義昭の担ぎ出しを積極的に進め、大義名分も含めて大戦略を打ち出せただろう。

例外的な事例では、尾張・津島の堀田一族である堀田道也《どうや》（助左衛門）は尾張出身ながら光秀に仕え、本能寺の変の時は福知山城で留守居をしていたという。道也は信長の命に二度も叛くほどの剛の者だったが、それでも光秀の謀反については、「もし相談ありとも、なかなか与すべきものにてはなし」とし、本国の尾張衆として光秀に同調することはなかったと振り返っている。

配下の者には、最後まで信長を討つとは知らせなかった。女婿の秀満だけには事前に諮《はか》っていたようだが、家老にも出陣前に知らせただけである。福知山城の留守居の者なども全く知らなかったようである。光秀は、細川藤孝・忠興父子や信長甥の津田信澄とも姻戚関係にあったが、もし、彼らに謀反の計画を打ち明けていれば事前に信長に知られて失敗していただろう。

光秀軍に有力な尾張出身者がいれば、信長に対する謀反であると知れた時には、どうなっていたか分からない。逆に光秀を討ち取っていたかもしれない。光秀はクーデター最中にどういう異変が起こるかもしれないと用心し、本陣は本能寺から距離を隔てていたのもそういう配慮からだろう。

信長を討つという所期の目的は達成したが、山崎の戦いで大敗し、坂本城への敗走中、「錆《さ》び朽ちたる鑓」(『太田牛一旧記』)で腰骨を突かれ、最期を悟り自害して果てた。秀吉の書状では、「山科《やましな》の藪《やぶ》の中に屈《かが》みおり候を、百姓、明智首を切って溝に捨て置き候を見出し候」と惨めな最期を強調している。光秀の一族や主だった家臣は光秀に殉じた。

丹波衆の安田作兵衛は坂本城を落ち、西国に下り、天野源右衛門と変名し、柳川《やながわ》・立花《たちばな》家、唐津《からつ》・寺沢家などを渡り歩いて持ち前の武辺で引き立てられた。鑓で信長の頰《ほお》を突いたが、自らの頰にも腫《は》れ物ができ、有馬で湯治したが、平癒せず自害して果てた。遺児も寺沢家に取り立てられたが、目を患い盲目になったという。

変後の光秀は、縁戚の細川藤孝・忠興父子、筒井順慶らを頼るが、支援を得られず、毛利攻めから反転してきた羽柴秀吉軍に信長三男の信孝軍が合流した「織田軍」に、山崎の戦いで敗れる。敗走途上、落ち武者狩りに遭い、落命した（前述）。太田牛一の記録には、「天罰」（『大かうさまくんきのうち』）と記されている。光秀は死後、首をつなぎ合わされて磔に懸けられた。謀反で主導的役割を果たした斎藤利三は生け捕りとなり、洛中を引き回された上、六条河原で首を刎《は》ねられた（『兼見卿記』）。敗戦を知った女婿の明智秀満は坂本城に入り、光秀の一族を悉《ことごと》く刺殺して天守に放火し、自害して果てた（『豊臣記』）。本能寺の変から十日余りで光秀軍は消滅した。

第十三章　本能寺の変後の諸臣

1　信長を支えた側近衆

古参の吏僚

方面軍の将官とは異なるが、主に文官として信長に重用された家臣も多い。また、小身ながら側近として大きな力を持っていた吏僚もいた。方面軍の司令官でも気を遣うほどの側近衆である。

村井貞勝、島田秀満（秀順《ひでより》）、松井友閑、武井夕庵《たけいせきあん》らが別格の存在として仕えていた。別格という意味では、筆頭家老の林秀貞がその最たるものだった。

秀貞は、一度は信長に謀反したが、その後は家宰として忠実に仕えた。戦場に臨むことはほとんどなかったが、天正二年（一五七四）の長島攻めには、自ら囲い舟を用意して参陣した。前年、継嗣の新三郎（新次郎とも）が一揆軍と戦って討死していたからであり、信長軍としても筆頭家老の「弔い合戦」と称して復仇に燃えていた。また、完成した安土山城天主の見学を許されたのは家臣では貞勝と秀貞の二人だけだった（『安土日記』）。既述のように天正八年、突然追放され、さびしく世を去った。

貞勝の出自は不明だが、近江に縁戚がいるので、父祖の代に近江から尾張に来たのだろう。上洛戦にも従軍し、「織田雑掌」として京畿の政務に励み、義昭追放後は「京都所司代」として重用された。所司代時代には、一族を率いて政務に励んでいるので、公家衆との関係も含めて人的ネットワークを確立しつつあった。また、明智光秀とも姻戚関係を結ぶなどそれなりの派閥を構築していた。しかし、本能寺の変で、一族の大半が信長に殉じ、村井氏の派閥は瓦解した。一族の中には、貞勝の後継者ともいえる前田玄以《げんい》に仕えた者や豊後・臼杵《うすき》の稲葉家に仕えた子孫もある。娘の一人「鳳台院《ほうだいいん》」は福島正則の弟高晴（正頼《まさより》）に嫁している。

島田秀満も初期からの重臣だが、系譜はよく分からない。『寛政重修諸家譜《かんせいちょうしゅうしょかふ》』の土岐支流菅沼定信《すがぬまさだのぶ》の次男定房《さだふさ》の条に「所之助、伊賀守、嶋田を称す。織田右府《うふ》（信長）につかふ」とあるので、同一人物と思われる。定信は三河額田《ぬかた》郡菅沼を領し、田峯《だみね》城主である。秀満の秀は、父信秀の偏諱と思われるので、早い時期に尾張に流れてきたのだろう。貞勝と並んで奉行衆の筆頭として活躍したが、本能寺の変以前に没したようである。光秀の養女が一族の菅沼定盈《さだみつ》の妻という系図もあるので、推測をたくましくすれば、貞勝、光秀、秀満は縁者だった可能性もある。

松井友閑は、『信長記』に登場する清須の町人「友閑」と同一人物とする見方もあるが、はっきりしない。フロイスの『日本史』には、もともとは仏僧と記されているので、別人の可能性が高いだろう。堺出身で箔屋《はくや》九郎左衛門と称していたともいう。文化人的な側面も持ち、夕庵と並んで政治的な顧問のような役割を果たしていたと思われ、堺代官の職務を中心に幅広く活躍した。また、能にも堪能だった。友閑が腫れ物を病んだ時には、信長自らが、外科に優れている宣教師の医師の派遣を要請しているほど信頼されていた。秀吉時代も引き続き「堺政所《さかいまんどころ》」として起用されたが、天正十四年六月、突然、「曲事《くせごと》」を咎められ罷免《ひめん》された。最期ははっきりしないが、尾張真島《まじま》の医師の系譜を引く眼科医の真島氏を継いだ真島常賢《じょうけん》（安栖斎《あんせいさい》）は友閑の子という。ちなみに、常賢長子の照斎《しょうさい》は、島津義久《しまづよしひさ》の眼疾を療治したとも伝わる。

武井夕庵は、諏訪出身といわれ、祐筆として斎藤家に仕え、副状も発給していた。信長に仕えてからも吏僚として重用され、各種奉行職のほか、外交も担当し、ときには信長に諫言する教養人でもあった。安土の山上に屋敷を拝領するほど信頼された（『八幡神社文書』『玄旨公御連哥《ごれんが》』）が、天正四年、信長が公家伝奏を譴責処分にした時には、連座したこともあった。しかし、すぐに許されたと思われ、信長の側近として活躍している。変後は歴史の舞台に出ることはなく、天正十九年八月三日没したともいう。子息には武井十左衛門、井上忠左衛門、娘には渡辺貞慶《さだよし》の妻がいるが、はっきりしない。子孫は安芸《あき》・浅野藩に仕えた。

備前出身の楠正虎《くすのきまさとら》（長諳《ちょうあん》）は、松永久秀の家臣から信長の祐筆に転じ、重用された。楠木正成の子孫と称し、名字を大饗《おわい》から楠に改姓した。東北の安東（下国）氏から九州の大友氏などとの外交交渉にも携わるなど多方面で活躍した。変後は、秀吉に仕え、九州陣には途中まで同道し、紀行文を残している（『楠長諳九州下向記』）。公家の山科言経《やましなときつね》と縁戚であったことから言経の日記『言経卿記』には一族が頻出し、長諳が文禄五年（一五九六）正月十一日夜に死去したことも記されている。

彼らは一代で頭角を現した能力を持っていたが、その裏返しとして出自が判然としない。つまり、有力な地縁・血縁のネットワークを持たなかったということもいえるだろう。彼らの姻戚関係もほとんど不明である。友閑と夕庵はともに秀吉に仕えたが、最期ははっきりしない。古参の吏僚で生き残った者も秀吉政権では疎んじられたようである。

若手の吏僚

若い世代の吏僚では、菅屋長頼、矢部家定、万見重元、堀秀政、長谷川秀一、野々村正成《ののむらまさなり》、大津長昌、森成利、福富秀勝《ふくずみひでかつ》らが傑出していた。

菅屋長頼は、織田一族、織田信房（造酒丞《さけのじょう》）の次男という。また、信長の叔父信光の孫とも信長の甥とも伝わる。戦場での活躍はあまり確認されないが、「勇者」という評もある（『武家故実雑集』）。天文十七年（一五四八）生まれと推測できる史料もある。妻は長谷川丹波守の妹で、秀一の叔母婿にあたる。次世代の吏僚同士で縁戚関係を結び、人的ネットワークを強化していた。北陸方面へ上使として派遣されたこともあり、能登の七尾城代となったこともあったが、本能寺の変で父子揃って信長に殉じた。

矢部家定は、織田信房の婿というので、菅屋長頼とは義兄弟になる。尾張出身とされることが多いが、伊勢出身説もある。これを裏付けるように、正室は伊勢の雲林院出羽守の娘である。元亀年間（一五七〇―七三）から側近としての活動が見られ、荒木一族処刑の検使役、北条氏の取次、安土宗論の奉行などその職掌は広範囲にわたっている。若狭の本郷治部少輔《ほんごうじぶのしょうゆうのぶとみ》信富の取次をした関係で、のち信富の弟定政《さだまさ》を養子に迎えている。晩年は不遇だったらしく、慶長六年（一六〇一）、信長の葬儀が行われた大徳寺《だいとくじ》で自害した。

万見重元（仙千世《せんちよ》）は、天正初年から急速に台頭し、天正六年（一五七八）に討死するまで猛スピードで一直線に突っ走ったような印象がある。側近として奉行職をこなす文吏だったが、謀反した荒木村重の有岡城攻めに従軍し、珍しく戦場で指揮したものの、運悪く討死してしまった。興福寺の記録には、重元の討死を記した箇所で「万仙（万見仙千世）ハ一段信長殿儀ヨシニテ」とあり、信長のお気に入りだったことが分かる。没年齢は三十一歳という記録もあるが、印象としてはもう少し若いようである。諱の重元の「重」は、おそらく信忠の初名「信重」からの偏諱と思われるので、信忠に改名する前に重元も元服したと思われる。信忠と同年齢か少し若い程度だろう。それなら没年は二十歳過ぎくらいになる。三十一歳というのは二十一歳の誤記かもしれない。二十一歳なら永禄元年（一五五八）生まれとなり、信忠の一歳年下になる。

堀秀政（久太郎）は、のちに「名人久太郎」の異名がつくほど優秀な人材だった。天正五年の雑賀征伐では力攻めで失敗したが、戦場で果敢に戦ったこともあり、側近として有能な能吏だった。ただ、素性は定かではない。系図類には美濃茜部《あかなべ》村の領主とあるが、庄屋の子ともいう。大津長昌、羽柴秀吉に仕えたのち、信長に転仕したともいう。秀吉と親しいのはその関係からだろう。妹は雑賀攻めでも同陣した生駒一正《かずまさ》の妻となっている。秀吉の織田家簒奪に大きな役割を果たしたが、天下統一の総仕上げとなった小田原陣の最中に陣没した。

長谷川秀一は、一説には信長の父信秀の落とし種というが、疑問である。実は安孫子《あびこ》右京進《きょうのしん》の子で長谷川丹波守の養子になったともいう。妻は織田一族の飯尾尚晴の娘である。変の時、堺遊覧中の徳川家康を案内していた関係で家康と行を共にした。秀吉と勝家の反目では秀吉に付き、以後、有力武将として重用された。

野々村正成は、秀勝や秀一と一緒に仕事をすることが多かったが、やや年長のようである。馬廻から奉行職に転じた。二条御新造で光秀軍と戦って討死した。

大津長昌もやや年長である。妻は丹羽長秀の娘ともいうが、妹であろう。長昌の「長」は信長の偏諱である。天正七年三月、有岡城攻めに出陣し、高槻城で急死した。子の伝十郎は縁戚の藤堂家、丹羽家に仕えた。

森成利は、乱（乱法師）として知られている人物。初期の有力家臣だった森可成の三男で、鬼玄蕃武蔵守長可の弟である。長兄は討死し、家督を継いだ次兄長可ものちに小牧・長久手の戦いで討死した。乱、坊、力の三兄弟は本能寺で変に遭遇し、信長に殉じた。末弟の忠政《ただまさ》のみが生き残り、美作・津山《つやま》藩の藩祖となった。信長は、可成の娘（成利の姉妹）を側室とし、身籠もったまま吉田直元《なおもと》へ下賜し、生まれたのが、のちの生駒直勝《なおかつ》であるという。直勝はのち加賀藩に仕えた。

福富秀勝は若手の吏僚とはいえないが、初期には馬廻として重用された。明智一族ともいう。妻は朝倉義景の叔父朝倉景紀《かげただ》の娘である。景紀は、若き義景を支えた朝倉宗滴《そうてき》の養子である。秀勝は母衣《ほろ》衆《しゅう》の一員として信長に従軍し、各地での征討戦に参加した。徐々に奉行職や検使役など文吏的な比重が高くなっていくが、その武勇は周知のものだった。本能寺の変後、秀吉は去就のはっきりしない諸将に対し、自陣営に取り込むため書状を出したが、摂津衆の中川清秀に向けては、信長父子が無事であるという虚報を流して光秀方へ付かないように策略を巡らしたが、その中で「福平左（福富平左衛門尉）三度衝《つ》き合い、比類なき働き候て、何事もなきの由」と、秀勝の活躍で信長父子が無事だったと伝えている。実際には二条御新造で信忠とともに討死していたが、秀吉は秀勝の武勇を記すことで信頼度を高めており、秀勝の武勇がそれほど周知されていた証左だろう。

古参の吏僚は秀吉政権のもとでは遠ざけられたが、若い世代の吏僚は、秀吉との関係やその能力とも相俟《あいま》って重用された者が多い。それだけ優秀だったということだろう。

2　本能寺の変

謀反の要因

謀反の要因については百家争鳴の感があるが、とくに最近では学術的に変の真相に迫る研究が増えている。その最たるものが「四国問題」をめぐる政治路線の対立に求める説である。

「四国問題」というのは、簡単に説明すると、当初、信長は長宗我部元親に、四国は「手柄次第に切取《きりとり》候へ」という旨の朱印状を与えていたが、元親の勢力が四国全土に伸び、信長にも本願寺を屈服させたことで四国方面に対する余裕ができ、前言を翻して元親には伊予と讃岐を返上させ、本国の土佐に阿波南半国を与える、と方針を変更したことに端を発する。信長は、四国支配の協力者を長宗我部氏から三好氏に転換し、長宗我部氏は追い詰められるかたちになった。

その後、天正十年（一五八二）五月七日付の朱印状では、讃岐は信孝、阿波は三好康慶（康長）、伊予と土佐は信長が淡路に出陣した時に決定する旨を信孝に指示しており、『信長記』には阿波も信孝に宛行《あてが》うと記されている。政策変更に激怒した元親が信長に叛旗を翻し、このため取次役の光秀が苦慮し、光秀の重臣である斎藤利三が元親の義兄という関係もあって長宗我部氏を守るために謀反に及んだとする説である（異説もある）。

それまでの織田家の慣例通りなら、元親との外交に携わってきた光秀に四国攻めの命が下るはずだったが、総大将は三男の信孝となり、光秀は四国問題からは除外された。利三は、義妹が元親の正室であり、自らには切腹の命が下ったことなどから信長に対する叛意が芽生え、光秀を使嗾《しそう》した可能性を指摘する見方もある。しかし、光秀自身にとっては、四国問題はあくまで副次的なものでしかない。最近発見された「石谷《いしがい》家文書」の中には、元親の考えなどが記されている書状があり、貴重なものだが、変の真相を語っているものではない。政治的な要因としての「四国問題」は、あくまで付帯的なものに過ぎないだろう。四国攻めの大将から外されたことで面目を失ったともいわれるが、説得力に乏しいように感じる。変の要因を特定することは難しいが、やはり斎藤利三をめぐる問題で光秀が信長から屈辱を与えられたことが要因ではないかと推測している。

長宗我部氏を討とうが、擁護しようが、そんなことよりも光秀が最も大事にしていたのは光秀の家中だったはずである。長宗我部氏のために信長を討つことを決断したとは思えない。ましてや、佐久間信盛のように追放されることを不安視して、その前に信長を討とうとしたとは考えられない。当然のことながら、謀反が失敗すれば、一族郎党が文字通り滅亡するリスクを負わなければならない。

それなら、恨みくらいで謀反するのかという素朴な疑問も湧いてくるかもしれないが、どうであろう。当時の記録を見ていると、口論から刃傷《にんじょう》沙汰になることが間々見られる。また、宣教師の記録にも名誉を重んじる国民性が指摘されている。自尊心が強ければ強いほど屈辱には耐えられなかったのではなかろうか。

信長から与えられた屈辱とは、信長に打擲《ちょうちゃく》（足蹴《あしげ》）された事件である。光秀の「脇大将」といわれた利三は、姻戚の稲葉一鉄に仕えていたが、処遇の不満などから同家を去って光秀に転仕していた。本能寺の変直前には、稲葉家に仕えていた那波直治《なわなおはる》も利三の引き抜きによって光秀に転仕しようとしていたが、これを不満とした一鉄が信長に訴えた。直治は稲葉家に召し返し、利三には腹を切らせるように信長の厳命が下った。この時は幸い信長側近の猪《い》子高就《こたかなり》の執り成しがあって利三は切腹を免れたが、光秀は信長から譴責処分を受けた。武田攻めののち、駿河国拝領のお礼言上のために安土へ来ていた徳川家康を接待していた時であり、まさに本能寺の変直前の事件だった。

稲葉家の記録には、「信長は光秀の頭を二、三回打擲し、この時、付髪《つけがみ》も打ち落とされた」とし、これが叛逆の原因となったと記している。髪の薄い光秀は付髪をしていたが、それが打ち落とされるほどの打擲だった。打擲そのものよりも、それまでは家臣ながら敬意を払われていた光秀にとって、信長の仕打ちそのものが屈辱だったのだろう。おそらく周囲には小姓くらいしかいなかっただろうが、怒りと恥ずかしさでいたたまれなかっただろう。小姓衆などの若い者ならその場で逆上して主君に切りかかったかもしれないが、そこは光秀も年齢を重ねており、じっと我慢したのだろう。しかし、ジワジワと怒りが込み上げ、悩んだ末に謀反に踏み切ったのではないか。事変の前に愛宕山《あたごやま》に参籠したことや神籤《みくじ》を何度も引いたという逸話が示すように、決起するかどうか迷っていたのだろう。

変当日、小早川隆景に宛てた書状中に「近年、信長に対し憤りを懐《いだ》き、遺恨もだしがたく候」という文言がその心境を雄弁に物語っている。ただ、この書状は現存しておらず、後世の偽作の可能性もある。

また、徳川家康が二代将軍秀忠の正室（信長の姪《めい》、お江《ごう》）に与えたといわれる訓戒状の写しが伝わっているが、それには長子信康《のぶやす》をわがままに育てた失敗などを記すとともに、信長について「堪忍七つ八つにて破れ候ゆえ、光秀のことも起こり申し候」と批評している。訓戒状そのものを疑問視する向きもあるが、家康はこの時、安土に滞在していたので、おそらく打擲の一件も知っていたに違いない。

比較的信憑性の高い記録では、斎藤利三の子佐渡守の甥が語った話として「明智が頭を御《お》張《はり》なされ候」と伝えているので、謀反の要因かどうかは別として、信長から屈辱を与えられたのは、ほぼ確かだろう。

他方、フロイスの『日本史』にも、打擲ではないが、足蹴にされた旨が記されている。後年の史料になるが、伝聞を記したアビラ・ヒロンの『日本王国記』には、信長が「余は余自ら死を招いたなと言った」という噂を載せている。内外の記録に同様な記述があるので、その信憑性は高いと思われる。ただ、ここで一言しておきたいのは、怨恨説として取るに足りない信長の暴力を記しているものもあるが、それらとは一線を画すということである。

松永久秀や荒木村重の謀反と違うところは、信長を討つことが目的だったということである。他の敵対勢力と事前に協力関係を結ばなかったのもそのためである。屈辱を晴らすには直接信長を討つしかなかったからである。推測が過ぎたので、本能寺の変についてはこの辺りにしておく。

信長の遺児

本能寺の変後の動向に少しだけ触れておくと、子息では、嫡男の信忠は前述のように本能寺の変で父信長に殉じた。

次男の信雄は、居城の伊勢・松ヶ島《まつがしま》にいたと思われるが、右往左往するだけで、弔い合戦には何ら貢献しなかった。三男の信孝と家督を争い、秀吉に協力して勝家を破るまではよかったが、その後、秀吉と小牧・長久手で戦ったものの伊勢を蹂躙《じゅうりん》されて和睦に応じた。秀吉の家臣に転じたが、気位だけは高かったものか、北条攻めののち、転封を拒んで追放された。秀吉にとっては、天下統一に目処《めど》が立った後に信雄を主筋として特別待遇する必要もなくなり、言い掛かりをつけて追放したに過ぎない。その後許されて秀吉の御伽衆に加えられ、家康の時代まで生き残り、かつての同盟相手から堪忍分（客分の者などに与える領地）を与えられた。

三男の信孝は、前述したように秀吉とともに光秀を討ち、織田家の家督を継承すると噂されたが、秀吉の策略で美濃一国と南近江を得たに過ぎない。勝家と結んで秀吉に対抗したが、勝家が積雪のため出陣できない合間を秀吉軍に攻められ、母親と娘を人質に出して和睦した。

しかし、再度、謀反を企て、勝家が滅んだのち、秀吉軍に岐阜城を攻囲され、降伏した。知多郡の内海《うつみ》まで送られ、自害に追い込まれたという。

四男といわれる信房（勝長）は、武田家に人質に取られていた。凋落《ちょうらく》の一途をたどる勝頼は信長を懐柔しようと信房を返還したが、信長の怒りは解けず、滅亡した。信房は犬山城主となったのも束の間、本能寺の変で兄信忠とともに討死した。

秀吉の養子となった五男の秀勝は、秀吉のもとで初陣し、信長の葬儀も行い、まずまず順調だったが、体調がすぐれず、天正十三年（一五八五）末に病死した。十八歳だった。その下の弟らは変の時は幼少であり、秀吉政権下で成人した。

主な旧臣

信長のお気に入りだった丹羽長秀は、秀吉の天下統一に大きく貢献したが、天正十三年（一五八五）、将来を案じつつ病死した。一説には、病死は無念と思い、病根を取り出して自害したとも伝わる。長秀の死に際しては「柴田勝家の亡霊の祟《たた》り」という噂が流れた。勝家は、変直後は同じ宿老格の長秀とともに織田家を支えようとしていたが、長秀は次第に勝家から離れ、秀吉陣営となって勝家を見捨てたことが噂の根拠となっていたのだろう。嫡男の長重は、信長の娘を娶り、北陸の重鎮となるはずだったが、長秀の病死後は秀吉に疎んじられ、その地位は前田利家が引き継ぎ、長重は難癖をつけられて領地を大幅に削減された。関ヶ原の戦いでも貧乏くじを引いたが、三代将軍徳川家光に気に入られ、陸奥・二本松《にほんまつ》の大名に返り咲いた。

長秀とともに信孝の補佐役として四国攻めに従軍予定していた蜂屋頼隆は、変直後は信孝の指示のもとに動いていたが、その後秀吉方に転じた。秀吉政権下では、過不足なく務めたようだが、信長の「重臣」と評されていたかつての存在感はなくなっていた。文化的な素養も高く、細川藤孝との交流もあったが、天正十七年九月二十五日に没した。崇徳寺《そうとくじ》（滋賀県）の過去帳によると、五十六歳であり、生年は信長と同じだった。

細川藤孝は、姻戚でもあり、寄親的な存在でもあった光秀を見限り、信長への弔意を表し、光秀には与しなかった。秀吉や家康の政権下でもうまく遊泳し、子孫は近世大名（肥後・熊《くま》本藩《もと》）として繁栄した。藤孝は天正元年七月、信長から拝領した領地に因《ちな》み、名字を長岡《ながおか》（本姓だった可能性もある）に改姓したが、その後終生、細川に復姓することはなかった。

河尻秀隆は、信長の父信秀時代からの家臣だった。信秀と今川勢が戦った小豆坂《あずきざか》の戦いでは十六歳ながら今川の足軽大将を討ち取る武功を挙げたという。桶狭間の戦いで今川義元を討ち取ったのは秀隆という異説もある。永禄年間（一五五八－七〇）には黒母衣衆の筆頭に選ばれ、各地に従軍したが、天正二年頃からは信忠軍団に付属し、信忠の家老的な役割を果たしたと思われる。信秀・信長・信忠の三代に仕えたことになり、信長から真情溢《あふ》れる手紙を受け取るなど、仲睦《なかむつ》まじい君臣の間柄でもあった。天正十年の武田攻めでは、信忠を輔弼し、東の脅威だった武田家を滅ぼし、甲斐一国相当を拝領する武勲を挙げた。しかし、本能寺の変後の混乱のなかで一揆勢に急襲され、武田遺臣の三井《みつい》十右衛門に首を挙げられたという。

終章　本能寺の変がもたらしたもの

強固な主従性を構築

本書では、第一章から第五章までの前半部において、信長の家臣団について「信長軍の成長」を切り口に、家督継承時から尾張統一、さらに美濃国の併呑《へいどん》を経て足利義昭を奉じての入京、それに続く天下統一戦に向けての方面軍体制の萌芽《ほうが》までを見てきた。後半部の第六章から第十二章までは、各方面軍の構成やその成長過程を追ってきた。前半部がやや長くなったが、方面軍設置の経緯を探る上で必要な記述と考えて叙述した。

本書を通して分かるように、信長の家臣団は、尾張一国時代から本能寺の変で倒れる天正十年（一五八二）までの間、大きく拡大した。基本構造は尾張時代から変わっていないという見方もあるが、領国の拡大とともに変遷した。天下統一戦に向けて、各地の大名と戦う「方面軍」ともいうべき役割を担う軍団を成立させたことが大きな特徴の一つだろう。

繰り返しになるが、少し全体を振り返ってみよう。

信長の出た織田家（弾正忠家）は、織田家の中でも傍流であり、尾張下半国守護代家の三家老の一家に過ぎなかった。祖父信貞《のぶさだ》の代に富貴を誇る津島を領有して台頭したが、その家臣団には「譜代」といえるほどのものは数少なく、「津島衆」が中核をなした。

父信秀の時代には、守護斯波氏や主家である守護代家の家臣、また在地領主などを「憑《たの》み勢」という名目で他国との戦争に駆り出し、徐々に臣従化させていった。信長が生まれた頃には、主家を凌《しの》ぐほどの実力を有し、尾張の旗頭的な地位にまで成り上がっていた。しかし、晩年の信秀は、今川氏、斎藤氏との両面作戦が頓挫《とんざ》して苦境に立たされたため、両氏と和睦を取り結んで安定化を図りつつあったが、尾張国内での求心力も失われ、失意のうちに病死した。弾正忠家の家臣団は、何の差し障りもなく信長に継承されたわけではなかった。後継者信長に対抗する勢力もあり、信長と実弟信勝とに分割相続されるかたちとなった。むしろ、嫡男信長よりも信勝陣営の方が大きな勢力を持っていたのではないかと思われる。

信長はこうした退勢を挽回すべく、稲生原で二倍以上の敵軍に戦いを挑んだ。敵軍の大将柴田勝家は負傷して後退し、信長の烈火のごとき怒りの前に信勝軍は敗退した。信勝軍を完膚なきまでに打ち破ったことで、弾正忠家を一本にまとめ、しかも強固な主従性を確立することに成功した。他の戦国大名が家老クラスに頭が上がらないなか、信長は自ら戦場で敵将（林美作守）を討ち取る力量を示し、絶対的ともいえる地位を確立した。カリスマ性もこの頃から芽生えてきたと思われる。この危機があったからこそ家中をまとめ上げることができ、圧倒的に不利で臨んだ桶狭間の戦いでも裏切り者を出すことなく、今川義元を討ち取る僥《ぎょう》倖《こう》を得ることができた。

尾張時代の家臣団構成は、他の戦国大名と大差なかったと思われるが、他に比して同族の地位が低いのが特徴だろう。また他国者などを抜擢していることも珍しい。巡礼だったといわれる埴原常安、鉄砲の鍛錬をして諸国を渡り歩いていた滝川一益、甲賀から流れてきて信長の寵臣となった岩室長門守、素性不明の木下（羽柴）秀吉など多彩な才能の持ち主が集まっていた。

美濃を併呑してからは大身である美濃三人衆を譜代並に遇し、他の美濃衆は三人衆の与力や直臣として取り立てた。上洛後は、恭順した大物武将は、将軍義昭の家臣という意味では同格だったが、信長が軍事指揮権を持った。その他の武将も直臣や陪臣など家臣団に取り込んで拡大していったが、新参者は基本的には重要な地位には就かせなかった。後年、新参者で厚遇した明智光秀、荒木村重、松永久秀らはことごとく信長を裏切った。急拡大したひずみといえばそれまでだが、逆に、やはり地縁・血縁を介した家臣団が最も信頼できたともいえよう。

各方面軍

天下統一戦に向けては、「方面軍」制を採用し、有力家臣を与力に付け、その方面の国人衆は軍団長に付属させた。また、自らは安土築城後、徐々に近江衆らを直臣に取り立てて旗本軍を強化した。

本能寺の変直前には、東国を管掌する滝川一益軍、北陸方面を総括する柴田勝家軍、四国征討軍として編成した神戸信孝軍、中国方面を受け持つ羽柴秀吉軍、また畿内で遊撃軍的な存在となっていた明智光秀軍、さらに別格として尾張・美濃衆を中核とした嫡男信忠が率いる軍団が存在した。各軍団の構成は、既述のように、軍団長と地縁・血縁の紐帯《ちゅうたい》で結ばれ、最も信頼できる家臣が家老や侍大将を務めた。

実子の信忠や信孝は別として、軍団長の滝川一益は、同僚の勝家や秀吉とも親しく、主君信長とも信頼関係を構築することで安定した地位を得ていた。

柴田勝家は、一益とも縁戚関係（本能寺の変後にも両家は縁組している）にあり、信長の娘を嫡男の嫁に迎えるなど万全の派閥を構成していた。先にも触れたが、勝家は初期の信長の有力武将だった森可成とも親しく、摂津守護の一人に抜擢された和田惟政とは「親友」でもあったが、彼らは元亀年間（一五七〇－七三）に討死してしまった。南山城・大和守護を兼帯し、信長家臣の中でも急激に地位を高めていた塙直政は勝家の女婿となり、勝家派閥がさらに拡大しつつあったが、その直政も天正四年（一五七六）に本願寺攻めで討死してしまった。彼らが本能寺の変の時まで存命であれば、秀吉の急激な台頭はなかっただろう。

秀吉は、信長の信頼も厚く、また信長の五男秀勝を養子に迎えて織田一門に連なり、さらに有力武将の中川清秀や黒田孝高らとも親密になっており、盤石の人的ネットワークを築いていた。変後は織田家宿老となった丹羽長秀や池田恒興を籠絡し、天下人への登り詰めた。

明智光秀は、信長の甥信澄に娘を嫁がせ、与力格の細川藤孝や筒井順慶とも縁戚を結んで派閥を構成していた。ただ、信澄は信長の甥とはいえ、父親が信長に誘殺された信勝という曰《いわ》く付きでもあり、藤孝や順慶は信長から見れば新参の外様という立場であり、信長との結びつきという側面では、一益、勝家、秀吉と比べて弱かったといえるだろう。逆にいえば、信長との結びつきの弱いことが、本能寺の変を成功させた要因の一つでもあった。

本能寺の変の時にはすでに解体していたが、佐久間信盛の軍団は、織田家随一の陣容を誇っていたものの、信盛の個人的な力量不足に加え、既述のように、追放の抑止力となる人的ネットワークの構築が不十分だったため、呆気なく追放されてしまった。この追放事件は他の軍団長にも衝撃をもたらしたに違いない。勝家が嫡男に信長の息女を迎えたのは、信盛追放後のことと思われ、柴田家の安泰を図るための縁組だっただろう。

繰り返しになるが、各軍団長は、織田家の重鎮である佐久間信盛に対する信長の冷酷な処遇を目《ま》の当たりにしたことで、本務である各方面での戦火の拡大はもとより、信長との主従関係を縁組などで補強し、さらには軍団内においても地縁・血縁の紐帯を土台にして強固な軍団に成長させていくことに腐心していたと思われる。

各軍団のその後

信忠軍は、尾張・美濃出身の家臣が中心となり、初期には佐久間信盛が家老的な役割を果たし、のちには河尻秀隆がその任に当たったと思われる。本能寺の変で、信忠軍団は瓦解し、嫡男の三法師（秀信）に引き継がれることはなかった。尾張国の家臣は、清須会議で尾張を領することになった次弟の信雄に引き継がれ、美濃国の家臣については、同じく清須会議で美濃を領することになった三弟の信孝に名目上、属すことになった。

信孝軍の場合は、にわか仕立てのため軍団そのものは寄せ集めだったが、側近にはやはり尾張出身者や血縁関係の者が周りを固めた。四国攻めに向けては、信長の信頼の厚い丹羽長秀、蜂屋頼隆が付けられ、信孝を補佐する体制が整えられた。四国渡海を予定していた、まさにその日（異説あり）、本能寺の変が勃発し、渡海軍は四散してしまった。山崎の戦いでは名目上の総大将となって光秀軍を打ち破った功績が認められ、清須会議では、美濃国と南近江を領することになった。しかし、これはあくまで表向きであり、実質的には、信孝と美濃衆や南近江の国人衆とのつながりが弱いこともあり、大半の美濃衆や南近江の武将は秀吉に籠絡された。信孝はなす術もなく秀吉に敗北し、滅亡することになる。清須会議から半年で秀吉の先制攻撃を受けるなど、信孝にはあまりにも時間がなさすぎた。秀吉の実力といえばそれまでだが、信孝の不運でもあった。

勝家軍は、賤ヶ岳の敗戦後、主だった側近は北庄城で勝家に殉じたが、大物の与力衆はそれぞれの道を歩んだ。また、六角旧臣の山中長俊らは勝家に殉じることなく、秀吉に転じて重用された。

府中三人衆では、佐々成政は変後も越中に留まって平定戦を進め、賤ヶ岳の戦いには参戦しなかった。いったん秀吉方となったが、小牧・長久手の戦いに際しては秀吉陣営の前田利家と戦って秀吉に敵対した。秀吉の越中討伐軍に降伏し、秀吉に臣従。その後、秀吉の島津攻めにも従軍し、肥後一国を拝領したが、統治に失敗して自害を命ぜられた。

賤ヶ岳の戦いで敗戦の要因ともいわれる裏崩れ（前線より先に後方の軍勢が動揺して崩れること）をした前田利家は、あっさり秀吉に臣従し、丹羽長秀没後、北陸の重鎮として豊臣政権で重きをなした。秀吉の後継者秀頼の傅役として秀吉の信頼も厚かったが、秀吉没後、半年余りで病死し、その死の影響で関ヶ原の戦いを誘発することとなった。

府中三人衆の最後の一人、不破光治は本能寺の変以前に死去し、後継者の直光は引き続き勝家の与力として賤ヶ岳の戦いに参戦したが、敗戦後は、前田利家の与力となり、次第に従属度を強め、利家の家臣となった。

府中三人衆とともに越前衆と呼ばれた原政茂も勝家与力として賤ヶ岳の戦いに参戦したが、敗戦後は、直光同様に前田利家に仕えることとなった。

越前衆の金森長近は、勝家を寄親としていたが、摂津方面にも従軍し、荒木村重一族の処刑では奉行を務めたこともあった。天正十年（一五八二）の武田攻めでは飛騨口の大将として出陣し、この時初めて一方面軍の大将となった。賤ヶ岳の戦いでは勝家に属したが、敗戦後は秀吉に臣従。小牧・長久手の戦いに従軍し、飛騨一国を拝領し、秀吉死後は親しかった家康に従った。本能寺の変で嫡男の長則《ながのり》が討死したため、家督は養子の可重《よししげ》（実父は長屋景重）が嗣《つ》いだ。

一益軍は、占領地支配に追われる中で本能寺の変が勃発したことで瓦解し、地縁・血縁で結ばれた尾張・伊勢衆が一益を支え、北条との神流川の戦い、その後の伊勢本国への帰還にも献身的な働きで君恩に報いた。その後の一益は振るわず、表舞台から姿を消した。

光秀軍は、周知のように山崎の戦いで大敗し、主将の光秀も落ち武者狩りに遭ったことで潰《つい》え去った。別働軍を率いた明智秀満は、光秀の最期を知って、坂本城に籠城し、見事な最期を飾った。亀山城などの丹波国の留守部隊は、秀吉軍に降伏し、光秀軍はここに全く消え去った。

秀吉軍は、周知のように山崎の戦いの戦勝後、信長の直臣をも徐々に取り込んで急拡大し、賤ヶ岳の戦いで柴田勝家を破った。

七軍団の消長を見てきたが、地縁・血縁関係を重視した軍団編成を取っており、主君信長はもとより、織田家中での結びつきも強くして派閥を構成していた。ただ、佐久間信盛だけは、信長との縁戚関係を持つことなく、主従関係も希薄化（ときには反抗的な態度を見せて嫌忌された）し、他の有力家臣との縁組もなく、一方的に追放されてしまった。

勝家軍、秀吉軍、光秀軍は軍団として長い期間にわたって戦闘経験を積んだことで一枚岩の軍団に近づいていたが、神戸信孝や滝川一益の軍団は、方面軍としての体をなす前に本能寺の変が勃発し、新付の家臣は全く信頼できず、呆気なく瓦解してしまった。

信忠の軍団は、本国の尾張・美濃を中心とした強固な軍団だったが、合戦に赴く前に変が勃発し、本来の実力を発揮することなく、清須会議後に分断され、なし崩し的に崩壊した。

勝家の軍団は本国尾張を中心として、長年、戦陣を共にしたこともあり、強力な軍団だったが、信長在世中ならそれほど問題とならなかった与力衆同士の不和が表出し、弔い合戦の功を秀吉に奪われてしまった。

光秀は新付の丹波衆もうまく取り入れ、本能寺襲撃にあたっても、策は弄したものの裏切り者を出すことなく、信長を倒した。縁戚の細川藤孝や筒井順慶には見放されたが、家臣団は山崎の戦いでは劣勢ながら果敢に戦った。

最も軍団としてのまとまりを見せていた秀吉軍は、主筋の信孝を奉戴《ほうたい》することで摂津衆も麾下にした大軍を編成することに成功し、山崎の戦いで光秀軍を一蹴した。その後、秀吉は、信長の旧臣である丹羽長秀、蜂屋頼隆、池田恒興、堀秀政らの有力武将を自陣営に取り込み、賤ヶ岳の戦い、小牧・長久手の戦いを経て天下統一へ向かうことになる。

信長は本能寺の変がなければ、数年のうちに「天下統一」を達成していただろう。刺客に襲われる危険などはあっただろうが、軍事的に信長に取って代わる武将が出現する余地はほとんどなく、「第二の光秀」が出てくる可能性はあまりなかっただろう。

主要参考文献

主に系譜関係を挙げたが、これ以外に自治体史類を用いた。

■史料類

浅井家家譜大成（名古屋市鶴舞中央図書館蔵）
浅野家諸士伝（広島市立中央図書館浅野文庫蔵）
浅野高勝行状幷同別録（広島市立中央図書館浅野文庫蔵）
浅野高勝働之覚書（広島市立中央図書館浅野文庫蔵）
熱田加藤氏系図（金沢市立玉川図書館近世史料館加越能文庫蔵）
安土日記（尊経閣文庫蔵）
有沢覚書（金沢市立玉川図書館近世史料館加越能文庫蔵）
在原家系譜（島根県立図書館蔵）
池田志（岡山県立図書館蔵）
池田氏家譜集成（国立公文書館内閣文庫蔵）
生駒系譜（名古屋市鶴舞中央図書館蔵）
伊勢北郡諸士録（国立国会図書館蔵）
伊勢軍記幷検地高附（津市津図書館蔵）
伊丹家系図（福岡県立図書館蔵）
稲葉家譜（東京大学史料編纂所架蔵、謄写本）

稲葉系譜（岐阜県図書館蔵）
稲葉氏由緒答問録（岐阜県図書館蔵）
遺老物語（国立公文書館内閣文庫蔵）
遺漏物語（大阪府立中之島図書館蔵）
遠藤家系図写（岐阜県図書館蔵）
御家系典（臼杵市教育委員会蔵）
淡海温故録（滋賀県立図書館蔵）
淡海木間攫（『近江史料シリーズ』、滋賀県地方史研究家連絡会、一九八四年）
淡海秘録（滋賀県立図書館蔵）
淡海録（滋賀県立図書館蔵）
大橋貞通・加藤図書伝記（名古屋市鶴舞中央図書館蔵）
岡山藩家中諸士家譜五音寄（倉地克直編『岡山藩家中諸士家譜五音寄』、岡山大学文学部、一九九三年）
織田浅井浅倉名士鑑（滋賀県立図書館蔵）
織田家譜羽前天童・大和柳本・大和芝村・丹波柏原（東京大学史料編纂所架蔵、写本）
織田記（尊経閣文庫蔵）
織田系図（東京大学史料編纂所架蔵、謄写本）
織田家雑録（東京大学史料編纂所架蔵、謄写本）
織田北条豊臣系図（名古屋市鶴舞中央図書館蔵）
尾張出生武士（名古屋市鶴舞中央図書館蔵）
尾張国人物志（名古屋市鶴舞中央図書館蔵）
尾張国人物志略（国立公文書館内閣文庫蔵）
蟹穴月指集（岐阜県図書館蔵）

柏原織田家臣系図（篠川直編、一八九一年）
一豊公紀（『山内家史料　第一代　一豊公紀』、山内家史料刊行委員会、一九八〇年）
家中先祖覚（岡山県立図書館蔵）
金森家過去帳（岐阜県図書館蔵）
金山記全集大成（岐阜県図書館蔵）
加太家系図（加太邦憲著『加太氏族譜』、一九二五年）
加陽人持先祖（金沢市立玉川図書館近世史料館加越能文庫蔵）
家老並人持組家譜（金沢市立玉川図書館近世史料館加越能文庫蔵）
神戸家系譜（金沢市立玉川図書館近世史料館加越能文庫蔵）
神戸録（鈴鹿市資料館蔵）
紀州家中系譜並に親類書書上げ（和歌山県文書館蔵）
亀城藩臣志（臼杵市立臼杵図書館蔵）
北畠物語（三重県立図書館蔵）
木下氏系図附言纂（佐藤暁編纂、日出藩史料刊行会、一九七〇年）
吉備温故秘録（『吉備群書集成』第六輯、吉備群書集成刊行会、一九三一年）
弓斎叢書（津山郷土博物館蔵）
臼陽氏族譜（臼杵市教育委員会蔵）
黒田家臣御系譜草稿（福岡県立図書館蔵）
黒田家文書（『黒田家文書』第一巻、福岡市博物館、一九九九年）
系図帳（金沢市立玉川図書館近世史料館加越能文庫蔵）
月指集（金沢市立玉川図書館近世史料館加越能文庫蔵）
古案（徳川林政史研究所蔵）

江州諸士流落記（彦根市立図書館蔵）
江州武家之古城古戦場并当家城記（彦根市立図書館蔵）
稿本藩士名寄（蓬左文庫蔵）
古戦群記（加賀市立図書館聖藩文庫蔵）
木造左司家系（旧島根県史編纂資料近世筆写編、島根県立図書館蔵）
齋藤家譜（金沢市立玉川図書館近世史料館加越能文庫蔵）
齋藤家系譜（岐阜県図書館蔵）
佐々木京極家記録（丸亀市立資料館蔵）
佐治系図（『佐治家乗』、一九三六年）
三郡随筆（名古屋市鶴舞中央図書館蔵）
塩尻（『日本随筆大成』第三期、吉川弘文館、一九七七―七八年）
滋賀県史採集文書（滋賀県立図書館蔵）
賤乃をた巻（岐阜県図書館蔵）
斯波家系譜三種（金沢市立玉川図書館近世史料館加越能文庫蔵）
柴田勝家公始末記（東京大学史料架蔵、謄写本）
松雲公採集遺編類纂（金沢市立玉川図書館近世史料館加越能文庫蔵）
松濤棹筆（名古屋市鶴舞中央図書館蔵）
正徳三癸巳年御家中由緒書（丹波市教育委員会蔵）
諸家系譜（国立公文書館内閣文庫蔵）
諸家深秘録（加賀市立図書館聖藩文庫蔵）
諸士系図（蓬左文庫蔵）
諸士系譜（金沢市立玉川図書館近世史料館加越能文庫蔵）

諸士由緒帳（金沢市立玉川図書館近世史料館加越能文庫蔵）
諸鈔合本（岐阜県図書館蔵）
士林泝洄（『名古屋叢書』続編、名古屋市教育委員会、一九六六－六八年）
士林泝洄続編（『名古屋叢書』三編、名古屋市教育委員会、一九八四年）
新撰青地氏本末家譜（金沢市立玉川図書館近世史料館加越能文庫蔵）
新撰信長記（加賀市立図書館聖藩文庫蔵）
新撰信長記脱漏（加賀市立図書館聖藩文庫蔵）
信長記（太田牛一著）（岡山大学附属図書館池田家文庫蔵）
信長記（小瀬甫庵著）（『古典文庫』現代思潮社、一九八一年）
崇源院殿御由緒（『安倍家系図・安倍家近年代々秘録・春陽士鑑』、渡邊繁次編輯、一九三六年）
鷲見氏根元系譜（岐阜県図書館蔵）
政秀寺由緒書（名古屋市鶴舞中央図書館蔵）
勢州録（国立公文書館内閣文庫蔵）
先祖由緒幷一類附帳（金沢市立玉川図書館近世史料館加越能文庫蔵）
先祖由緒之覚（福岡市総合図書館蔵）
太閤記（『新日本古典文学大系』60、岩波書店、一九九六年）
太閤洩記（京都府立総合資料館蔵）
多賀系図三種（金沢市立玉川図書館近世史料館加越能文庫蔵）
高須旧記（岐阜県図書館蔵）
高次・忠高事跡（丸亀市立資料館蔵）
多田雪霜談考（田中政一『多田雪霜談考』、新世代書房、一九七四年）
丹波家興敗略記（東京大学史料編纂所架蔵、謄写本）

檀林江戸崎大念寺志（『浄土宗全書』第二十巻、浄土宗宗典刊行会、一九一四年）
張州雑志（愛知県郷土資料刊行会、一九七五－七六年）
津島十一党家伝記及牛頭天皇社記（名古屋市鶴舞中央図書館蔵）
津田織田由緒の弁（金沢市立玉川図書館近世史料館加越能文庫蔵）
津田覚書（金沢市立玉川図書館近世史料館加越能文庫蔵）
津田家系図（金沢市立玉川図書館近世史料館加越能文庫蔵）
津田家系譜（金沢市立玉川図書館近世史料館加越能文庫蔵）
津田重久戦功記（国立公文書館内閣文庫蔵）
津田遠江先祖弁自分由緒高名（金沢市立玉川図書館近世史料館加越能文庫蔵）
津田譜愚考（金沢市立玉川図書館近世史料館加越能文庫蔵）
土御門文書（遠藤珠紀「織田信長子息と武田信玄息女の婚姻」〔『戦国史研究』第62号〕）
筒井房吉氏所蔵文書（『大川村史追録別冊　写真集おおかわ』、大川村、一九八四年）
寺田一生録（奈良県立図書情報館蔵）
天正録（金沢市立玉川図書館近世史料館加越能文庫蔵）
塘叢（田中豊、一九九八年）
土佐諸家系図（東京大学史料編纂所架蔵、謄写本）
土佐国群書類従（『土佐国史料集成』、高知県立図書館、二〇〇三－一一年）
豊臣記（金沢市立玉川図書館近世史料館加越能文庫蔵）
豊臣公報君讎記（国立国会図書館蔵）
中川氏御年譜（竹田市教育委員会編集、二〇〇七年）
中川氏御年譜附録・別録（竹田市教育委員会編集、二〇〇七年）
長野録（国立国会図書館蔵）

成田家記（金沢市立玉川図書館近世史料館加越能文庫蔵）
南紀古士伝（東京大学史料編纂所架蔵、謄写本）
南紀士姓旧事記（和歌山県立図書館蔵）
南行雑録（東京大学史料編纂所架蔵、謄写本）
南北山城軍記（岐阜県図書館蔵）
南路志（『土佐国史料集成』、高知県立図書館、一九九〇－九七年）
濃州坪内家系（国立公文書館内閣文庫蔵）
信長聞書・信長記補遺（国立公文書館内閣文庫蔵）
長谷川系図弁旧記（金沢市立玉川図書館近世史料館加越能文庫蔵）
蜂須賀家家臣成立書弁系図（徳島大学附属図書館蔵）
藩士家譜（鳥取県立図書館蔵）
藩士家譜（鳥取県立博物館蔵）
秘笈叢書（石川県立図書館蔵）
尾州小河庄水野姓系譜（国立公文書館内閣文庫蔵）
尾州古城志（愛知県図書館蔵）
秘聞郡上古日記（岐阜県図書館蔵）
武家故実雑集（国立公文書館内閣文庫蔵）
武家事紀（『武家事紀』、山鹿素行先生全集刊行会、一九一五－一八年）
武家聞伝記（国立公文書館内閣文庫蔵）
扶桑拾葉集（堺市立中央図書館蔵）
豊後臼杵稲葉家譜（東京大学史料編纂所架蔵、写本）
豊後岡中川家譜（東京大学史料編纂所架蔵、写本）

兵家茶話（刈谷市中央図書館蔵）
平氏津田系譜（小牧市立図書館蔵）
平姓杉原氏御系図附言（『図書館叢書』第二集、大竹義則編集、日出町立萬理図書館、一九六八年）
北藤録（『伊予史談会双書』第6集、伊予史談会、一九八二年）
細川家史料（『大日本近世史料』、東京大学史料編纂所）
堀田氏系譜（名古屋市鶴舞中央図書館蔵）
本能寺文書（『日蓮宗宗学全書』、山喜房仏書林、一九六〇－六二年）
本藩歴譜（『金沢市史』資料編3近世一、金沢市史編さん委員会、一九九九年）
前田家姫君伝（金沢市立玉川図書館近世史料館加越能文庫蔵）
政春古兵談（金沢市立玉川図書館近世史料館加越能文庫蔵）
松平記（京都府立総合資料館蔵）
美濃国諸家系譜（東京大学史料編纂所架蔵、謄写本）
美濃国諸旧記（『国史叢書』、黒川眞道編、一九一五年）
美濃国諸城伝記（蓬左文庫蔵）
綿考輯録（『出水叢書』、汲古書院、一九八八－九一年）
毛利美濃守様毛利兵橘殿家筋（山口県文書館蔵）
森家記（金沢市立玉川図書館近世史料館加越能文庫蔵）
山内公武功伝（『土陽叢書』第二冊、一八九六年）
山口家伝（国立公文書館内閣文庫蔵）
連歌合集（国立国会図書館蔵）
若江三人衆由緒書上（「八尾市立歴史民俗資料館研究紀要」第10号、八尾市立歴史民俗資料館、一九九九年）

■史料集・辞典類

『織田信長家臣人名辞典』（第二版、谷口克広著、吉川弘文館、二〇一〇年）
『織田信長総合事典』（岡田正人編著、雄山閣出版、一九九九年）
『尾張群書系図部集』（加藤国光編、続群書類従完成会、一九九七年）
『角川日本姓氏大辞典』（角川書店、一九八五年）
『角川日本地名大辞典』（角川書店、一九七八―九〇年）
『寛永諸家系図伝』
『干城録』
『群書系図部集』
『系図纂要』
『系図綜覧』
『史料纂集』
『十六・七世紀イエズス会日本報告集』（松田毅一監訳、同朋舎、一九八七―九八年）
『史料綜覧』
『新訂寛政重修諸家譜』
『姓氏家系大辞典』（太田亮著、角川書店、一九六三年）
『戦国人名辞典　増訂版』（高柳光壽・松平年一著、吉川弘文館、一九七三年）
『戦国人名事典』（阿部猛・西村圭子編、新人物往来社、一九八七年）
『戦国大名家臣団事典』（山本大・小和田哲男編、新人物往来社、一九八一年）
『戦国大名系譜人名事典』（山本大・小和田哲男編、新人物往来社、一九八五―八六年）
『大日本古記録』
『大日本古文書』

『大日本史料』
『日本歴史地名大系』（平凡社、一九七九－二〇〇五年）
『譜牒余録』
『訳注阿淡藩翰譜』（中山義純輯、牛田義文訳注、牛田義文発行）

あとがき

織田信長に関心を持ってからすでに三十年以上になるが、信長という人物については、いまだによくわからない。その目指した政治体制もはっきりしない。最近、新たな信長像が脚光を浴びているようだが、どうもそれにも馴染《なじ》めないというのが率直な感想である。「良質な史料」を読み解くことで信長の革新性を疑問視し、保守的な側面を強調して人間信長を描く書物が目立つようになっているが、政治家としての信長像や権力論が中心のようである。

信長の家臣団そのものについては、やはり谷口克広氏の一連の研究や大著『織田信長家臣人名辞典』が群を抜いているだろう。本書もその恩恵を受けている。

本書では直臣だけでなく陪臣まで掘り下げて姻戚関係を追うことで新たな視界が見えてくるという目論見を持って書き進んだ。信長の家臣については、多少は調べていたが、本書の構想を思いついた時には、「どうにかなるだろう」と、いま思えばじつに甘い見通しを持っていた。いざ取り組んでみると、自分の知識の乏しさを痛感することしばしばだった。信長の直臣ならともかく、陪臣の素性などは一部を除いてほとんどわかっていなかったということが、今更ながら思い知らされることとなった。

方面軍の司令官に任命された武将を中核に軍団の構成に触れたが、姻戚関係などはいわゆる一次史料にはほとんど出てこないため、家譜や系図類を中心とした記述に終始することになった。系譜関係などは複数の系図類に記載されていても互いに矛盾した姻戚関係を記していることもあり、また世代が合わないのではないかと思われる系図類も少なくない。比較的信用できそうな史料を採用したが、心許《こころもと》ないことはいうまでもない。出典史料は、適宜付したところもあるが、省略したところもある。人名の読みについては、比較的知られた武将でも確定していないほどなので、陪臣クラスの人物の読みは、冒頭でも触れているが、推測で振っている人物が少なからずある。いや、大半が推測である。

軍団の内実に迫るためには、陪臣の発給した文書なども駆使する必要があったが、断念せざるを得なかった。新書という性格もあるが、実力不足というのが実情である。「はじめに」で触れたような構想は「高望み」だったが、方面軍司令官の縁戚関係を含めた人脈が多少なりとも理解していただければ望外の幸せである。

最後になるが、数多くの先行研究には大変お世話になった。一つひとつを記すことはできないが、学恩に感謝している。個人的にもいろいろご教示いただいた方もたくさんおられる。あわせて感謝申し上げる。

二〇一七年一月

和田裕弘

人名索引

織田信長はほぼ全頁に
登場するため省略した

和田裕弘（わだ・やすひろ）

1962年（昭和37年），奈良県に生まれる．戦国史研究家．織豊期研究会会員．著書に『真説 本能寺の変』（共著，集英社），『信長公記を読む』（共著，吉川弘文館），『『信長記』と信長・秀吉の時代』（共著，勉誠出版）など．

織田信長《おだのぶなが》の家臣団《かしんだん》
— 派閥《はばつ》と人間関係《にんげんかんけい》
中公新書 2421

2017年 2 月25日初版
2017年 3 月10日再版

著　者　和田裕弘
発行者　大橋善光

本文印刷　三晃印刷
カバー印刷　大熊整美堂
製　　本　小泉製本

発行所　中央公論新社
〒100-8152
東京都千代田区大手町 1-7-1
電話　販売 03-5299-1730
　　　編集 03-5299-1830
URL http://www.chuko.co.jp/

Published by CHUOKORON-SHINSHA, INC.
Printed in Japan　ISBN978-4-12-102421-3 C1221

中公新書刊行のことば

いまからちょうど五世紀まえ、グーテンベルクが近代印刷術を発明したとき、書物の大量生産は潜在的可能性を獲得し、いまからちょうど一世紀まえ、世界のおもな文明国で義務教育制度が採用されたとき、書物の大量需要の潜在性が形成された。この二つの潜在性がはげしく現実化したのが現代である。

いまや、書物によって視野を拡大し、変りゆく世界に豊かに対応しようとする強い要求を私たちは抑えることができない。この要求にこたえる義務を、今日の書物は背負っている。だが、その義務は、たんに専門的知識の通俗化をはかることによって果たされるものでもなく、通俗的好奇心にうったえて、いたずらに発行部数の巨大さを誇ることによって果たされるものでもない。現代を真摯に生きようとする読者に、真に知るに価いする知識だけを選びだして提供すること、これが中公新書の最大の目標である。

私たちは、知識として錯覚しているものによってしばしば動かされ、裏切られる。私たちは、作為によってあたえられた知識のうえに生きることがあまりに多く、ゆるぎない事実を通して思索することがあまりにすくない。中公新書が、その一貫した特色として自らに課すものは、この事実のみの持つ無条件の説得力を発揮させることである。現代にあらたな意味を投げかけるべく待機している過去の歴史的事実もまた、中公新書によって数多く発掘されるであろう。

中公新書は、現代を自らの眼で見つめようとする、逞しい知的な読者の活力となることを欲している。

一九六二年一一月

中公新書

日本史

d2

- 1521 後醍醐天皇　森　茂暁
- 776 室町時代　脇田晴子
- 2179 足利義満　小川剛生
- 978 室町の王権　今谷　明
- 2401 応仁の乱　呉座勇一
- 1983 戦国仏教　湯浅治久
- 2058 日本神判史　清水克行
- 2139 贈与の歴史学　桜井英治
- 2343 戦国武将の実力　小和田哲男
- 2084 戦国武将の手紙を読む　小和田哲男
- 2350 戦国大名の正体　鍛代敏雄
- 1625 織田信長合戦全録　谷口克広
- 1782 信長軍の司令官　谷口克広
- 1907 信長と消えた家臣たち　谷口克広
- 1453 信長の親衛隊　谷口克広
- 2278 信長と将軍義昭　谷口克広
- 784 豊臣秀吉　小和田哲男
- 2146 秀吉と海賊大名　藤田達生
- 2265 天下統一　藤田達生
- 2264 細川ガラシャ　安　廷苑
- 2241 黒田官兵衛　諏訪勝則
- 2372 後藤又兵衛　福田千鶴
- 2357 古田織部　諏訪勝則
- 642 関ヶ原合戦　二木謙一
- 711 大坂の陣　二木謙一
- 476 江戸時代　大石慎三郎
- 870 江戸時代を考える　辻　達也
- 2273 江戸幕府と儒学者　揖斐　高
- 1227 保科正之《ほしなまさゆき》　中村彰彦
- 1817 島原の乱　神田千里
- 740 元禄御畳奉行の日記　神坂次郎
- 1945 江戸城―本丸御殿と幕府政治　深井雅海
- 2079 武士の町 大坂　藪田　貫
- 1788 御家騒動　福田千鶴
- 1099 江戸文化評判記　中野三敏
- 853 遊女の文化史　佐伯順子
- 929 江戸の料理史　原田信男
- 2376 江戸の災害史　倉地克直
- 2421 織田信長の家臣団―派閥と人間関係　和田裕弘

中公新書

日本史

d3